T0151606

ORGANON

DU MÊME TRADUCTEUR
À LA MÊME LIBRAIRIE

ARISTOTE. — *La Métaphysique,* nouvelle édition entièrement refondue, avec commentaire, 2 vol. in-8 de LVIII et 768 pages.

— *La métaphysique,* édition de poche, 2 vol. in-12 de 320 et 352 pages.

— *De la Génération et de la Corruption,* traduction nouvelle avec notes, de XVIII et 172 pages.

— *Traité de l'Ame,* traduction nouvelle et notes, de XII et 238 pages.

— *L'organon,* traduction nouvelle avec notes, 5 vol. :
I. *Catégories* ; II. *de l'Interprétation,* XVI-156 pages.
III. *Les Premiers Analytiques,* VIII-336 pages.
IV. *Les Seconds Analytiques,* X-252 pages.
V. *Les Topiques,* XII-372 pages.
VI. *Les Réfutations sophistiques,* X-156 pages.

— *Les Météorologiques,* traduction nouvelle et notes, XVIII-302 pages.

— *Traité du Ciel* suivi du *Traité Pseudo-Aristotélicien Du Monde,* traduction nouvelle avec notes, XVIII-206 pages.

— *Parva Naturalia* suivi du *Traité Pseudo-Aristotélicien De Spiritu,* traduction nouvelle avec notes, XVI-196 pages.

— *Histoire des Animaux,* traduction nouvelle avec introduction, notes et index, 780 pages.

— *La Politique,* nouvelle traduction avec introduction notes et index, 598 pages.

— *Les économiques,* nouvelle traduction avec introduction et notes, 80 pages.

BIBLIOTHÈQUE DES TEXTES PHILOSOPHIQUES

Fondateur : Henri GOUHIER   Directeur : Jean-François COURTINE

ARISTOTE

ORGANON

IV
LES SECONDS ANALYTIQUES

TRADUCTION ET NOTES

par
J. TRICOT

PARIS
LIBRAIRIE PHILOSOPHIQUE J. VRIN
6, Place de la Sorbonne, Vᵉ

2000

© *Librairie Philosophique J. VRIN,* 1995, 2000

ISBN 2-7116-0018-1

Printed in France

INTRODUCTION

Les *Seconds Analytiques*, dont nous présentons ici la traduction, constituent la pièce maîtresse de l'œuvre logique d'ARISTOTE. Les *Premiers Analytiques* exposaient seulement les conditions formelles auxquelles toute preuve est subordonnée ; il restait à appliquer la méthode syllogistique, à en vérifier la fécondité dans le domaine de la démonstration. Tel est l'objet que s'est proposé ARISTOTE dans l'ouvrage que les commentateurs appellent indifféremment τὰ ἀποδεικτικά, ἀποδεικτικὴ πραγματεία ou ἀποδεικτική : il s'agit, en effet, de la science démonstrative, considérée en elle-même, qui est fondée sur des prémisses nécessaires, et qui aboutit, par la connaissance analytique de la cause, à des conclusions également nécessaires.

L'authenticité du traité n'a pas été mise en doute. Bien qu'il apparaisse, à certains égards, moins achevé que les *Premiers Analytiques*, il est manifestement postérieur aux *Topiques*, dont il contredit expressément certaines affirmations et qu'il cite à plusieurs reprises. D'autre part, l'incertitude de la pensée d'ARISTOTE sur des points essentiels de la doctrine (notamment sa théorie des causes) montre clairement que les *Seconds Analytiques* ont été composés avant les grands traités de la dernière période.

Un exposé général de la logique de la démonstration nous paraît hors de propos, *pro libri consilio*. On voudra bien se reporter à l'ouvrage classique de H. MAIER, *Syllogistik des Aristoteles*, Tubingue, 3 volumes, 1896-1900, et aux pages pénétrantes de J. CHEVALIER, *La notion du nécessaire chez Aristote et chez ses prédécesseurs*, Paris, 1915, p. 98-189. On peut encore consulter utilement le résumé scolaire, mais généralement fidèle, de GREDT, *Elementa philosophiae aristotelico-thomisticae*, tome I, p. 173 et suivantes.

J. T.

BIBLIOGRAPHIE

TEXTES

Nous avons continué de suivre le texte de WAITZ, *Aristotelis Organon Graece*, tome II, Leipzig 1846, à l'exception d'un certain nombre de variantes, indiquées en notes et empruntées, soit à l'édition BEKKER (dont la pagination figure en marge), soit à la traduction anglaise de G. R. G. MURE.

COMMENTAIRES GRECS ET LATINS

ANONYME. — *In Analyticorum Posteriorum librum alterum commentarium*, ed. M. WALLIES, Berlin, 1909 (Coll. Acad. Berol., XIII, 3).

EUSTRATE. — **In Analyticorum Posteriorum librum secundum commentarium*, ed. M. HAYDUCK, Berlin, 1907 (Coll. Acad., XXI, 1).

PHILOPON (J.). — **In Aristotelis Analytica Posteriora commentaria*, ed. M. WALLIES, Berlin, 1909 (Coll. Acad., XIII, 3).

THEMISTIUS. — *Analyticorum Posteriorum paraphrasis*, ed. M. WALLIES, Berlin, 1900 (Coll. Acad., V, 1).

SAINT THOMAS D'AQUIN. — * *Opera omnia*, tome XXII, In *Aristotelis Stagiritae libros nonnullos commentaria Analyticorum posteriorum*, éd. FRETTÉ, Paris, 1875.

Pacius (J.). — * *Aristotelis Stagiritae... Organum*, Morgiis 1584, texte, trad. latine et notes marginales (désigné par « I », dans nos commentaires).

— * *In Porphyrii Isagogen et Aristotelis Organum commentarium*, Aureliae Allobrogum, 1605 (désigné par « II », dans nos notes).

Maurus (Sylvester). — *Aristotelis Opera quae extant omnia, etc... tomus I*, Rome, 1668.

Waitz (Th.). — * *Aristotelis Organon Graece*, tome II, Leipzig 1846.

Principaux Ouvrages consultés.

Nous renvoyons à la liste de la page vii de notre traduction *des Catégories* et *de l'Interprétation* (Organon, I), et à celle de la page x de la traduction des *Premiers Analytiques* (Organon, II). Nous avons consulté, en outre, les traductions anglaises de Poste, Oxford, 1850, et de G. R. G. Mure, dans *the Works of Aristotle*, Oxford, I, 1928.

LES SECONDS ANALYTIQUES

LIVRE I.

———

< Théorie de la Démonstration. >

1.

< Nécessité de connaissances préexistantes. >

Tout enseignement donné ou reçu [1] par la voie du **71 a** raisonnement [2] vient d'une connaissance préexistante. Cela est manifeste, quel que soit l'enseignement considéré : les sciences mathématiques s'acquièrent de cette façon, ainsi que chacun des autres

---

[1] διδασκαλία (*doctrina*) et μάθησις· (*disciplina*) sont une seule et même chose, avec cette différence que le premier terme est pris au sens actif, et le second au sens passif. — Sur la nécessité, pour toute discipline, de connaissances antérieures, cf. *Metaph.*, A, 9, 992 *b* 24-33, et le commentaire d'ALEXANDRE, 130, 1-6 Hd. SAINT THOMAS (*Comm.*, p. 105) remarque justement qu'AR. ne dit pas *omnis cognitio ex priori*

cognitione, ce qui serait procéder à l'infini ; il s'agit seulement d'une *acquisitio cognitionis*.

[2] Sur διανοητική, cf. WAITZ, II, 298, BONITZ, *Ind. arist.*, 185 *b* 33. L'enseignement *dianoétique* s'oppose à l'acquisition par l'intuition sensible ou par l'intuition intellectuelle (donnée par le νοῦς). Ce n'est pas autre chose que la déduction syllogistique, à laquelle se ramène toute science démonstrative.

5 arts [1]. Il en est encore de même pour les raisonnements dialectiques [2], qu'ils se fassent par syllogismes
ou par induction ; les uns comme les autres, en effet,
tirent leur enseignement de connaissances préexis-
tantes : dans le premier cas, c'est en prenant les
prémisses comme comprises par l'adversaire [3], dans
le second, c'est en prouvant l'universel par le fait
que le particulier est évident [4]. — C'est encore de la
même façon que les arguments rhétoriques [5] produisent la persuasion, car ils usent soit d'exemples,
10 ce qui est une induction [6], soit d'enthymèmes, ce
qui n'est pas autre chose qu'un syllogisme.

La préconnaissance requise est de deux sortes.
Tantôt, ce qu'on doit présupposer, c'est que la chose
est [7] ; tantôt, c'est ce que signifie le terme employé

---

[1] τέχνη a le sens général de
discipline. Plus précisément c'est
la faculté de production secon-
dée par la raison. Sur les différentes significations du terme, cf.
Ind. arist., 758 *b* 34 à 759 *a* 57.

[2] Le principe énoncé est valable non seulement pour les sciences proprement dites, mais encore
pour les raisonnements dialectiques et rhétoriques.

[3] ὡς παρὰ ξυνιέντων, *tanquam ab intellegentibus*. Cf. Phi-
Lop., 6, 19 : ἀντὶ τοῦ «τῶν προσ-
διαλεγομένων ». — Dans le
cas des syllogismes dialectiques,
on prend des prémisses que l'on
suppose connues et acceptées de
l'adversaire, ou du moins on les
prend comme telles (Pacius, II,
270 ; Waitz, II, 299-300). — Sur
le sens du verbe συνιέναι, cf.

Trendelenburg, *Elementa...*, p.
123 : *ad universalium, unde syllogismus oritur, intellegentiam pertinet.*

[4] *In inductione concluditur universale ex singularibus, quae sunt
manifesta* (St Thomas, 106). —,
Sur l'induction, cf. *Anal. prior.*
II, 23.

[5] Cf. *Anal. prior.*, II, 24 (exemple) et 27 (enthymème).

[6] L'exemple, concluant du particulier au particulier, est une
forme imparfaite de l'induction,
qui procède du particulier à l'universel.

[7] Cette première sorte de prénotion est celle par laquelle nous
connaissons qu'une chose est.
Elle porte sur les *principes* dont
on affirme l'existence.

qu'il faut comprendre[1] ; tantôt enfin ce sont ces deux choses à la fois[2]. Ainsi, dire que pour toute chose la vérité est dans l'affirmation ou dans la négation, c'est poser que la chose est[3] ; d'autre part, nous posons que *triangle* signifie telle chose[4] ; enfin, s'il s'agit de l'*unité*, nous posons à la fois les deux choses, à savoir, le sens du nom et l'existence de la chose[5]. C'est qu'en effet[6] chacun de ces cas n'est pas d'une égale évidence pour nous. — Et il est possible qu'une connaissance résulte tant de connaissances antérieures que de connaissances acquises en même temps qu'elle, à savoir les choses singulières qui tombent sous l'universel et dont on possède par là même la connaissance[7]. En effet, la proposition *tout triangle*

15

---

[1] Seconde sorte de prénotion, qui porte sur les définitions. Dans les choses telles que les figures géométriques, il suffit de savoir explicitement le sens du mot qui les désigne : il devient par là même immédiatement évident que la chose existe.

[2] La signification du mot et l'existence de la chose.— Ce dernier type ne forme pas une espèce distincte. Cf. Philop., 11, 4-9.

[3] Exemple de la première prénotion. C'est le principe du tiers exclu.

[4] Exemple de la seconde prénotion : il s'agit seulement de la définition nominale de la chose.

[5] Cf. Trendel., *Elementa*, p. 139 : *Sicut geometria rectam postulat, qua concessa plurimae figurae construuntur, ita arithmetica monada et intelligi quamvis non*

definitam et esse quamvis non constructam tanquam concessum sumit, ut hoc fundamento reliqui numeri nitantur.

[6] Ar. donne la raison de la diversité de ces prénotions (Cf. Philop., 12, 2-3).

[7] En dépit de la forme syllogistique du raisonnement, il s'agit plutôt, dans ce passage, de la conversion d'une connaissance universelle ἕξει en un savoir actuel. La conclusion du syllogisme (*les angles de tel triangle inscrit dans un demi cercle, sont égaux à deux droits*) résulte ici d'une majeure universelle connue par avance (*les angles de tout triangle sont égaux à deux droits*) et d'une mineure singulière (*cette figure-ci est un triangle*) dont la connaissance est simultanée avec celle de la conclusion (car la

a ses angles égaux à deux angles droits est une connais-
20 sance préexistante, mais la proposition *cette figure-ci,*
inscrite dans le demi-cercle, est un triangle[1] n'a été
connue qu'au moment même où l'on induit[2] (car
certaines choses s'apprennent seulement de cette façon, et ce n'est pas par le moyen terme qu'on connaît
le petit terme : ces choses sont toutes les choses singulières et qui ne sont pas affirmées de quelque sujet)[3]. Avant d'induire[4] ou de tirer la conclusion du
25 syllogisme, il faut dire sans doute que, d'une certaine
façon, on la connaît déjà, et que, d'une autre façon,
on ne la connaît pas[5]. Si on ne connaissait pas, au
sens absolu du terme[6], l'existence de ce triangle,

---

conclusion est l'aperception immédiate du singulier comme un
cas particulier de l'universel renfermé dans la majeure). Par suite ὧν ἔχει τὴν γνῶσιν, l. 19,
se réfère à ὅσα qui précède, et
signifie : on a la connaissance
virtuelle et implicite des cas particuliers tombant sous l'universel.

[1] L'inscription dans le demi-
cercle ne sert qu'à particulariser
le triangle ; c'est comme si on
disait *descriptum in abaco* (PA-
CIUS, II, 272).

[2] Sur ἐπαγόμενος, l. 21, cf.
WAITZ, II, 300. La mineure est
connue seulement *uno intuitu* au
moment même où on saisit comme
vraie la conclusion, laquelle opère
la synthèse du général et du
particulier par l'aperception du
premier dans le second. — Nous
avons traduit littéralement ἅμα
ἐπαγόμενος, l. 21. Il faut com-

prendre : c'est au moment où
on reconnaît que la majeure est
vraie du cas particulier qui se
présente.

[3] Simple parenthèse. On appréhende les individus (qui ne sont
les prédicats d'aucun sujet : cf.
Categ., 2, 1*b* 3) par une intuition
et non par l'intermédiaire d'un
moyen terme qui rattacherait le
petit terme, pris comme sujet,
au majeur.

[4] Comme ci-dessus, l. 21, il faut
comprendre : avant de saisir la
conclusion comme vraie par l'a-
perception de l'universel dans le
particulier, autrement dit avant
de dégager la conclusion.

[5] On connaît la conclusion, d'une
connaissance universelle et implicite, mais non d'une connaissance
appropriée, ainsi qu'AR. va l'expliquer (Cf. PHILOP., 18, 13).

[6] ἁπλῶς εἰδέναι *dicitur qui*
et num res sit novit et quid sit, ut

comment pourrait-on connaître, au sens absolu, que
ses angles sont égaux à deux angles droits? En fait,
il est évident que la connaissance a lieu de la façon
suivante[1] : on connaît universellement, mais au sens
absolu on ne connaît pas. Faute de cette distinction, on tombera dans la difficulté soulevée par le
Ménon[2] : ou bien on n'apprendra rien, ou bien on
n'apprendra que ce qu'on connaît. On ne peut pas, 30
en effet, accepter la solution que certains proposent
<du sophisme suivant>. *Sais-tu, ou ne sais-tu pas,
que toute dyade est paire?* <demande-t-on>[3]. La réponse étant affirmative, on présente à l'interlocuteur
une dyade déterminée qu'il ne pensait ni exister,
ni par suite être paire. La solution proposée[4] con-

---

*nihil eum fugiat quod ad rem per-
tineat* (WAITZ, II, 301).

[1] Quand on énonce la conclusion (*ce triangle-ci a ses angles
égaux à deux droits*), on pré-
connaît, d'une manière générale,
que *tout* triangle a ses angles égaux
à deux droits, mais on n'a pas
une connaissance ἁπλῶς (*absolute, perfecte, cognitione propria*,
PACIUS, I, 392) que ce triangle-
ci a ses angles égaux à deux
droits. Cf. Sᵗ THOMAS, 109, et
WAITZ, II, 301.

[2] *80e*. Cf. *Anal. prior.*, II, 21,
67 *a* 9 et ss. Le problème posé
par le *Ménon*, célèbre chez les
Sophistes du temps, est le suivant. On ne peut chercher ce
qu'on ignore, puisqu'on l'ignore,
et on ne peut pas chercher non
plus ce qu'on sait, puisqu'on le
sait. PLATON résout la question

par sa théorie de la Reminiscen-
ce.

[3] Le sophisme consiste à poser
à un interlocuteur la question :
*Savez-vous, ou non, que toute
dyade est paire?* Sur une réponse
affirmative de l'interlocuteur, on
lui présente telle dualité déterminée dont il ignorait l'existence, et
par suite, *a fortiori*, le caractère
de pair. On a alors beau jeu pour
dire qu'il avait affirmé à tort
la proposition universelle. Toute
science démonstrative serait ainsi
renversée.

[4] Pour échapper au sophisme et
sauver la science démonstrative,
certains proposent de limiter la
conclusion. Il ne faudrait plus
dire : *toute dualité est paire*, mais
seulement *tout ce qui est connu
comme étant une dyade est pair*.

siste à dire qu'on ne sait pas que toute dyade est paire, mais seulement que tout ce qu'on sait être **71 b** une dyade est pair. Pourtant [1] le savoir porte sur ce dont on possède la démonstration ou dont on a admis la démonstration. Or la démonstration qu'on a admise porte, non pas sur tout triangle ou tout nombre qu'on sait être triangle ou nombre, mais, d'une manière absolue, sur tout nombre et tout triangle. En effet, on ne prend jamais de prémisse telle que *le* **5** *nombre que tu sais être nombre* ou *la figure rectiligne que tu sais être figure rectiligne,* mais bien des prémisses s'appliquant au nombre ou à la figure en général. Tandis que rien, j'imagine [2], n'empêche que ce qu'on apprend, en un sens on le connaisse, et en un autre sens on ne le connaisse pas. L'absurdité consiste, non pas à dire qu'on connaît déjà en un certain sens ce qu'on apprend, mais à dire qu'on le connaît dans la mesure et de la façon qu'on l'apprend [3].

---

[1] Ar. estime que cette prétendue solution est inadmissible. En fait la démonstration est *simpliciter* : elle porte sur une notion universelle et non sur une notion limitée à la connaissance des cas particuliers qu'elle inclut.

[2] Solution d'Ar., qui repose sur la distinction entre ce qu'on connaît en un sens (universellement) et ce qu'on ignore en un autre sens (d'une manière propre). Par exemple, je sais, d'une connaissance universelle et virtuelle, que ce nombre-ci est pair, mais je ne le sais pas d'une connaissance spéciale et actuelle. — Cf. Waitz, II, 301, dont l'exposé est excellent.

[3] Cf. *Anal. prior.*, II, 21. La préconnaissance peut, sans absurdité, porter sur l'objet de l'étude, si elle est *quodammodo* ; ce qui serait absurde, ce serait qu'elle fût aussi étendue que la connaissance acquise (la conclusion du syllogisme).

2.

<La Science et la Démonstration.>

Nous estimons posséder la science d'une chose d'une manière absolue, et non pas, à la façon des Sophistes, d'une manière purement accidentelle[1], quand 10 nous croyons que nous connaissons la cause[2] par laquelle la chose est, que nous savons que cette cause est celle de la chose, et qu'en outre il n'est pas possible que la chose soit autre qu'elle n'est[3]. Il est évident que telle est la nature de la connaissance scientifique ; ce qui le montre, c'est l'attitude aussi bien de ceux qui ne savent pas que de ceux qui savent[4] : les premiers croient se comporter comme nous venons de l'indiquer, et ceux qui savent se compor-

---

[1] Sur l'accident et l'impossibilité d'une science de l'accident, qui serait une science du non-être, cf. *Metaph.*, E, 2, 1027 *a* 5 ; K, 8, 1064 *b* 27 et ss. — La science ἁπλῶς est la science *simpliciter, nulla vere sciendi condicione relicta* (TRENDEL., *Elem.*, p. 83).

[2] Le mot αἰτία présente ici le sens large de cause efficiente et de cause finale, ce qui explique l'accusatif ἥν, l. 11, au lieu du génitif ἧς (TRENDEL., p. 84).

[3] Il y a donc trois conditions de la connaissance scientifique. Il faut d'abord connaître la cause de la chose, autrement dit le moyen terme, raison de la con-

clusion ; en second lieu, établir une relation entre la cause et l'effet (entre la raison et la conclusion) ; enfin, la conclusion doit être nécessaire et ne pouvoir être autrement (Cf. TRENDEL., p. 85).

[4] La légitimité des trois conditions qui précèdent est établie par le consentement universel. Ceux qui croient savoir ce qu'en réalité ils ignorent et ceux qui savent véritablement admettent, les uns et les autres, qu'ils connaissent une chose quand ils ont déterminé sa cause, sa relation et sa nécessité. (Cf. PHILOP., 22, 10).

tent aussi en réalité de cette même façon. Il en
15 résulte que l'objet de la science au sens propre est
quelque chose qui ne peut pas être autre qu'il n'est[1].

La question de savoir s'il existe encore un autre
mode de connaissance sera examinée plus tard[2].
Mais ce que nous appelons ici *savoir* c'est connaître
par le moyen de la démonstration. Par *démonstra-*
tion j'entends le syllogisme scientifique[3], et j'appelle
scientifique un syllogisme dont la possession même
constitue pour nous la science[4]. — Si donc la connaissance scientifique consiste bien en ce que nous
20 avons posé, il est nécessaire aussi que la science démonstrative parte de prémisses qui soient vraies,
premières, immédiates, plus connues que la conclusion, antérieures à elle, et dont elles sont les causes.
C'est à ces conditions, en effet, que les principes de
ce qui est démontré seront aussi appropriés à la
conclusion[5]. Un syllogisme peut assurément exister
sans ces conditions, mais il ne sera pas une démonstration, car il ne sera pas productif de science. Les pré-
25 misses doivent être vraies[6], car on ne peut pas con-

---

[1] La science a pour objet le nécessaire. *Veram scientiam non
dari nisi eorum quae aeterna sint
nec unquam mutentur* (WAITZ, II,
304).
[2] Cf. I, 3, 72 *b* 19 ; 10, 76 *b* 16,
et surtout II, 19. Il s'agit de la
connaissance des principes indémontrables.
[3] *Syllogisme* est le genre, *scientifique* (producteur de science) la

différence spécifique qui sépare
la démonstration des syllogismes
dialectiques et rhétoriques.
[4] Le syllogisme scientifique est
ainsi la science elle-même. Comme
le dit PHILOP., 23, 22, ἐξισάξει
ἡ τοιαύτη ἐπιστήμη τῇ ἀπο-
δείξει.
[5] C'est-à-dire rentreront dans
le même genre (*infra*, I, 7).
[6] AR. reprend l'examen des di-

naître ce qui n'est pas, par exemple la commensurabilité de la diagonale [1]. Elles doivent être premières et indémontrables, car autrement on ne pourrait les connaître faute d'en avoir la démonstration, puisque la science des choses qui sont démontrables, s'il ne s'agit pas d'une science accidentelle, n'est pas autre chose que d'en posséder la démonstration [2]. Elles doivent être les causes de la conclusion, être plus connues qu'elle, et antérieures à elle : causes, puisque 30 nous n'avons la science d'une chose qu'au moment où nous en avons connu la cause ; antérieures, puisqu'elles sont des causes [3] ; antérieures aussi au point de vue de la connaissance, cette préconnaissance ne consistant pas seulement à comprendre de la seconde façon que nous avons indiquée, mais encore à savoir que la chose est [4].— Au surplus, *antérieur* et *plus connu* ont une double signification, car il n'y a pas identité entre ce qui est antérieur par nature et ce

---

verses conditions de la science démonstrative.

[1] *Nam esse et esse verum convertuntur* (St Thomas, 113). De fausses prémisses donneront une fausse conclusion, telle que *la diagonale est commensurable avec les côtés du carré* : une pareille proposition n'est pas ἐν τοῖς πράγμασιν, c'est un μὴ ὄν qui ne peut être l'objet d'une démonstration.

[2] L'argument d'Ar. est réduit par Pacius, II, 276, au syllogisme hypothétique suivant :

Si les prémisses sont démontrables, elles ne peuvent être con-

nues que par une démonstration (il n'y a pas, en effet, d'autre science ἁπλῶς que la science démonstrative) ;

Or elles sont connues sans démonstration ;

Donc elles ne sont pas démontrables.

(Cf. aussi St Thomas, 113).

[3] Toute cause est antérieure à son effet et plus connue que lui (Cf. St Thomas, 114).

[4] Cf. *supra*, 1, 71, *a* 12. La préconnaissance doit porter non seulement sur la signification du terme, mais encore sur l'existence de la chose.

qui est antérieur pour nous, ni entre ce qui est plus
72 *a* connu par nature et plus connu pour nous [1]. J'appelle *antérieurs* et *plus connus pour nous* les objets les plus rapprochés de la sensation, et *antérieurs* et *plus connus d'une manière absolue* les objets les plus éloignés des sens. Et les causes les plus universelles sont les plus éloignées des sens, tandis que les causes particulières sont les plus rapprochées, et ces no-
5 tions sont ainsi opposées les unes aux autres [2]. — Les prémisses doivent être premières, c'est-à-dire qu'elles doivent être des principes propres, car j'identifie prémisse première et principe [3]. Un principe de démonstration est une proposition immédiate. Est immédiate une proposition à laquelle aucune autre n'est antérieure [4]. Une proposition est l'une ou l'autre partie [5]

---

[1] AR. est revenu à maintes reprises sur cette distinction. Cf. notamment *Phys.*, I, 1, 184 *a* 16-25 ; *Metaph.*, *Δ*, 11, 1018 *b* 30-37 ; Z, 10, 1035 *b* 12 ; M, 2, 1077 *b* 1. Voir aussi les explications de TRENDEL., p. 87.

[2] Les sens, en effet, portent sur le particulier, et l'intellect sur l'universel. AR. a ici en vue les *universalia in causando* et non les *universalia in praedicando*, qui sont au contraire plus clairs pour nous (le genre par rapport aux espèces, par exemple). Sur cette distinction, cf. BONITZ, *in Metaph.*, 250 : *Etenim si naturam notionis respicimus universale prius est quam singulare ; contra si sensum respicimus singulare prius quam universale.* Voir aussi

infra, I, 9, 76 *a* 19, et 24. 85 *b* 24.

[3] Comme le remarque PACIUS, I, 395, et II, 277, il ne s'agit donc pas des principes absolument premiers (*le tout est plus grand que la partie*, etc...) et autres axiomes de ce genre, qui ne sont évidemment pas *propria alicujus scientiae*, mais *omnibus accommodantur*. AR. parle seulement des *prima in ea scientia in qua sit demonstratio*.

[4] *Nam si ex priori sequeretur, esset quidem haec media, ex qua cognosceretur* (TRENDEL., p. 140).

[5] L'affirmation ou la négation. — AR. pose une série de définitions qui s'emboîtent les unes dans les autres.

d'une énonciation, quand elle attribue un seul prédicat à un seu sujet [1] : elle est dialectique, si elle prend indifféremment n'importe quelle partie ; elle est démons- 10 trative, si elle prend une partie déterminée parce que cette partie est vraie. Une énonciation est n'importe laquelle des parties d'une contradiction. Une contradiction est une opposition [2] qui n'admet par soi [3] aucun intermédiaire. La partie d'une contradiction qui unit un prédicat à un sujet est une affirmation, et la partie qui nie un prédicat d'un sujet, une négation. J'appelle un principe immédiat du syllogisme une *thèse* [4], quand, tout en n'étant pas 15 susceptible de démonstration [5], il n'est pas indispensable à qui veut apprendre quelque chose ; si, par contre, sa possession est indispensable à qui veut apprendre n'importe quoi, c'est un *axiome* [6] : il exis-

---

[1] Cf. *de Interpr.*, 5, 17 *a* 20 et 8, 18 *a* 13 et ss (pour ce dernier passage, notamment, voir notre traduction, p. 93 et les notes).

[2] Cf. *Categ.*, 10, 13 *a* 37 et ss.

[3] Sur l'adjonction de *per se*, cf. St Thomas, 116, Pacius, I, 395.

[4] Sur la *thèse*, l'*hypothèse*, la *définition* et l'*axiome*, cf. Hamelin, *le Syst. d'Ar.*, p. 244 et ss.— La *thèse* est ce qui est posé sans démonstration (Ar. donne *Top.*, I, 11, 104 *b* 19, une définition, positive de la thèse). Consulter, outre Hamelin, Waitz, II, 308, et surtout Bonitz, *Ind. Arist.*, 327 *b* 19 : *est enim* θέσις *id quod non demonstratum ponitur funda-*

mentum demonstrationis (syn. κείμενον, ὑπόθεσις). Les thèses qui posent le sens d'un mot (τί σημαίνει) sont des *définitions* ; si elles posent en outre l'existence de la chose, ce sont des *hypothèses*.

[5] La thèse n'est pas démontrable, et, d'autre part, il n'est pas indispensable que l'élève la connaisse par lui-même (comme l'axiome), sans le secours du maître : elle est posée par celui-ci. Cf. Trendel., p. 140, 157 et 158.

[6] L'*axiome* (ἀξίωμα) s'impose à l'esprit : c'est une proposition qui, comme l'hypothèse, enveloppe l'existence. Cf. Waitz, II, 308, Bonitz, *Ind. arist.*, 70 *b* 4. Voir aussi *infra*, I, 7, 75 *a* 42 ;

te, en effet, certaines vérités de ce genre, et c'est surtout à de telles vérités que nous donnons habituelle-
ment le nom d'axiomes [1]. Si une thèse prend l'une
quelconque des parties de l'énonciation [2], quand je dis
20 par exemple qu'une chose est ou qu'une chose n'est
pas, c'est une *hypothèse* [3] ; sinon [4], c'est une *définition*.
La définition est une thèse, puisque, en Arithmétique,
on pose que l'unité, c'est ce qui est indivisible selon
la quantité ; mais ce n'est pas une hypothèse, car définir ce qu'est l'unité et affirmer l'existence de l'unité
n'est pas la même chose.

25   Puisque notre croyance en la chose [5], la connaissance que nous en avons, consiste dans la possession
d'un syllogisme du genre que nous appelons démons-

10, 76 *b* 14 ;   *Metaph.*, B, 2,
997 *a* 5-15, p. 77 et 78 du tome I
de notre traduction, avec les notes et références.
   [1] Cf. St THOMAS, 116 : *manifes-
tum est quod quaedam principia
talia sunt, ut probatur quarto
METAPH.* [= *Γ*, 3, 4, 7] *de hoc
principio quod affirmatio et negatio non sunt simul vera... Et in
talibus utimur nomine praedic-
to.*
   [2] L'affirmation ou la négation.
   [3] L'hypothèse pose ainsi l'existence ou l'inexistence d'une chose. Cf. *Ind. arist.*, 796 *b* 59 et
ss.
   [4] Si elle n'affirme, ni ne nie
l'existence de la chose. La définition est étrangère à toute question d'existence.
   [5] AR. revient aux conditions
de la démonstration. Nous connaissons la conclusion (autrement

dit, nous y croyons, cf. *infra*, I,
33) par le fait que nous sommes
en possession du syllogisme démonstratif (τοιοῦτον, l. 26,
se réfère à I, 71 *b* 21 et ss) ;
d'autre part, le syllogisme démonstratif est constitué à partir de principes dont nous avons
déterminé les caractères. Par suite, les prémisses doivent être non
seulement connues antérieurement
à la conclusion, ainsi que nous
l'avons déjà démontré, mais encore mieux connues, plus claires
que la conclusion. — Sur le sens
de ἢ πάντα ἢ ἔνια, l. 28, cf.
WAITZ, II, 308-309 : *aut omnia
aut certe nonnulla, si quidem, ut
demonstremus quod volumus, non
omnibus utique principiis opus
est, sed interdum demonstratio
nonnisi quibusdam principiis utitur ut conficiat quod velit.*

tration, et que ce syllogisme n'est tel que par la nature des principes dont le syllogisme est constitué, il est, par suite, nécessaire, non seulement de connaître avant la conclusion les prémisses premières, soit toutes, soit du moins certaines d'entre elles, mais encore de les connaître mieux que la conclusion. Toujours, en effet, la cause, en vertu de laquelle un attribut appartient à un sujet[1], appartient elle-même au sujet plus que cet attribut : par exemple, ce par quoi nous aimons nous est plus cher que l'objet aimé[2]. Par conséquent, si notre connaissance[3], notre croyance, provient des prémisses premières, ce sont celles-ci que nous connaissons le mieux et auxquelles nous croyons davantage, parce que c'est par elles que nous connaissons les conséquences[4]. — Mais il n'est pas possible que notre croyance à l'égard des choses qu'on ne se trouve ni connaître, ni en état d'appréhender au moyen d'une science plus élevée que la connaissance, soit plus grande que pour les choses qu'on connaît[5]. Or c'est ce qui arrivera, si

30

---

[1] Cf. THEMISTIUS, 8, 6 : ἀεὶ γὰρ οἷς ἂν ὑπάρχῃ ταὐτόν, θατέρῳ δὲ διὰ θάτερον, ἐκείνῳ μᾶλλον ὑπάρχει δι' ὃ καὶ τῷ λοιπῷ ταὐτὸ τοῦτο συμβέβηκεν.
[2] Sᵗ THOMAS, 118, donne l'exemple suivant, emprunté à PHILOP., 37, 21 : *si amamus aliquem propter alterum, ut si magistrum propter discipulum, discipulum amamus magis.*

[3] Notre connaissance de la conclusion.
[4] La connaissance de la conclusion est l'effet de la connaissance des prémisses.
[5] Le meilleur exposé du raisonnement d'AR. (l. 32-37) est celui de Sᵗ THOMAS, 118. Il s'agit de prouver par l'absurde que les prémisses doivent être plus connues que la conclusion. AR. le démontre comme suit. *Principia*

35 nul de ceux dont la croyance repose sur la démonstration ne possède de savoir préexistant ; car il est
nécessaire que la croyance soit plus ferme à l'égard
des principes, sinon de tous, du moins de quelques-
uns, qu'à l'égard de la conclusion.

En outre, si on veut posséder la science qui procède
par démonstration, il ne suffit pas que la connaissance des principes soit plus grande, la conviction
formée à leur sujet plus ferme, que ce qui est démon-
72 b tré : il faut encore que rien ne nous soit plus certain
ni mieux connu que les opposés des principes d'où
partira le syllogisme concluant à l'erreur contraire,
car celui qui a la science au sens absolu doit être iné-
branlable [1].

---

praecognoscuntur conclusione, ut
supra habitum est : et sic quando
principia cognoscuntur, nondum
conclusio est cognita. Si igitur
principia non essent magis cognita
quam conclusio, sequeretur quod
homo vel plus, vel aequaliter cog-
nosceret ea quae non novit quam
ea quae novit. Hoc autem impossibile, etc....
  L. 34, μήτε βέλτιον διακεί-
μενος ἢ εἰ ἐτύγχανεν εἰδώς =
μήτε βέλτιον ἔχων πρὸς αὐ-
τὰ ἢ ὁ εἰδώς. Ar. a en vue l'intuition produite par le νοῦς, qui
est un mode de connaissance plus
élevé que la science démonstrative
(Cf. Philop., 40, 10). — L. 35,
les mots εἰ μὴ τις προγνώσε-

ται τῶν δι' ἀπόδειξιν πιστευ-
όντων sont embarrassants, et
on en a proposé des interpréta-
tions variées. Le texte est peut-
être altéré. Nous avons suivi, avec
Waitz et G. R. G. Mure (voir
la note de ce dernier ad loc.),
l'interprétation traditionnelle : si
nemo eorum qui propter demonstrationem fidem habeant iis quae
demonstrata sint, etc...
  [1] Quicumque dubitat de falsitate unius oppositorum, non potest firmiter inhaerere opposito,
quia semper formidat de veritate
alterius oppositi (St Thomas, 118).
L'erreur doit être aussi claire que
la vérité.

3.

<Critiques de certaines erreurs sur la Science et la Démonstration>.

Certains soutiennent qu'en raison de l'obligation 5
où nous sommes de connaître les prémisses premières,
il ne semble pas y avoir de connaissance scientifique.
Pour d'autres, il y en a bien une, mais toutes les vérités sont susceptibles de démonstration. — Ces deux
opinions ne sont ni vraies, ni cohérentes [1]. La première, qui suppose qu'il n'y a aucune façon de connaître autrement que par démonstration [2], estime que
c'est là une marche régressive à l'infini, attendu que
nous ne pouvons pas connaître les choses postérieures par les antérieures, si ces dernières ne sont pas
elles-mêmes précédées de principes premiers [3] (en quoi
ces auteurs ont raison, car il est impossible de par- 10
courir des séries infinies) ; si, d'un autre côté <disent-

---

[1] L. 7, οὔτ' ἀναγκαῖον signifie *nec necessario sequitur ex ra-
tionibus eorum* (Sᵗ Thomas, 119).
— Les deux opinions sont ainsi
à l'opposé l'une de l'autre : suivant la première, rien ne peut
être connu ; suivant la seconde (Cf.
Metaph., *Γ*, 6, 1011 *a* 8), tout
peut être connu par démonstration.
[2] Nous lisons, l. 8, ἄλλως, et
non ὅλως.

[3] S'il n'y a pas de prémisses
premières, de principes, et que
le raisonnement procède à l'infini ἐπὶ τὸ ἄνω, il n'y a pas de
science. Les propositions postérieures, en effet, sont connues
par les antérieures, ce qui n'est
pas possible sans prémisses premières, car ἀνάγκη στῆναι (cf.
Metaph., *a*, 2, notamment 994 *b*
20 et ss.).

ils>, il y a un arrêt dans la série et qu'il y ait des principes [1], ces principes sont inconnaissables, puisqu'ils ne sont pas susceptibles d'une démonstration, ce qui, suivant eux, est le seul procédé de connaissance scientifique. Et puisqu'on ne peut pas connaître les prémisses premières, les conclusions qui en découlent ne peuvent pas non plus faire l'objet d'une science, au sens absolu et propre ; leur connaissance se fonde seulement sur la supposition que les prémisses sont vraies [2]. — Quant à ceux qui professent la seconde opinion, ils sont d'accord avec les précédents en ce qui regarde la science, puisqu'ils soutiennent qu'elle est seulement possible par démonstration ; mais que toute vérité soit susceptible de démonstration, c'est là une chose à laquelle ils ne voient aucun empêchement, la démonstration pouvant être circulaire et réciproque.

Notre doctrine, à nous [3], est que toute science n'est pas démonstrative, mais que celle des propositions immédiates [4] est, au contraire, indépendante de la dé-

---

[1] Admettons maintenant qu'il y ait des principes. Comme ils sont indémontrables (toute démonstration procédant *ex prioribus*), ils sont inconnaissables. Et s'ils sont inconnaissables, tout le reste qui en dérive l'est aussi, car nous savons que les prémisses doivent être plus connues que la conclusion. — Comme Ar. le remarque, un pareil raisonnement suppose que toute connaissance est démontrable.

[2] Cf. Themist., 8, 31.

[3] Ar. va maintenant exposer sa propre doctrine. Tout ne se démontre pas, et il faut s'arrêter aux principes qui, étant immédiats, ne se démontrent pas (Cf. *Anal. prior.*, I, 26, 42 b 29).

[4] *Haec ἄμεσα dicuntur ; unaquaeque enim causa tanquam media, qua res conjunguntur, interseritur* (Trendel., p. 139).

monstration. (Que ce soit là une nécessité, c'est évi- 20
dent. S'il faut, en effet, connaître les prémisses antérieures d'où la démonstration est tirée, et si la
régression doit s'arrêter au moment où l'on atteint
les vérités immédiates, ces vérités sont nécessairement
indémontrables). Telle est donc notre doctrine ; et
nous disons, en outre, qu'en dehors de la connaissance
scientifique, il existe encore un principe de science [1]
qui nous rend capable de connaître les définitions [2].

Et qu'il soit impossible que la démonstration au 25
sens absolu soit circulaire, c'est évident [3], puisque la
démonstration doit partir de principes antérieurs à
la conclusion et plus connus qu'elle. Car il est impossible que les mêmes choses soient, par rapport
aux mêmes choses, en même temps antérieures et
postérieures, à moins que l'on ne prenne ces termes
d'une autre façon [4], et que l'on ne dise que les unes

---

[1] Outre la science démonstrative par laquelle nous connaissons les conclusions, il y a encore une connaissance supérieure et antérieure à la démonstration, c'est la connaissance intuitive des principes par le νοῦς (Cf. PHILOP., 47, 24).

[2] Ces derniers mots (ἢ τοὺς ὅρους γνωρίζομεν) ont été diversement interprétés (cf. St THOMAS, 120, PACIUS, II, 280). Il semble qu'Ar. prend ὅροι au sens de définitions, de moyens termes qui, dans la démonstration, sont les éléments de la définition du sujet.

[3] AR. passe à la réfutation de la démonstration circulaire, laquelle, si elle était possible, permettrait de prouver les principes eux-mêmes. Or elle est impossible, sinon les mêmes choses seraient à la fois antérieures et postérieures les unes par rapport aux autres, ce qui est absurde.

[4] On pourrait penser réduire cette absurdité en distinguant l'antérieur *secundum nos* et l'antérieur *simpliciter* ou *natura*. On peut, en effet, admettre que des choses antérieures pour nous soient postérieures par leur nature

sont antérieures et plus claires pour nous, et les autres antérieures et plus claires absolument, et c'est précisément de cette autre façon [1] que l'induction
30 engendre le savoir. Mais, dans ce cas, notre définition du savoir proprement dit ne serait pas exacte, et ce savoir serait, en réalité, de deux sortes. Ne faut-il pas penser plutôt que l'autre forme de démonstration, celle qui part de vérités plus connues pour nous, n'est pas la démonstration au sens propre?

Les partisans de la démonstration circulaire non seulement se trouvent engagés dans la difficulté dont nous venons de parler, mais encore leur raisonnement revient à dire qu'une chose existe si elle existe, ce qui
35 est un moyen facile de tout prouver [2]. On peut montrer

---

[1] C'est-à-dire de la façon où il s'agit de choses antérieures *secundum nos*. La phrase est embrouillée, et, avec G. R. G. Mure, nous serions porté à considérer les mots οἷον τὰ μὲν πρὸς ἡμᾶς, τὰ δ' ἁπλῶς, l. 28-29, comme une simple glose. En tout cas, le sens général est clair. La démonstration circulaire est, en principe, absurde, à moins d'admettre qu'elle se fait à partir de ce qui est antérieur pour nous, à la façon de l'induction, qui, du particulier antérieur pour nous, s'élève à l'universel antérieur *simpliciter* (Cf. Philop., 49, 19). C'est ainsi (Pacius, II, 280) qu'on démontrerait l'éclipse de Lune par l'interposition de la Terre entre le Soleil et la Lune, interposition qui est antérieure *natura*, et, d'autre part, l'interposition de la Terre par l'éclipse de Lune qui est antérieure *secundum nos*. Mais alors, poursuit AR. (l. 30), notre définition de la science proprement dite, c'est-à-dire de la science démonstrative, serait inexacte : il y aurait, outre la connaissance *ex prioribus secundum naturam* (qui est la connaissance par les causes, par les raisons), la connaissance *ex prioribus secundum nos* (qui serait une connaissance par les effets, par les conséquences). En fait, ce second mode de connaissance est inconcevable, et le premier seul constitue la seule démonstration véritable, exclusive par conséquent de toute démonstration circulaire (Cf. St Thomas, 121, dont l'exposé est excellent, et Waitz, II, 311).

[2] Seconde critique adressée à

que c'est bien là ce qui arrive, en prenant trois termes ; car peu importe que le cercle soit constitué
par un grand nombre ou par un petit nombre de
termes, qu'il y en ait quelques-uns seulement ou
même deux. Quand, en effet [1], l'existence de A entraîne nécessairement celle de B, et celle de B celle de Γ,
il en résulte que l'existence de A entraînera celle de
Γ. Si donc l'existence de A entraîne nécessairement
celle de B, et l'existence de B celle de A (c'est là en
quoi consiste la preuve circulaire), A peut être mis **73 a**
à la place de Γ. Donc, dire que si B est, A est, c'est
dire que si B est, Γ est, ce qui donne la conclusion
que si A est, Γ est. Mais Γ est identique à A. Par
conséquent, ceux qui soutiennent que la démonstration est circulaire se trouvent ne rien dire d'autre
que *si A est, A est*, moyen facile de tout prouver. 5
En outre [2], une pareille démonstration n'est même

---

la démonstration circulaire : elle
aboutit à une pure tautologie.
Rien alors n'est plus facile, ni
aussi plus vain, que de prouver
n'importe quoi. On dira, par exemple, l'*âme est immortelle, donc elle
est immortelle* (PACIUS, II, 281).
[1] Le raisonnement d'AR. est
très simple. On a :
   Si A est, B est ;
   Si B est, Γ est ;
Donc *Si A est, Γ est*.
   La démonstration circulaire
donne :
   Si A est, B est ;
   Si B est, A est (= Si B est, Γ
   est) ;
Donc *Si A est, Γ est*.

Mais $A = Γ$. Donc en rempla-
çant Γ par A on obtient *Si A est,
A est*, ce qui est une tautologie.
   On pourrait multiplier les intermédiaires entre A et Γ, on
arriverait toujours finalement au
même résultat.
[2] Troisième argument contre
la démonstration circulaire. Elle
ne se conçoit que pour les termes convertibles, tels que le sujet (*homme*, par exemple) et ses
ἴδια (*raisonnable, capable de
rire...*). — Sur la définition de
τὸ ἴδιον, cf. *Top.* I, 5, 102a 18.
Dans le présent passage, les ἴδια
ne sont autres que les παθή ou
συμβεβηκότα καθ' αὐτά, acci-

possible que dans le cas des choses qui sont mutuellement conséquences les unes des autres, comme les
attributs propres.

Nous avons prouvé enfin [1] que si on se contente
de poser une seule chose, jamais une autre chose n'en
découle nécessairement (par *une seule chose*, je veux
dire qu'on pose soit un seul terme, soit une seule
10 thèse) [2], mais que deux thèses constituent le point
de départ premier et minimum rendant possible toute
conclusion, puisque c'est aussi une condition du syllogisme [3]. Si donc *A* est le conséquent de *B* et de *Γ*,
et si ces deux derniers termes sont le conséquent
réciproque l'un de l'autre et aussi de *A* [4], il est possible, dans ces cas, de prouver l'une par l'autre, dans
la première figure, toutes les propositions demandées [5], ainsi que nous l'avons prouvé dans nos traités
15 *du Syllogisme*. Mais nous avons démontré aussi [6] que,

---

dents découlant de l'essence,
mais n'appartenant pas à l'essence (Cf. PHILOP., 54, 17).
[1] *Anal. prior.*, I, 25. — Dernier argument contre la démons-
tiation circulaire. Il faut au moins
deux propositions pour obtenir
une conclusion quelconque ou,
a fortiori, une conclusion syllogistique. Or la démonstration est
précisément un syllogisme.
[2] C'est-à-dire une proposition,
une prémisse (PHILOP., 55, 6).
[3] Cf. PHILOP., 55, 16 : τὸ δ'
« εἴπερ καὶ συλλογίσασθαι »
ἀντὶ τοῦ « ἐπειδὴ καὶ καθόλου
ὁ συλλογισμὸς τοὐλάχιστον
ἐκ δύο προτάσεων σύγκειται,

ὥστε καὶ ἡ κύκλῳ δεῖξις. »
[4] Quand trois termes se réciproquent, il peut y avoir démonstration circulaire en *Barbara* (Cf.
Anal. prior., II, 5, auquel renvoie
AR. *infra*, l. 14).
[5] La conclusion et les prémisses.
[6] *Anal. prior.* II, 5-7. Les seconde et troisième figures n'admettent pas de démonstration circulaire. Ou bien aucune des prémisses n'est prouvée, et il n'y a
aucun syllogisme circulaire (pour
Darapti, par exemple, la conclusion étant particulière et les deux
prémisses universelles, ces prémisses ne peuvent pas être prou-

dans les autres figures, ou bien on ne peut pas obtenir de syllogisme circulaire, ou bien la conclusion
du syllogisme ne se rapporte pas aux prémisses posées [1]. Or les propositions dont les termes ne s'affirment pas mutuellement l'un de l'autre ne peuvent
jamais être l'objet d'une démonstration circulaire.
De sorte que, puisque des propositions de ce genre
sont en petit nombre dans les démonstrations, il est
évident qu'il est vain et impossible de soutenir que
la démonstration est réciproque et que, pour cette
raison, tout peut-être démontré.   20

4.

<*Définitions du* DE OMNI, *du* PER SE *et de l'universel.*>

Puisqu'il est impossible que soit autre qu'il n'est
l'objet de la science prise au sens absolu, ce qui est
connu par la science démonstrative sera nécessaire [2] ;

---

vées *ex conclusione,* car l'universel n'est pas prouvé *ex particula-
ri*), ou bien s'il y a syllogisme circulaire, il ne sera pas *de acceptis,*
autrement dit il conclura à partir d'autres propositions que
celles du syllogisme primitif
(Cf. St THOMAS, 123, dont l'exposé est clair).
    [1] Autrement dit, il donne une

conclusion étrangère au sujet (ἕτερόν τι παρὰ τὸ προκείμενον,
dit PHILOP., 56, 4-5).
    [2] Ce qui tombe sous la science
démonstrative (autrement dit, la
conclusion de la démonstration)
est nécessaire, car est nécessaire,
avons-nous dit (*supra,* 2, 71 *b*
15-16), ce qui ne peut être autre
qu'il n'est.

mais la science démonstrative est celle que nous
avons par le fait même que nous sommes en possession de la démonstration[1] : par conséquent, la démonstration est un syllogisme constitué à partir de
prémisses nécessaires[2]. Il faut, par suite, rechercher
quelles sont les prémisses de la démonstration, et
25 quelle est leur nature[3].— Pour commencer, définis-
sons ce que nous voulons dire par *attribué à tout
le sujet, par soi* et *universellement*[4].

Par *affirmé de la totalité du sujet*[5], j'entends ce
qui n'est ni attribué à quelque cas de ce sujet à l'exclusion de quelque autre, ni attribué à un certain moment à l'exclusion de tel autre : par exemple, si
30 *animal* est dit de tout *homme,* et s'il est vrai de
dire que ceci est un homme, il est vrai de dire aussi
que c'est un animal ; et si la première proposition
est vraie maintenant, l'autre l'est aussi au même
moment. Et si le point est attribué à toute ligne, il
en est de même. Et la preuve de ce que nous venons
de dire, c'est que les objections que nous élevons,

---

[1] La science démonstrative consiste dans la démonstration même.
Or, dans la démonstration (Cf. *supra*, 2), les prémisses sont plus
nécessaires et plus claires que la
conclusion.
[2] Il résulte des deux propositions précédentes que la conclusion de la démonstration est nécessaire et que ses prémisses le
sont aussi.
[3] C'est-à-dire quelle est la nature et quelles sont les propriétés

des prémisses. — L. 24, $\lambda\eta\pi\tau\acute{e}o\nu$
a le sens de *investigandum est*
(WAITZ, II, 312, où se trouvent
rapportés les passages d'AR., dans
lesquels le verbe $\lambda\alpha\mu\beta\acute{a}\nu\varepsilon\iota\nu$ se
trouve ainsi employé).
[4] Car ces caractères entrent
dans les propositions nécessaires.
[5] Définition du $\varkappa\alpha\tau\grave{a}$ $\pi\alpha\nu\tau\acute{o}\varsigma$
(*de omni*) : c'est ce qui est attri-
bué *cuilibet* et *semper* pour un
sujet donné.

quand nous sommes interrogés sur le point de savoir si une attribution est vraie de la totalité du
sujet, portent sur ce que, dans tel cas ou à tel moment, cette attribution n'a pas lieu [1].

Sont *par soi* [2], en premier lieu les attributs qui appartiennent à l'essence du sujet : c'est ainsi qu'au
triangle appartient la ligne, et à la ligne le point 35
(car la substance [3] du triangle et de la ligne est com-
posée de ces éléments [4], lesquels entrent dans la définition exprimant l'essence de la chose). En second lieu, ce sont les attributs contenus dans des
sujets qui sont eux-mêmes compris dans la définition

---

[1] Cf. St THOMAS, 124, 125 : *Cum
interrogamur an aliquid praedicetur de omni demonstratione* (ou,
avec PACIUS, I, 400, plus précisément, *cum nobis proponitur propositio quasi vera de omni*) *tunc
dupliciter facimus instantias, vel
quia in quodam eorum quae continentur sub subjecto non est verum*
(le *juste*, par exemple) *vel quia
aliquando* (le fait d'avoir les che-
veux blancs) *non est verum.* —
L. 33, ἔνστασις est défini (*Analyt., prior.*, II, 26, 69a 37) πρότασις προτάσει ἐναντία (Cf.
aussi PHILOP., 60, 3-12).

[2] Définition des attributs καθ'
αὑτά (*per se*) : ce sont d'abord
ceux qui appartiennent τῷ τί
ἐστι, les éléments de la notion. — Sur le τί ἐστι, cf. Bo-
NITZ, *Ind. arist.*, 763 b10 : *qui
quaerit τί ἐστι is ipsam rei naturam quaerit; non quaerit ejus
accidentia. Ad eam quaestionem
qua respondetur formula τὸ τί
ἐστι nominis vim induit, cujus*

usus eandem habet varietatem. Le
τί ἐστι est l'essence d'une chose, soit universelle, soit individuelle, mais posée comme un universel ou une combinaison d'universels. Dans la définition, c'est
le genre. Le τί ἐστι n'est pas
le τί ἦν εἶναι, et BONITZ, *Ind.
arist.*, 763 b 47, en a bien marqué la différence : *Si quis τὰ ἐν
τῷ τί ἐστι κατηγορούμενα et
omnia compleverit et suo ordine
posuerit,* τὸ τί ἦν εἶναι *vel τὸν
ὁρισμόν constituit.*
[3] Οὐσία signifie proprement
substance. Mais on sait que ce
terme, assez mal défini chez AR.,
signifie tantôt la substance matérielle, tantôt, comme dans le présent passage, la substance formelle, ou essence, tantôt enfin
le composé concret de forme et
de matière (σύνολον).
[4] Savoir, la ligne et le point
qui rentrent dans la notion ou
définition (λόγος) du triangle et
de la ligne.

exprimant la nature de ces attributs [1] : c'est ainsi que le rectiligne et le rond appartiennent à la ligne, **40** le pair et l'impair, le premier et le composé [2], le carré **73 b** et l'oblong [3] au nombre ; et pour tous ces attributs, la définition qui exprime leur nature contient le sujet, à savoir tantôt la ligne et tantôt le nombre. — De même, pour tous les autres attributs, ceux qui appartiennent comme nous l'avons indiqué à leurs sujets respectifs, je les appelle attributs par soi ; par contre, ceux qui n'appartiennent à leur sujet d'aucune des deux façons, je les appelle *accidents* : par exemple, *musicien* ou *blanc* pour l'animal [4].

---

[1] Seconde classe des *καθ' αὐτά*, opposée en quelque sorte à la précédente. L'attribut n'est plus posé dans la définition du sujet comme un de ses éléments, c'est le sujet qui est posé dans la définition de son attribut ; autrement dit, l'attribut n'est défini que par le sujet. Ainsi le droit ou le circulaire sont des attributs essentiels de la ligne, ils sont définis par la ligne et ne peuvent être définis sans elle (cf. PHILIP., 61, 4). La construction de la phrase est difficile : *αὐτοῖς,* et *αὐτά*, l. 37, signifient les sujets d'inhérence des attributs (Cf. WAITZ, II, 312, dont le résumé est clair). — L. 39 et 40, les conjonctions *καί* ont évidemment un sens disjonctif : c'est le droit *ou* le circulaire, etc...

[2] Le nombre premier est celui qui n'est divisible que par lui-même ou par l'unité (3, 5, 7...) ; le nombre composé est divisible par d'autres nombres (6, 9, 16...).

[3] Le nombre carré (*ἰσόπλευρον, aequilaterum*) est un nombre à facteurs égaux, qui s'exprime par des points disposés en carré (9 = 3 rangs de 3) ; le nombre oblong (*ἑτερόμηκες, scalenon*) est un nombre à facteurs inégaux, qui s'exprime par des points disposés autrement qu'en carré (6 = 3 rangs de 2). Sur cette figuration des nombres, d'origine pythagoricienne, cf. PLATON, *Théétète*, 147e- 148 b, et la note de A. DIÈS dans son édition (Coll. G. Budé), p. 264 ; *Metaph.*, *Δ*, 14, 1020 b 3, et BONITZ, *In Metaph.*, 258 ; N, 5, 1092 b 9, tome II, p. 291 et 292 de notre traduction, avec les notes et les références (notamment Ross, *Metaph.*, II, 494). Voir aussi *Phys.*, IV, 4, 203 a 13.

[4] Sur l'opposition entre ce qui est *per se* et *per accidens*, cf. notamment *infra*, I, 22, 83 b 10, *Metaph.*, *Δ*, 7, 1017 a 7 ; *Eth. Nic.*, I, 4, 1096 a 21, etc...,

En outre, est *par soi* ce qui n'est pas dit de quel- 5
que autre sujet[1] : par exemple, pour le *marchant*,
c'est quelque autre chose qui est marchant[2] (ou
blanc) ; la substance, au contraire, autrement dit tout
ce qui signifie telle chose déterminée[3], n'est pas quelque chose d'autre que ce qu'elle est elle-même. — Ainsi, les attributs qui ne sont pas affirmés d'un sujet
je les appelle *attributs par soi*, et ceux qui sont affirmés d'un sujet, *accidents*.

En un autre sens encore, une chose qui appartient 10
par elle-même à une chose est dite *par soi*[4], et une
chose qui n'appartient pas par elle-même à une chose, *accident*. Par exemple, tandis qu'on marche, il
se met à faire un éclair : c'est là un accident, car ce
n'est pas le fait de marcher qui a causé l'éclair, mais
c'est, disons-nous, une rencontre accidentelle. Si, par
contre, c'est par elle-même qu'une chose appartient

---

[1] Troisième sens du καθ' αὐτό : la substance est par soi, par opposition aux autres catégories (Cf. *Categ.*, 5, *passim*).

[2] Cette autre chose est le sujet sous-entendu, la substance (Cf. *Metaph.*, Z, 10, où AR. distingue entre τὸ λευκόν et τὸ πάθος λευκότης. Voir notre traduction, I, p. 272-280, et les notes). — L. 6, il faut comprendre comme s'il y avait οἷον τὸ βαδίζον οὐ λέγεται καθ' αὐτό, ὅτι ἕτερόν τι ὄν, οἷον ζῷον ἢ ἄνθρωπος, βαδίζον ἐστι καὶ λευκόν.

[3] *Τόδε τι*, c'est l'individuel, telle chose que voici (*hoc aliquid*) ;

c'est, contrairement à l'attribut, ce qui existe par soi-même, et, la plupart du temps. τόδε τι est syn. d'οὐσία (BONITZ, *Ind. arist.*, 495b 45). Plus précisément τόδε τι est la forme ou essence à laquelle il ne manque que d'être réalisée dans une matière pour devenir un individu véritable C'est la substance première.

[4] Quatrième sens. Il s'agit de la connexion essentielle entre deux choses, analogue et plus puissante encore, quoiqu'en dise PACIUS, I, 401, que la relation causale : ce serait plutôt l'inhérence des propriétés mathématiques.

à une chose [1], on dit que l'attribut est *par soi* : c'est
le cas, par exemple, si un animal meurt égorgé, du
fait de l'égorgement ; c'est parce qu'il a été égorgé
15 qu'il est mort, et il n'y a pas seulement relation accidentelle entre l'égorgement et la mort.

Ainsi donc, en ce qui concerne les objets de la
science prise au sens propre, les attributs qui sont
dits *par soi*, ou bien au sens que leurs sujets sont
contenus en eux, ou bien au sens qu'ils sont contenus dans leurs sujets, sont à la fois par soi et nécessairement [2]. En effet, il ne leur est pas possible de ne
pas appartenir à leurs sujets, soit au sens absolu [3], soit
à la façon des opposés [4] comme quand on dit qu'à
20 la ligne doit appartenir le rectiligne ou le courbe, et
au nombre l'impair ou le pair. La raison en est que

---

[1] S'il y a connexion essentielle.
[2] La nécessité requise par la
science n'existe que pour les deux
premiers sens de καθ' αὑτά (*cum
vel subjectum per attributum, vel
attributum per subjectum definia-
tur ; etenim definitio nunquam se-
paratur a suo definito*, Pacius, II,
284). En effet, la substance première (troisième classe), l'individu, n'existe pas nécessairement ;
de même, en cas de connexion
essentielle (quatrième classe), il
n'y a pas de nécessité pour l'animal, par exemple, de mourir par
égorgement. — L. 17, ὡς ἐννπάρ-
χειν se rapporte à la seconde
classe τοῦ καθ' αὑτό, et ce qui
suit (ἢ ἐννπάρχεσθαι. — Sur
le sens de ce passif, cf. Waitz, II,
314) à la première.

[3] Comme, par exemple, la mo-
bilité appartient au corps, ou la
raison à l'homme.
[4] C'est-à-dire à la façon dont
l'un des deux opposés (pair, non-
pair ou impair) appartient au
sujet. Ar. répond, semble-t-il, à
une objection possible. Le droit
et le courbe, le pair et l'impair
sont des contraires qui n'appartiennent pas au même sujet nécessairement, puisqu'un nombre
n'est pas nécessairement pair, ni
nécessairement impair, pouvant
être l'un ou l'autre. Ar. réfute
ce raisonnement en disant que
la nécessité porte sur la disjonc-
tion : un nombre est nécessairement pair *ou* impair, une ligne,
droite *ou* courbe...

le contraire est ou bien une privation, ou bien une contradiction dans le même genre[1] : par exemple dans les nombres, le pair est le non-impair, en tant que l'un résulte nécessairement de l'autre[2]. Par conséquent, s'il est nécessaire ou d'affirmer ou de nier un prédicat d'un sujet[3], les attributs par soi doivent aussi nécessairement appartenir à leurs sujets.

Telle est donc la distinction à établir entre l'attri- 25 but affirmé de tout sujet et l'attribut par soi.

J'appelle *universel* l'attribut qui appartient à tout sujet, par soi, et en tant que lui-même[4]. Il en résulte clairement que tous les attributs universels appartiennent nécessairement à leurs sujets[5]. Le *par soi*

---

[1] Les deux contraires (le pair et l'impair, ou plutôt le pair et le non-pair) sont dans une relation telle que l'un est la privation ou la contradiction de l'autre dans le même sujet : tout ce qui n'est pas pair est impair, et inversement. Par suite l'un d'eux appartient nécessairement au sujet.

[2] Le non-impair, qui est une pure privation, n'est pas le pair, mais leur valeur est la même en tant que le non-impair est nécessairement pair. Cf. WAITZ, II, 314 : les mots ἢ ἕπεται, l. 22, signifient οἷον ἄρτιόν ἐστιν ἐν ἀριθμοῖς τὸ μὴ περιττὸν οὐκ ἄλλῃ ἢ ἕπεται αὐτῷ τὸ μὴ περιττόν. Voir aussi PHILOP., 69, 2.

[3] Sous-entendre : dans le même genre. C'est la loi du tiers exclu.

[4] Définition du καθόλου. — Le καθόλου n'est pas ici synonyme de κατὰ παντός, comme dans le *de Interpr.* et les *Analyt. prior.* Il est pris en un sens plus restreint, qui suppose *quamdam adaptationem vel ad aequationem praedicati vel ad subjectum*, de telle sorte qu'ils soient réciprocables (St THOMAS, 128). Le καθόλου est défini ce qui *ex ipsa rei natura* (καὶ καθ' αὐτό καὶ ᾗ αὐτό) *ita nascitur, ut in omnibus quae hac natura continentur, necessario inesse debeat.... καθ' αὐτό ita ut non ex alia re accidit, sed per ipsum insit. ᾗ αὐτό ita ut propria natura, quatenus ab altera distinguitur, tanquam rei universalis origo urgeatur* (TRENDEL., p. 135-136).

[5] L'universalité d'une notion n'est souvent, pour AR., qu'une conséquence, une preuve de sa nécessité. Au κατὰ παντός de PLATON, AR. ajoute le καθ' αὐτό. La science n'a plus pour objet

et le *en tant que soi* sont, au surplus, une seule et
même chose : par exemple, c'est à la ligne par soi
qu'appartiennent le point, ainsi que le rectiligne [1],
30 car ils lui appartiennent en tant que ligne ; et le
triangle en tant que triangle a deux angles droits,
car le triangle est par soi égal à deux angles droits.
     L'attribut appartient universellement au sujet, quand
on peut montrer qu'il appartient à un sujet quelconque et premier [2]. Par exemple, le fait d'avoir des
angles égaux à deux droits n'est pas pour la figure
un attribut universel. Car, bien qu'il soit possible
de prouver qu'une figure a ses angles égaux à deux
35 droits, on ne peut cependant pas le prouver d'une
figure quelconque, pas plus qu'on ne se sert de n'importe quelle figure dans la démonstration [3] :, en
effet, un carré est bien une figure, et pourtant ses
angles ne sont pas égaux à deux droits. D'autre
part, un triangle isocèle quelconque a ses angles
égaux à deux droits, mais le triangle isocèle n'est

---

l'univers des Idées, mais l'espèce, la réalité.
[1] L. 30, nous maintenons, avec
WAITZ, II, 315, *καὶ τὸ εὐθύ*,
contre TRENDEL., p. 136.
[2] L'attribut, pour être universel, doit appartenir à n'importe laquelle des espèces comprises dans
le genre : si c'est le triangle, à
tous les triangles. Mais ce genre
doit être premier, c'est-à-dire *dari
non debet aliud genus, illo de
quo quid praedicetur καθόλου
superius, de quo idem recte edica-*

tur (*nam πρῶτον, vs* 33, *est ἐπὶ
τοῦ ὅτι μάλιστα καθόλου*), explique WAITZ, II, 315 (cf. aussi
TRENDEL., p. 136). — Sur *ἐπὶ
τοῦ τυχόντος*, l. 33 et 35, cf.
TRENDEL., p. 136.
     Dans les lignes qui suivent, AR.
va d'abord s'occuper de l'*ἐπὶ
τοῦ τυχόντος* (l. 33-37), puis de
l'*ἐπὶ τοῦ πρῶτον* (l. 38).
[3] Mais on prend un genre de
figure déterminé. — L. 36, il faut
supprimer l'article devant *δεικ-
νύς* (WAITZ, II, 315).

cependant pas le sujet premier : c'est le triangle [1]
qui est antérieur. Ce qui donc, pris comme sujet
quelconque et premier, est démontré avoir ses an- 40
gles égaux à deux droits, ou posséder n'importe quel
autre attribut, c'est ce à quoi, pris comme sujet
premier, l'attribut appartient universellement, et la **74 a**
démonstration au sens propre consiste à prouver qu'il
appartient universellement à ce sujet [2] ; par contre,
prouver que cet attribut appartient à d'autres sù-
jets [3], c'est là une démonstration dans un   certain
sens seulement et non au sens propre. — Pas davantage, l'égalité des angles à deux droits n'est un attribut universel de l'isocèle : en fait, elle s'applique
à un genre plus étendu [4].

5.

<Des erreurs dans l'universalité
de la Démonstration.>

Nous ne devons pas perdre de vue que souvent il
nous arrive de nous tromper, et que la conclusion

---

[1] Le triangle en général, et
non son espèce, l'isocèle.
[2] Cf. THEMIST., 13, 1-2 : ἡ ἀπόδειξις τῶν οὕτω καθόλου ἐστὶν
ἡ κυρίως γε ἀπόδειξις.
[3] Qui ne sont pas premiers (le
triangle isocèle, par exemple).

[4] Ces dernières lignes constituent un second exemple, qui répond au premier, marqué *supra*
73 *b* 34, de sorte que les l. 34-*b* 2
constituent une sorte de parenthèse (cf. WAITZ, II, 315).

5 démontrée n'est pas en fait première et universelle,
au sens où nous croyons la démontrer première et
universelle [1]. On commet cette erreur : d'abord quand
on ne peut appréhender aucune notion plus élevée
en dehors du ou des sujets particuliers [2] ; en second
lieu, quand on en peut concevoir une, mais qu'elle
n'a pas de nom, dans le cas de choses différentes par
l'espèce [3] ; quand, enfin, ce qui est en réalité une

---

[1] L'erreur portant sur l'universel consiste d'une manière générale à croire que nous avons démontré du genre (*de superiori*) ce qui n'a été démontré que de l'espèce (*de inferiori*).

[2] Première cause d'erreur sur le καθόλου. Elle consiste à croire qu'on a donné une démonstration πρώτως et οἰκείως, alors qu'en fait elle porte non pas sur une notion générale, mais sur des êtres singuliers (le Soleil, la Lune, la Terre, le Monde), pour lesquels οὐδέν ἐστιν ἀνωτέρω οὐδὲ κοινόν (THEMIST., 13, 14-15). Tel est le sens strict des expressions τὸ καθ' ἕκαστον et τὰ καθ' ἕκαστα, l. 7 et 8. Mais rien n'empêche de les étendre aux espèces subordonnées au genre (le triangle isocèle, par exemple, qui rentre dans le genre triangle) : si, le triangle isocèle étant supposé la seule espèce de triangle, on démontrait qu'il a ses angles égaux à deux droits, une pareille démonstration, s'appliquant en réalité au triangle en tant que tel, manquerait de généralité. Dans ce cas l'expression τὸ καθ' ἕκαστον signifie, non plus l'individu sensible, mais l'εἶδος ἀδιάφορον, l'*infima species*,

le dernier terme d'une série, par opposition à des termes plus généraux (cf. *infra*, II, 13, 97 *b* 28. — Sur ce sens, fréquent chez AR., cf. BONITZ, *Metaph.*, 336, à propos d'ἔσχατον, qui présente à peu près la même signification ; et *Ind. arist.*, 226 *a* 24). C'est ce que St THOMAS, 130, commentant le présent passage, indique très clairement : les expressions τὸ καθ' ἕκαστον et τὰ καθ' ἕκαστα sont prises, dit-il, au sens large, *pro quolibet inferiori, sicut si species dicatur esse singulare sub genera contentum.* Cette interprétation paraît bien être celle d'AR. lui-même (l. 15 et 16 *infra*, sur l'exemple de l'isocèle) et celle des commentateurs anciens (Cf. PHILOP., 72, 23 à 73, 9, notamment 73, 2 et ss ; THEMIST., 13, 10-29). PACIUS, II, 286, 287, semble s'y rallier aussi. WAITZ II, 315, a tort de soutenir qu'il s'agit seulement, dans ce passage, du singulier sensible, au sens strict.

[3] Seconde cause d'erreur. Le genre, qui contient les différentes espèces dont on donne une démonstration *separatim*, existe bien, mais n'a pas reçu de nom distinct. AR. donne un exemple, l. 18-25 *infra*.

partie du tout est pris, dans la démonstration, pour
le tout, car alors, pour les cas particuliers compris 10
dans cette partie il y aura démonstration, et elle
s'appliquera à tous les sujets, mais cependant le sujet premier et universel ne sera pas démontré [1]. Je
dis que la démonstration est vraie du sujet premier
en tant que tel, quand elle est vraie d'un sujet premier et universel [2]. Si, par exemple, on démontrait
que les droites ne se rencontrent pas [3] <parce que les
angles formés par une sécante perpendiculaire sont
des angles droits> on pourrait supposer que c'est là
le sujet propre de la démonstration, parce qu'elle
vaut pour toutes les droites. Mais il n'en est pas 15
ainsi, s'il est vrai que leur parallélisme dépend non
pas de l'égalité des angles à deux droits conçue d'une

---

[1] Troisième cause d'erreur (voir
l'exemple, l. 13-17) : c'est quand
la démonstration ne porte, en
fait, que sur une partie du tout.
Dans la limite des cas compris
dans cette partie, elle est *κατὰ*
παντός, mais non *ἐπὶ τοῦ πρώ-*
του, quia, quum plura complec-
ti debeat quam revera complecti-
tur, angustioribus quam par est
finibus circumscripta est (WAITZ,
II, 317).
[2] Autrement dit : quand une
démonstration est vraie d'un
sujet premier et universel, cela
signifie qu'elle est vraie d'un
sujet donné premier, pris en tant
que tel.
[3] Les l. 13-16 sont un exemple
de la troisième cause d'erreur.
On pèche en se contentant d'une
raison moins générale que ne

l'exigeait la démonstration. —
L'exemple des parallèles est d'une
interprétation difficile. Voici celle
de PACIUS, II, 287 (toute différente de celle qu'il donne I, 403),
suivie par WAITZ, II, 317 :
Deux droites sont parallèles
quand les angles internes formés par une sécante sont égaux
à deux droits, que les angles
soient égaux entre eux et vaillent
chacun un droit (quand la sécante
est perpendiculaire aux parallèles), ou qu'ils soient l'un aigu et
l'autre obtus (quand la sécante
coupe obliquement les parallèles).
Si donc on prouve le parallélisme
des droites par l'égalité des angles internes à deux droits comprise dans le premier sens (*ὧδί,*
certo quodam modo, l. 15), la démonstration manquera de géné-

certaine façon, mais de cette égalité conçue d'une
façon quelconque. — Et si, d'autre part, il n'existait
pas d'autre triangle que le triangle isocèle, c'est en
tant qu'isocèle qu'il semblerait avoir ses angles égaux
à deux droits[1]. — Enfin, la convertibilité des proportions était démontrée séparément des nombres,
des lignes, des figures et des temps, quoiqu'il fût
possible de la prouver de toutes ces notions au moyen
20 d'une démonstration unique[2]. Mais par le fait qu'il
n'y avait pas de nom unique pour désigner ce en
quoi toutes ces notions, à savoir les nombres, les
longueurs, les temps et les solides, sont une seule et
même chose, et parce qu'elles diffèrent spécifiquement les unes des autres, cette propriété était prouvée pour chacune séparément. Mais à présent, la preuve est universelle, car ce n'est pas en tant que lignes
ou que nombres que ces notions possèdent l'attribut
en question, mais en tant que manifestant le   ca-

---

ralité, puisqu'il n'est pas nécessaire que les angles de la sécante
soient l'un et l'autre des droits,
mais qu'il suffit que leur total
fasse deux droits, quelle que soit
la façon dont l'égalité à   deux
droits est réalisée ($\mathring{\eta}$ ὁπωσοῦν, l.
16).

[1] Exemple de la première cause d'erreur où l'espèce est prise
pour le genre (interprétation traditionnelle, qui est celle de Philop.,
76, 18. Waitz, II, 317, pense, au
contraire, qu'il, s'agit d'un autre
exemple de la troisième cause
d'erreur).

[2] Exemple de la seconde cause
d'erreur. La loi suivant laquelle
si A : B : : C : D, A : C : : B : D
(τὸ ἀνάλογον ἐναλλάξ, cf. Bonitz, Ind. arist., 48 a 12), a été
démontrée d'abord séparément
pour les nombres en Arithmétique, pour les lignes en Géométrie,
pour les corps en Stéréométrie,
pour les temps en Physique, faute de connaître l'élément commun
à toutes ces natures qui exige une
démonstration   universelle. Cf.
Waitz, II, 316.

ractère[1] qu'elles sont supposées posséder universellement. — C'est pourquoi, même si on prouve de chaque espèce de triangle[2], soit par une démonstration unique, soit par des démonstrations différentes[3], que chacune a ses angles égaux à deux droits, cependant, aussi longtemps qu'on considère séparément l'équilatéral, le scalène et l'isocèle, on ne connaît pas encore que le triangle a ses angles égaux à deux droits, sinon d'une façon sophistique[4], ni que le triangle possède cette propriété universellement, même s'il n'existe en dehors de ces espèces aucune autre espèce de triangle. On ne sait pas, en effet, que le triangle en tant que tel a cette propriété, ni même que tout triangle la possède, à moins d'entendre par là une simple totalité numérique[5]. Mais démontrer selon la forme n'est pas démontrer de tous les triangles, même si en fait il n'y en a aucun qui ne soit connu[6].

Quand donc notre connaissance n'est-elle pas universelle, et quand est-elle absolue?[7] Il est évident

---

[1] Le caractère générique, l'élément commun de ces notions (Cf. PHILOP., 77, 20).

[2] Au moyen d'une énumération complète.

[3] Démonstration unique, applicable à toutes les espèces, ou démonstrations différentes, applicables pour chaque espèce et adaptées à elle.

[4] Et κατὰ συμβεβηκός.

[5] Ἀλλ' ἢ καθ' ἀριθμόν, ni-si secundum numerum et non se-cundum formam. On connait la propriété en question de tous les triangles (en supposant l'énumération complète), mais non de tout triangle, du triangle envisagé dans son essence (cf. Sᵗ THOMAS, 131).

[6] Autrement dit, connaître suivant le genre n'est pas connaître seulement le total de ses espèces, car la forme du genre est autre que celle des espèces.

[7] Les termes καθόλου et ἁπλῶς

que notre connaissance est absolue dans le cas où il
y a identité d'essence du triangle avec l'équilatéral,
autrement dit avec chaque triangle équilatéral ou
avec tous. Si, par contre, il n'y a pas identité, mais
diversité d'essence, et si l'attribut appartient à l'équilatéral en tant que triangle, notre connaissance man-
35 que alors d'universalité. Mais <demandera-t-on> cette
attribution [1] a-t-elle lieu pour le sujet en tant que
triangle ou en tant qu'isocèle? Et quand le sujet de
l'attribution est-il premier? A quel sujet, enfin, l'attribut peut-il être démontré appartenir universellement? C'est évidemment le premier terme auquel,
par élimination, se rattache l'attribution [2]. Par exemple, les angles d'un triangle isocèle d'airain sont égaux
à deux angles droits, mais une fois l'airain et l'isocèle éliminés, l'attribut demeure [3]. — Mais < peut-

---

sont synonymes. La connaissance
absolue est identique à la connaissance universelle : la science
simpliciter n'est pas, en effet, autre chose que la science démonstrative, laquelle est universelle.—
S'il y a identité substantielle, dit
Ar., entre le genre et chacune
de ses espèces, prises séparément
ou prises ensemble, alors *univer-
saliter sciret de triangulo et simpliciter* (par exemple, que ses trois
angles valent deux droits), *quando
sciret de aliqua specie ejus, vel de
omnibus simul* (St Thomas, 131).
Dans le cas de diversité d'essence,
au contraire, il n'y a pas de connaissance absolue et universelle.

[1] Savoir, la propriété du trian-

gle d'avoir ses angles égaux à deux
droits. — Trois questions sont posées, qui n'en font qu'une : la
première a pour objet le sujet en
tant que tel, la seconde le sujet
premier, la troisième le sujet
universel.

[2] Le *per se* (ou l'universel, le
premier) est ce qui demeure après
élimination des autres sujets inférieurs, et à quoi se rattache la
propriété à démontrer.

[3] C'est donc que la propriété à
démontrer (l'égalité des angles à
deux droits) est celle du triangle
en tant que triangle, pris comme
sujet premier, abstraction faite
de son caractère sensible et de sa
spécification d'isocèle. Ce n'est

on objecter>, si on élimine la figure ou la limite,
l'attribut s'évanouit aussi ?[1] — Certes, mais figure et **74** *b*
limite ne sont pas des sujets premiers. · – Quel est
donc le sujet premier ? — Si c'est un triangle, c'est
seulement en raison du triangle que l'attribut appartient aussi aux autres sujets[2], et le triangle est le
sujet auquel l'attribut peut être démontré appartenir universellement.

6.

<Du caractère nécessaire et essentiel des prémisses de la Démonstration.>

Si la science démonstrative part de principes né- 5
cessaires (puisque l'objet de la science ne peut être
autre qu'il n'est)[3] et si les attributs essentiels ap-

---

que par élimination du triangle
lui-même que la propriété s'éva-
nouirait.

[1] La propriété ne s'évanouit-
elle pas aussi quand on élimine
la figure ou la limite, notions
plus générales que le triangle ?
C'est donc que le sujet premier
serait, non pas le triangle, mais
la figure. AR. répond que figure
et limite ne constituent pas par
elles-mêmes et immédiatement
des sujets premiers, dont l'élimination entraînerait la destruction
de la propriété cherchée : ce qui
serait détruit, ce serait le triangle
lui-même, et c'est alors seulement,
per triangulum, que la propriété
disparaîtrait. Le triangle reste
donc bien le sujet premier.

[2] A l'isocèle et à l'airain, par
exemple, qui ne sont affectés que
per triangulum. Cf. WAITZ, II,
318 : *quae dicit* τὰ ἄλλα, *vs* 3,
*ea sunt quae minus universalia
quam trianguli notio huic ipsi
subjecta sunt.*

[3] Ce qui est connu par la démonstration, c'est-à-dire la conclusion, est nécessaire.— La marche générale du raisonnement est
celle-ci :

partiennent nécessairement aux choses (car les uns
appartiennent à l'essence de leurs sujets, et les autres contiennent leurs sujets à titre d'éléments dans
leur propre nature, et, pour ces derniers attributs,
l'un ou l'autre des opposés appartient nécessairement
au sujet), il est clair que c'est à partir de certaines
prémisses de ce genre[1] que sera constitué le syllogisme démonstratif : en effet, tout attribut, ou bien
10 appartient de cette façon à son sujet, ou bien est
accidentel[2] ; mais les accidents ne sont pas nécessaires.

C'est donc ainsi qu'il faut s'exprimer ; on peut encore poser en principe que la démonstration a pour
objet une conclusion nécessaire et qu'une conclusion
démontrée ne peut être autre qu'elle n'est, avec
15 cette conséquence que le syllogisme doit partir de
prémisses nécessaires[3]. En effet, bien que de pré-

Tous les attributs par soi sont
nécessaires, qu'il s'agisse de l'attribut par soi pris au premier sens
ou au second sens (indiqués *supra*
4, 73 *a* 34) ;

Or les prémisses de la démonstration sont nécessaires (la conclusion ne pouvant être *ἄλλως*) ;

Donc (*φανερόν*, l. 10), les prémisses de la démonstration sont
par soi.

(On remarquera que la majeure
est posée en second lieu, et la
mineure en premier).

Sur l'attribution des opposés,
l. 9, cf. *supra*, 4, 73 *b* 16.

[1] Savoir, de prémisses *per se.*
[2] La majeure du raisonnement

qui précède est réciprocable : si
tout ce qui est par soi est nécessaire, tout ce qui est nécessaire
est aussi par soi. *Quia nisi sint
per se* (*οὕτως*, l. 11), *necesse est
ut sint ex accidente, ideoque non
necessaria* (PACIUS, I, 405).

[3] WAITZ, II, 318-319, traduit
ainsi ce passage. *Syllogismum,
qui ita demonstret, ut veram scientiam efficiat, non cogi nisi ex propositionibus necessariis, aut ita colligitur, ut ponamus omnis scientiae quae demonstratione compare-
tur principia esse necessaria (quod
sumtum est vs 5) aut ita, ut ab
initio sumamus omnem veram demonstrationem necessario cogere*

misses vraies il soit possible de tirer une conclusion sans démontrer, pourtant si l'on part de prémisses nécessaires il n'est pas possible d'en tirer une
conclusion qui ne soit pas une démonstration [1] : c'est
déjà là un caractère de la démonstration [2]. — La
preuve que la démonstration, procède de prémisses
nécessaires résulte aussi du fait que les objections [3]
que nous soulevons contre ceux qui croient nous
apporter une démonstration, consistent à contester
la nécessité de l'une des prémisses, soit que nous 20
pensions que réellement elle peut être autre qu'elle
n'est, soit qu'on le dise seulement pour les besoins
de la discussion [4]. Cela montre bien à quel point
sont naïfs ceux qui s'imaginent qu'il suffit de prendre pour principes des propositions simplement pro-
bables et même vraies : tel est le cas de la proposition sophistique suivant laquelle *savoir c'est avoir*

---

quod cogat, unde sequatur neces-
sario evenire quaecumque recte co-
gantur. — Cette seconde démonstration part donc de la nécessité
de la conclusion, qui suppose elle-
même celle des prémisses (cf.
Philop., 84, 11). — L. 14, nous
acceptons la correction de G. R.
G. Mure, et lisons ἀναγκαίου
au lieu de ἀναγκαῖόν.
[1] La différence entre le syllogisme démonstratif et le syllogisme
dialectique ne consiste pas dans
la vérité ou la fausseté de leurs
prémisses (car un syllogisme dialectique peut être constitué à
partir de prémisses vraies), mais
bien dans leur nécessité ou leur

non-nécessité : si les prémisses
sont nécessaires, on se trouve en
présence d'une démonstration
(Cf. Pacius, II, 291).
[2] *Et hoc est proprium demonstra-*
tionis ex necessariis procedere
(St Thomas, 134). —L. 17, τοῦτο
= τὸ ἐξ ἀναγκαίων εἶναι.
[3] Argument tiré de l'opinion
commune, déjà employé *supra*, 4,
73a 32.
[4] On peut croire véritablement
que l'une des prémisses prétendue
nécessaire ne l'est pas, ou affec-
ter de le penser *disputandi causa*
(ἕνεκά γε τοῦ λόγου, l. 21). Cf.
Philop., 85, 11.

la science [1]. En effet, le probable ou le non-probable n'est pas principe : peut seulement l'être ce qui est
25 premier dans le genre que la démonstration a pour objet [2] ; de plus, une proposition vraie n'est pas toujours appropriée [3].

Qu'on doive partir de prémisses nécessaires pour constituer le syllogisme, en voici encore une preuve. Si, là où il y a démonstration possible [4], on ne possède pas la raison pourquoi la chose est, on n'a pas la connaissance scientifique. Admettons donc que *A* appartient nécessairement à *Γ*, mais que *B*, le moyen terme par lequel la démonstration a lieu, ne soit
30 pas nécessaire : dans ces conditions, on ne connaît

---

[1] Cf. *Euthydème*, 277 *b*. — L'argument sophistique, que THEMIST., 16, 4, attribue à PROTAGORAS, était le suivant : celui qui sait quelque chose a la science ; or celui qui a la science sait ce qu'est la science ; donc celui qui sait une chose sait ce qu'est la science. La conclusion est évidemment fausse, car connaître la nature du triangle ou de l'homme n'est pas connaître la nature de la science ἁπλῶς. L'erreur provient de la non-nécessité de la majeure, laquelle est seulement probable, car sans doute, nous savons ce que nous avons (ὁ ἔχων τι οἶδεν ὅ ἔχει, dit PHILOP., 85, 28), mais ce n'est pas là une nécessité (cf. PHILOP., 85, 19 ; PACIUS, II, 291).

[2] *Sicut arithmeticus non accipit primum quod est circa magnitudinem, sed circa numerum* (St

THOMAS, 134). — Sur l'identité de πρῶτον et de ἀρχή, cf. *supra*, 2, 72 *a* 6.

[3] C'est-à-dire dans le même genre (cf. PHILOP., 86, 20). AR. a déjà employé la même expression, 2, 71 *b* 23.

[4] Par opposition au cas où, comme pour les axiomes, il n'y a pas de démonstration (PHILOP., 87, 8). — Ignorer la cause d'une chose (la raison d'une démonstration), dit AR., c'est ne pas posséder la science. Or celui qui démontre à partir de prémisses non-nécessaires ignore la raison de la conclusion. Il n'a donc pas la science. Dans l'exemple qui suit, AR. marque fortement l'importance du moyen terme et de sa nécessité dans le syllogisme (cf. notre *Traité de Logique formelle*, p. 191-192).

pas le pourquoi. La conclusion, en effet, ne doit pas sa nécessité au moyen terme, puisque le moyen terme peut ne pas être, alors que la conclusion est nécessaire. — De plus[1], si on ne connaît pas présentement une chose, tout en retenant la marche de l'argument, en continuant soi-même d'exister ainsi que la chose, et en n'ayant rien oublié, c'est qu'on ne connaissait pas non plus la chose auparavant. Or le moyen terme peut avoir péri dans l'intervalle, puisqu'il n'est pas nécessaire. Il en résulte que, tout en 35 retenant l'argument et en continuant soi-même d'exister en même temps que la chose, on ne la connaît pas, et par suite on ne la connaissait pas non plus auparavant. Et même si le moyen n'a pas péri, mais est seulement susceptible de périr, cette conséquence

---

[1] Autre raison pour démontrer la nécessité d'un moyen terme nécessaire. L'argumentation est fort complexe. Ar. commence par poser que la science qu'on possède d'une chose ne se perd que de quatre façons : ou bien le raisonnement par lequel on a su la chose est sorti de l'esprit ; ou bien le sujet connaissant a péri ; ou bien la chose elle-même a péri ; ou bien enfin le sujet connaissant l'a oubliée (cf. aussi *de An.*, III, 3, 428 *b* 6). Par conséquent, si aucun de ces évènements ne s'est produit et qu'on ignore présentement telle chose, c'est qu'en réalité on ne l'a jamais connue (l. 32-34). Or le moyen terme, qui a permis de connaître telle conclu-

sion, peut avoir péri depuis,puisque, par hypothèse, il n'est pas nécessaire (l. 34-35). On ne connaît donc pas la conclusion *hic et nunc* par un moyen terme qui n'existe plus. Comme toutes les autres conditions de la science demeurent, c'est donc qu'on ignorait déjà antérieurement la chose quand le moyen existait encore (l. 35-36). Il en résulte que le défaut de nécessité du moyen terme empêche toute science véritable. Ar. ajoute (l. 36-39) qu'il n'est même pas besoin de supposer que le moyen terme a péri effectivement, il suffit qu'il *puisse* périr (car il n'est pas nécessaire) : la conséquence est la même (cf. St Thomas, 134).

sera possible et pourra se produire. Mais il est impossible que, dans une situation de ce genre, on possède le savoir.

75 *a*   Quand donc la conclusion est nécessaire [1], rien n'empêche que le moyen, raison de la démonstration, ne soit pas nécessaire, car il est possible de conclure le nécessaire, même du non-nécessaire, comme le vrai peut découler du non-vrai. D'autre part, quand le moyen est nécessaire, la conclusion aussi est né-
5 cessaire, de la même façon que des prémisses vraies donnent toujours une conclusion vraie. Ainsi, si A est dit nécessairement de B, et B de Γ, il est alors nécessaire que A appartienne à Γ [2]. Mais quand la conclusion n'est pas nécessaire, il n'est pas possible non plus que le moyen soit nécessaire. Admettons, en effet, que A n'appartient pas nécessairement à Γ,
10 alors que A appartient nécessairement à B, et B nécessairement à Γ : par suite, A appartiendra nécessairement à Γ, ce qui, par hypothèse, n'est pas [3].

---

[1] Ar. examine les rapports entre la nécessité de la conclusion et celle des prémisses :
Si la conclusion est nécessaire, les prémisses peuvent être contingentes, comme nous avons vu (*Anal. pr.*, II, 2-4) qu'une conclusion vraie peut découler de prémisses fausses.
Si la conclusion est contingente, les prémisses sont contingentes.
Si les prémisses sont nécessaires, la conclusion est toujours nécessaire.
Si les prémisses sont contingentes, la conclusion peut être nécessaire.

[2] On a, en effet :
Il est nécessaire que tout B soit A ;
Il est nécessaire que tout Γ soit B ;
Il est nécessaire que tout Γ soit A.

[3] En effet, la conclusion *il est possible que tout Γ soit A* ne peut venir des prémisses *il est nécessaire que tout B soit A* et *il est nécessaire que tout Γ soit B* : de telles prémisses ne peuvent con-

Puis donc que la science démonstrative doit aboutir à une conclusion nécessaire [1], il faut évidemment aussi que la démonstration se fasse par un moyen terme nécessaire. Autrement [2], on ne connaîtra ni pourquoi la conclusion est nécessaire, ni même qu'elle l'est. Mais ou bien on croira seulement avoir la connaissance de la nécessité de la conclusion, tout en ne la connaissant pas, quand on supposera comme 15 nécessaire le non-nécessaire [3], ou bien on ne croira même pas avoir cette connaissance, soit, indifféremment, qu'on sache simplement que la chose est vraie, par des propositions médiates, ou même qu'on sache le pourquoi, par des propositions immédiates [4].

Pour ceux des accidents qui ne sont pas par soi,

---

clure que *il est nécessaire que tout Γ soit A*, ce qui est contraire à l'hypothèse.

[1] Les l. 12-17 constituent une sorte de réponse à une objection. Aʀ. vient de dire qu'une conclusion nécessaire pouvait découler de prémisses contingentes. Que devient donc la nécessité de la démonstration ? Il faut répondre par une distinction. Une conclusion nécessaire peut assurément découler de premisses contingentes, mais cela ne veut pas dire qu'on puisse démontrer qu'elle en découle. La démonstration n'est pas seulement un *syllogismus probans*, mais aussi *facit scire* (Pacius, II, 292). Il faut que la nécessité soit connue et comprise.— Comme le remarque G. R. G. Mure, l. *a* 16, on attendrait *συλλογίσηται* plutôt que *εἰδῇ*.

[2] C'est-à-dire *εἰ δὲ μὴ ἔχει τὴν ἀπόδειξιν διὰ μέσου ἀναγκαίου.*

[3] *Quamquam veram scientiam non habet, habere eam opinabitur, si necessarium putet quod non est necessarium (conjunctionem intelligit termini medii cum majore et minore),* Waitz, II, 320.

[4] *Aut non opinabitur, ut qui ex propositionibus non necessariis veram demonstrationem fieri non posse intelligat, sive scit conclusionem, licet non necessariam, veram esse, quippe quae coacta sit ex propositionibus non necessariis quidem, sed veris, quae aliunde probari et possint et debeant, sive etiam cur vera esse debeat perspectum habet, propterea scilicet quod coacta sit ex propositionibus quae ipsae demonstrationem non admittant (ibid., p. 320-321).*

au sens où nous avons défini les attributs par soi, il
n'y a pas de science démonstrative. On ne peut pas,
20 en effet, démontrer la nécessité de la conclusion [1],
puisque l'accident, au sens où je parle ici de l'accident [2], peut ne pas appartenir au sujet. — Pourtant
on pourrait peut-être soulever la question de savoir [3] pourquoi il faut demander à l'adversaire d'accorder, dans la discussion dialectique, des propositions non-nécessaires, si la conclusion qui en découle
n'est pas nécessaire ? Le résultat ne serait pas différent, en effet, si, demandant à l'adversaire d'accorder des propositions prises au hasard, on en tirait
25 ensuite la conclusion. En réalité [4], il faut demander
à l'adversaire de concéder des propositions, non pas
parce que la conclusion est nécessaire en vertu des

---

[1] C'est-à-dire, on ne peut pas
prouver l'attribution de l'accident au sujet comme une conclusion nécessaire.

[2] L'accident qui n'est pas *καθ'*
αὑτό.

[3] Objection. Dans la discussion
dialectique (l. 22, *περὶ τούτων*
= *περὶ ὧν διαλέγονται*), à quoi
bon demander à l'adversaire d'admettre des propositions qui n'ont
rien de nécessaire (l. 22, *ταῦτα*
= *τὰ μὴ ἀναγκαῖα*), puisque la
conclusion qui en découle n'est
jamais nécessaire ? *Nam ad ve-*
ram demonstrationem nihil atti-
net, si quis sumat quae in casu po-
sita et mutationi obnoxia sint et
quae inde consequantur declaret
(WAITZ, II, 321) : si l'on disait,
par exemple (PHILIP., 95, 12),
l'homme se promène, le cheval hen-

nit, donc l'homme est une sub-
stance. Dans ces conditions, ne
faut-il pas admettre que la nécessité existe même dans les syllogismes dialectiques ?

[4] Réponse d'AR. La nécessité
dialectique n'est qu'une nécessité
formelle, qui tient à la forme
même du syllogisme, tandis que
la nécessité démonstrative est
une nécessité matérielle dépendant
de la nature des choses. La dialectique atteint la *vérité*, mais non
la *vérité nécessaire*. Cf. St THOMAS,
137 : *licet ex praemissis contin-*
gentibus non sequatur conclusio
necessaria necessitate absoluta,
sequitur tamen secundum quod
est ibi necessitas consequentiae se-
cundum quod sequitur ex prae-
missis.

propositions demandées [1], mais parce qu'il est nécessaire que, concédant ces propositions, on admette
aussi la conclusion et qu'on conclue la vérité si elles
sont elles-mêmes vraies [2].

Mais puisque sont nécessaires, dans chaque genre,
les attributs qui appartiennent essentiellement à leurs
sujets respectifs en tant que tels [3], il est clair que les
démonstrations scientifiques ont pour objet des conclusions essentielles et se font à partir de prémisses
elles-mêmes essentielles [4]. Les accidents, en effet, ne
sont pas nécessaires, de sorte qu'on ne connaît pas
nécessairement [5] une conclusion par sa cause, même
avec des propositions toujours vraies, si elles ne sont
pas par soi : c'est ce qui se passe dans les syllogismes
par signes [6]. En effet, dans ce cas, ce qui est en réali-

30

[1] Cf. Philop., 95, 30 et 96, 1 :
ὅτι οὐχ ἡ αἰτία τοῦ εἶναι τὸ
συμπέρασμα ἐν ταῖς προτά-
σεσίν ἐστιν, ὅπερ δεῖ ἐν τοῖς
ἀποδεικτικοῖς συλλογισμοῖς
εἶναι.
[2] Τῷ τιθεμένῳ τὰς προ-
τάσεις καὶ ἀληθῶς τιθεμένῳ,
τούτῳ ἕπεται καὶ τὸ συμπέρασμα λέγειν ἀληθῶς ((Philop., 95, 25). — Voir aussi Themist., 17, 9.
[3] St Thomas, 137, traduit exactement : sed illa sunt ex necessitate circa unumquodque genus
quaecumque sunt per se, et conve-
i.iunt unicuique secundum quod
unumquodque est.
[4] Cf. Philop., 97, 13-15 : εἰ δὲ
αἱ ἀποδείξεις ἀναγκαῖαί τέ
εἰσι καὶ ἐξ ἀναγκαίων, ἐκ

τῶν καθ' αὐτό ἄρα ἢ ἀπό-
δειξις καὶ περὶ τῶν καθ' αὐτὸ
ὑπαρχόντων.
[5] Sous-entendre τῷ τὰ συμβεβηκότα εἰδότι καὶ ἐκ τούτων
συλλογιζομένῳ. On ignore la cause véritable d'une chose quand on
fait découler celle-ci de propositions non-nécessaires, ces propositions fussent-elles, en fait, toujours vraies (Waitz, II, 321).
Cf. Anal. pr., II, 27, 70 a 7,
et les exemples donnés par Ar.
Entre le signe et la chose signifiée
il n'y a pas, même si en fait la
relation est véritablement nécessaire et causale, une relation rationnelle reconnue comme telle.
On ne connaîtra que τρόπον
τινὰ κατὰ συμβεβηκός (Philop.,
98, 4-5).

té par soi on ne le connaîtra pas comme étant par
soi, et on ne connaîtra pas non plus le pourquoi ; or
35 connaître le pourquoi, c'est connaître par la cause.
Il faut donc que, par soi, le moyen terme appartienne
au troisième, et le premier au moyen [1].

7.

<De l'incommunicabilité des genres.>

On ne peut donc pas, dans la démonstration, passer
d'un genre à un autre : on ne peut pas, par exemple,
prouver une proposition géométrique par l'Arithmétique. Il y a, en effet, trois éléments dans la démonstra-
40 tion : en premier lieu, ce que l'on prouve, à savoir
la conclusion, c'est-à-dire un attribut appartenant par
soi à un certain genre ; en second lieu, les axiomes [2],
et les axiomes d'après lesquels s'enchaîne la démonstration ; en troisième lieu, le genre, le sujet dont la
75 b démonstration fait apparaître les propriétés et les attributs essentiels. Les axiomes, à l'aide desquels a
lieu la démonstration, peuvent être les mêmes [3]. Mais

---

[1] Autrement dit, la mineure et
la majeure doivent être des propositions nécessaires.

[2] Les axiomes (κοιναὶ δόξαι,
τὰ κοινά), qu'Ar. étudiera plus
loin (Cf. notamment ch. 11), sont,
non pas des prémisses de la démonstration (il ne faut donc pas

traduire, l. *a* 42 et *b* 2, ἐξ ὧν
par « are premisses of demonstra-
tion », comme le fait G. R. G.
Mure), mais des principes par
la vertu desquels la conclusion
découle des prémisses.

[3] Les mêmes pour deux ou plusieurs sciences, mais la généralité

dans le cas de genres différents, comme pour l'Arithmétique et la Géométrie, on ne peut pas appliquer la démonstration arithmétique aux propriétés des grandeurs, à moins de supposer que les grandeurs ne soient 5 des nombres [1]. Quant à savoir comment le passage est possible dans certains cas, nous le dirons ultérieurement [2].

La démonstration arithmétique a toujours le genre au sujet duquel a lieu la démonstration [3] ; et, pour les autres sciences, il en est de même. Il en résulte que le genre doit nécessairement être le même, soit d'une façon absolue [4], soit tout au moins d'une certaine

---

des axiomes n'a lieu que κατ' ἀναλογίαν (Cf. infra, 10, 76a 38 et 11, 77a 26-31), en ce sens qu'ils se rattachent tous au principe de contradiction (Metaph., Γ, 3, 1005 b 11). La communauté d'axiomes n'entraîne pas la communauté de démonstration, car chaque axiome se restreint aux limites du genre sur lequel porte la science où il joue : l'Arithmétique les considère dans leur application aux nombres, la Géométrie dans leur application aux grandeurs.

[1] Autrement dit : à moins que l'objet de la Géométrie ne soit compris dans celui de l'Arithmétique, la Géométrie étant ainsi une science subordonnée à l'Arithmétique. Or c'est là une conception platonicienne (pour PLATON, le principe formel des grandeurs était la ligne insécable, pour SPEUSIPPE le point, et pour XÉNOCRATE les nombres mêmes, savoir la dyade pour les longueurs, la triade pour les surfaces et la tétrade pour les solides) contre laquelle s'est élevé AR. dans la Métaph., passim, notamment A, 9, 992a 14-18 (Sur ce passage, cf. MILHAUD, les Philos. géom. de la Grèce, p. 340 et s. ; COLLE, Comm., p. 156 à 159).

[2] Ch. 9 et 13.

[3] Savoir, le nombre. Pour la Géométrie c'est la grandeur, et pour la Physique le mobile.

[4] Simpliciter... quando ex parte subjecti non sumitur aliqua differentia determinans, quae sit extranea a natura illius generis. Ut si quis per principia verificata de triangulo procedat ad demonstrandum aliquid circa isochelem, vel aliquam subjectam speciem trian-. guli (St THOMAS, 139).

façon [1], si la démonstration doit se transporter d'une science à une autre. Qu'autrement le passage soit impossible, c'est là une chose évidente, puisque c'est du même genre que doivent nécessairement provenir les extrêmes et les moyens termes [2] : car s'ils ne sont pas par soi [3], ce seront des accidents. C'est pourquoi on ne peut pas prouver par la Géométrie que la science des contraires est une [4], ni même que deux cubes font un cube [5]. On ne peut pas non plus démontrer un

---

[1] Dans le cas des sciences subalternes. Le genre de l'Optique est le même *quodammodo* que celui de la Géométrie (la ligne optique est une espèce de la ligne ; de même pour l'Harmonique par rapport à l'Arithmétique, le nombre recevant la spécification d'harmonique).

[2] Le majeur et le mineur, contenus dans la conclusion, ainsi que le moyen, contenu dans les prémisses, doivent appartenir au même genre (nombre, grandeur).

[3] Les attributs par soi sont des attributs du même genre, et les attributs du même genre sont par soi. Cf. PHILOP., 101, 31-102, 3 : il faut que les extrêmes et le moyen soient καθ' αὐτό, καὶ τοὺς ἄκρους ἀλλήλων κατηγορεῖσθαι καὶ τὸν μέσον τῶν μὲν ὑποκεῖσθαι τοῦ δὲ κατηγορεῖσθαι · ὥστε εἰ μὴ ἐκ τοῦ αὐτοῦ γένους παραληφθεῖεν, οὐκ ἔσονται καθ' αὐτὸ ἀλλήλοις ὑπάρχοντες ἀλλὰ κατὰ συμβεβηκός.

[4] Car cette conclusion sur l'unité de la science des contraires dépasse la Géométrie : elle ressortit à la Métaphysique, ou, tout au moins, à la Dialectique (PHILOP., 102, 8). Dans cet exemple et le suivant, il y a transport illégitime du moyen terme d'une science à une autre.

[5] AR. fait allusion au célèbre problème de la *duplication du cube*, ou *problème de Délos*. La duplication du cube consiste à construire, au moyen de la règle et du compas, le côté d'un cube d'un volume double du cube donné, de telle sorte que, *b* désignant le côté du cube à volume double, et *a* le côté du cube à doubler, on ait $b^3 = 2\,a^3$. Or c'est là un problème insoluble dans la Géométrie plane, qui ne s'occupe que des surfaces. Seule la Stéréométrie peut en tenter la solution (cf. PHILOP., 102, 10). — L'interprétation arithmétique de S^{t}THOMAS (139, 140) et de PACIUS (II, 294) est inadmissible. Sur le problème de la duplication du cube, cf. MILHAUD, *Les Philos. géom. de la Gr.*, p. 170 et ss, et surtout BRUNET et MIELI, *Histoire des Sciences, Antiquité*, p. 408 et ss.

théorème d'une science quelconque par le moyen d'une
autre science, à moins que ces théorèmes ne soient l'un
par rapport à l'autre comme l'inférieur au supérieur, 15
par exemple les théorèmes de l'Optique par rapport
à la Géométrie, et ceux de l'Harmonique par rapport
à l'Arithmétique. La Géométrie ne peut pas non plus
prouver des lignes quelque propriété qui ne leur appartienne pas en tant que lignes, c'est-à-dire en vertu
des principes qui leur sont propres : elle ne peut pas
montrer, par exemple, que la ligne droite est la plus
belle des lignes ou qu'elle est la contraire du cercle,
car ces qualités [1] n'appartiennent pas aux lignes en
vertu de leur genre propre, mais en tant qu'elles constituent une propriété commune avec d'autres genres. 20

8.

<La Démonstration porte sur des conclusions éternelles>.

Il est clair aussi que si les prémisses dont procède le
syllogisme sont universelles, la conclusion d'une telle
démonstration, c'est-à-dire de la démonstration prise
au sens absolu, est nécessairement aussi éternelle [2].

---

[1] La beauté et la contrariété,
lesquelles appartiennent à beaucoup d'autres choses qu'aux lignes
(PHILOP., 105, 13).

[2] Si les prémisses du syllogisme
démonstratif sont universelles,
il faut que la conclusion soit toujours vraie et non corruptible.

Il n'y a donc pour les choses périssables, ni de démonstration, ni de science au sens absolu, mais seulement
25 par accident [1], parce que la liaison de l'attribut avec son sujet [2] n'a pas lieu universellement, mais temporairement et d'une certaine façon. Quand une telle démonstration [3] a lieu, il est nécessaire qu'une des prémisses soit non-universelle et périssable (périssable, parce que c'est seulement si elle est périssable que la conclusion le sera [4] ; non-universelle, parce que le prédicat sera attribué à certains cas compris dans le sujet à l'exclusion d'autres) [5], de sorte qu'on ne pourra pas obtenir une conclusion universelle, mais seulement une conclusion exprimant une vérité momen-
30 tanée. — Il en est de même encore des définitions [6], puisque la définition est, ou piincipe de démonstration, ou une démonstration différant par la position de ses termes, ou la conclusion d'une démonstration [7]

---

[1] Cf. *Metaph.*, Z, 15, 1039 *b* 28.
[2] Avec son sujet corruptible.
[3] Portant sur des choses corruptibles.
[4] Cf. *supra*, 6, 75 *a* 8.
[5] Les l. 27-29, φθαρτὴν μὲν... ἐφ' ὧν, peuvent être considérées comme une parenthèse. Le sens est bien déterminé par WAITZ, II, 323 : *quod praedicatur in conclusione (terminus major) edicitur quidem de iis de quibus praedicatur in conclusione (de termino minore quam verbis ἐφ' ὧν significavit vs* 29), *ita tamen, ut aliquando possit de iis praedicari et aliquando non praedicari (ᾧ μὲν ἔσται ᾧ δ' οὐκ ἔσται).*

La définition (ὁρισμός), elle aussi, ne peut porter que sur des choses éternelles : si elle porte sur des φθαρτά, elle sera φθαρτή et μὴ καθόλου, car, comme la démonstration, elle doit être nécessaire et manifester la nature essentielle de la chose.
[7] Cf. *de An.*, I, 1, 403 *a* 29. La définition peut être ἐκ τοῦ εἴδους : elle est alors le principe d'où part la démontration (Cf. *Metaph.*, M, 4, 1078 *b* 24 : le principe du syllogisme, c'est τὸ τί ἐστι) ; elle peut encore être ἐκ τῆς ὕλης (elle est alors la conclusion de la démonstration, en ce qu'elle est démontrée à

— Mais les démonstrations et la science des évènements qui se répètent, comme par exemple une éclipse
de Lune, sont évidemment, en tant que telles, éternelles, mais, en tant qu'elles ne sont pas éternelles,
elles sont ainsi particulières [1]. Ce que nous disons de 35
l'éclipse s'applique également aux autres cas.

9.

<Les principes propres et indémontrables de la Démonstration.>

Il est clair qu'une chose ne peut être démontrée
qu'à partir de ses principes propres, si ce qui est prouvé appartient en tant que tel au sujet ; par suite, il
n'est pas possible de le connaître, même en faisant
découler la démonstration de prémisses vraies, indémontrables et immédiates [2]. C'est là, en effet, une

---

partir de la prémisse, la cause
de la matière étant la forme) ;
enfin elle peut être ἐκ τοῦ συν-
αμφοτέρου (la définition portant
alors sur la matière et la forme
est un véritable syllogisme démonstratif, condensé dans une formule, et qui ne diffère de la démonstration proprement dite qu'en
ce qu'elle n'est pas ordonnée *in
modo et figura*) Cf. Philop., 109,
9 et ss, et aussi St Thomas, 141.
Voir encore *infra*, II, 10, 94 *a* 11,
[1] L. 34, contrairement à Waitz,

II, 323, nous maintenons la leçon traditionnelle admise par
Bekker, et nous lisons τοιαῖδ'
εἰσίν et non τοιοῦδ' εἰσίν,
et nous comprenons : « en tant
que la démonstration et la science sont démonstration et science » (thèse que le chapitre a pour
objet d'établir). Mais la correction de Waitz donne un sens également satisfaisant.
[2] Il faut que la démonstration
se fasse à partir de principes propres à la chose à démontrer,

40 démonstration semblable à celle dont Bryson s'est servi pour la quadrature du cercle [1] : les raisonnements de ce genre prouvent d'après un caractère commun, qui pourra appartenir aussi à un autre sujet, et par suite ces raisonnements s'appliquent également à

76 *a* d'autres sujets qui n'appartiennent pas au même genre. Aussi connaît-on la chose non en tant que telle, mais par accident, sinon la démonstration ne s'appliquerait pas aussi bien à un autre genre [2].

---

c'est-à-dire du même genre qu'elle (cf. *supra*, 2, 71 *b* 23 et la note), ou encore, il faut que le moyen terme soit approprié aux extrêmes et ne soit commun avec rien d'autre. Par conséquent, il ne suffit pas de partir de prémisses vraies et immédiates, mais il faut encore que ces prémisses soient appropriées à la conclusion (Cf. Philop., 111, 6-17, dont le résumé est excellent). — L. 38, τὸ δεικνύμενον est la conclusion qui indique l'inhérence essentielle du prédicat au sujet.

[1] Sur le problème de la *quadrature du cercle*, cf. *Anal. prior.*, II, 25, 69*a* 32 (et la note de notre traduction) ; *de Soph. Elench.*, 11, 171*b* 16 et 172 *a* 2-7.— Bryson le Mégarique, qui fut peut-être le maître de Pyrrhon, avait essayé de réaliser la quadrature du cercle en se fondant sur cet axiome commun à toutes les sciences que *des choses qui sont respectivement plus grandes et moins grandes que les autres choses leur sont égales*. Et considérant les deux carrés inscrit et circonscrit au cercle, il attribuait

à l'aire du cercle une valeur ayant avec chacune des aires des deux carrés une différence égale. Or c'est là une grave erreur, le moyen proportionnel étant, en réalité, le polygone inscrit ayant le double des côtés du carré (= l'octogone). Ar. reproche donc avec raison à Bryson de fonder sa prétendue démonstration sur un axiome qui s'applique non seulement aux grandeurs, mais encore aux nombres, et qui s'étend ainsi à des genres différents. Sur la tentative de Bryson, cf. Brunet et Mieli, *Hist. des Sc.*, *Antiquité*, p. 398 et ss. Une nouvelle interprétation a été proposée par Th. Heath, *A History of Greek Mathematics*, I, *From Thales to Euclid*, 1921, p. 223-225. — Sur l'état des Mathématiques grecques au temps de Platon, consulter aussi A. Diès, *Notice de la République* (éd. Budé), p. lxx et ss.

[2] Cf. St Thomas, 143 : *Non scit secundum illud quod est, idest per se, sed per accidens tantum. Si enim esset secundum se; non conveniret demonstratio in aliud genus.*

Notre connaissance d'une attribution quelconque
est accidentelle, à moins de connaître au moyen de ce
par quoi l'attribution a lieu [1], d'après les principes 5
propres du sujet en tant que tel : c'est le cas, si nous
connaissons, par exemple, la propriété de *posséder
des angles égaux à deux droits* comme appartenant au
sujet auquel la dite propriété est attribuée par soi [2], et
comme découlant des principes propres de ce sujet.
Il en résulte que si cette propriété appartient aussi par
soi à ce à quoi elle appartient, nécessairement le moyen
rentre dans le même genre que les extrêmes [3]. Il n'en
peut être autrement [4] que dans des cas tels que les
théorèmes de l'Harmonique, qui sont démontrables 10
par l'Arithmétique. De tels théorèmes sont prouvés
de la même façon [5], mais avec une différence : le *fait*
dépend d'une science distincte (car le genre qui leur
sert de sujet est distinct), tandis que le *pourquoi* dépend de la science plus élevée à laquelle les attributs

---

[1] La science démonstrative est
la connaissance non seulement
de ce qui est καθ' αὑτό, mais
encore la connaissance *per causam*, c'est-à-dire par le moyen
terme (κατ' ἐκεῖνο... καθ' ὅ,
l. 5) ; c'est encore partir des prémisses essentielles et appropriées
au sujet.

[2] C'est-à-d. au triangle.

[3] Avec Philop., 117, 4, suivi
par Pacius, I, 411, nous croyons
que κἀκεῖνο, l. 8, signifie ὁ
κατηγορούμενος, la propriété
d'avoir deux angles droits affirmée du triangle. Le sens est clair :
si cette propriété appartient par

soi à son sujet, le moyen terme, par lequel s'est faite la démonstration, appartiendra au même genre que le majeur et le mineur, ainsi qu'Ar. l'a démontré
plus haut, 6, 75 a 35 et ss.

[4] Ar. examine le cas des sciences subordonnées, seule exception
à la règle suivant laquelle la démonstration doit partir de principes propres au sujet (Philop.,
117, 15).

[5] De la même façon que les
théorèmes de l'Arithmétique. Autrement dit, leur démonstration
est bien ἐπιστημονική (Philop.,
118, 5-7).

appartiennent essentiellement [1]. Ainsi, même ces exceptions montrent bien qu'il n'y a démonstration, au sens propre, d'un attribut, qu'à partir de ses principes appropriés ; seulement, les principes de ces sciences subordonnées possèdent le caractère commun exigé [2].

Si cela est clair, il est clair aussi que les principes propres de chaque chose [3] ne sont pas susceptibles de démonstration, car les principes dont ils seraient déduits seraient les principes de toutes choses, et la science de laquelle ils relèveraient, la science de toutes choses par excellence [4]. C'est qu'en effet, on connaît mieux quand on connaît à partir de causes plus élevées ; car on connaît à partir de prémisses premiè-

---

[1] D'ordinaire, une même science étudie le ὅτι et le διότι. Mais, dans les sciences subordonnées à une science plus élevée, la connaissance du ὅτι et du διότι est distincte. La science inférieure a pour objet le *fait* pur, et la science supérieure le *pourquoi* : telle est notamment la relation de l'Optique à la Géométrie (Cf. Philop., 118, 4-20). — La parenthèse de la l. 12 signifie : *genus subjectum inferioris scientiae et alterum a genere subjecto superiori scientiae* (Sᵗ Thomas, 143).

[2] *Principia autem utrique generi sunt communia* (Waitz, II, 325).

[3] De chaque attribut inhérent à un sujet.

[4] Cf. *Metaph.*, A, 2, 982 *a* 22 ; B, 2 et 3 ; *Γ*, 1, 1003 *a* 21. Le commentaire de Trendel., 160,

est excellent : *Varia igitur erunt pro variis disciplinis principia. Quae unde tandem a singulis quibusque artibus tanquam vera et certa accipiuntur? Si ipsa jacerent incognita, omnium vacillaret disciplinarum fundamentum. Quare esse debet disciplina, cujus sit principia cognoscere.* Et cette discipline est la Métaphysique. (Voir aussi Philop., 119, 8-21). — La pensée d'Ar. paraît être que, dans le domaine qu'il envisage, il n'y a pas de science dominante. Comme l'indique Zabarella, *ex principiis enim metaphysicis possunt probari principia geometrica, non tamen in ipsa geometria, sed in metaphysica.* Par contre, l'interprétation restrictive de Pacius, II, 297, nous semble inacceptable.

res, quand on connaît à partir de causes qui ne sont 20
pas elles-mêmes causées[1]. Par suite, si on connaît
mieux ou même parfaitement, une pareille connaissance sera aussi science à un degré plus élevé, ou
même au plus haut degré[2]. Mais, quoiqu'il en soit, la
démonstration ne s'applique pas à un autre genre, sinon,
ainsi que nous l'avons indiqué, dans l'application des
démonstrations géométriques aux théorèmes de la
Mécanique ou de l'Optique, ou des démonstrations
arithmétiques aux théorèmes de l'Harmonique.   25

Il est difficile de reconnaître si on sait ou si on ne
sait pas : c'est qu'il est difficile de savoir si nous connaissons ou non à partir des principes de chaque chose, ce qui est précisément connaître. Nous croyons que
posséder un syllogisme constitué de certaines prémisses vraies et premières, c'est là avoir la science. Or
il n'en est rien : ce qu'il faut, c'est que la conclusion
soit du même genre que les prémisses.   30

10

< Les différents principes. >

J'entends par principes dans chaque genre, ces véri-

---

[1] *Ex causis non causatis id est
ex causis primis, quae tantum sunt
causae, non effectus* (Pacius, II,
297).
[2] Cf. la traduction latine de

Trendel., 44 : *Ita fiet, ut, si hic
magis vel maxime cognoverit, illa
etiam majore vel maximo jure
cognitio appelletur.*

tés dont l'existence est impossible à démontrer [1]. La
signification du nom est simplement posée, aussi
bien pour les vérités premières que pour les attributs qui en dérivent [2]. Quant à l'existence, s'il s'agit
de principes, il faut nécessairement la poser ; mais
s'il s'agit du reste, il faut la démontrer [3]. Par exemple,
nous posons indifféremment la signification de l'uni-
35 té, du droit et du triangle ; mais, alors qu'on pose aussi
l'existence de l'unité et de la grandeur, pour le reste,
on doit la démontrer [4].

Parmi les principes dont on se sert dans les sciences
démonstratives, les uns sont propres à chaque science,
et les autres communs : mais c'est une communauté
d'analogie [5], étant donné que leur usage est limité au
genre tombant sous la science en question. — Sont des
40 principes propres, par exemple les définitions de la
ligne et du droit [6] ; les principes communs sont des

---

[1] Mais qui sont ὁμολογούμε-
ναι (PHILOP., 120, 20).
[2] τὰ πρῶτα (c'est-à-d. le genre,
de quo demonstratur, et les axiomes. Cf. WAITZ, II, 326) et τὰ
ὑπάρχοντα καθ' αὐτά (les propriétés essentielles du genre, qui
sont démontrées) se ressemblent
en ce que les uns et les autres
voient leur signification nominale
(cf. supra, 1, 71 a 11 et ss.) simplement posée, sans démonstration.
[3] On pose, et on ne démontre
pas, l'existence des principes ; on
démontre, au contraire, celle des
propriétés (τὰ ἄλλα, l. 34).

[4] L'unité est le principe du
nombre ; le droit et le triangle
sont seulement des propriétés de
la grandeur, principe des lignes.
On pose, sans le démontrer, leur
sens verbal. Par contre, en ce
qui concerne l'existence, on pose
celle des principes (l'unité, la
grandeur), et on démontre celle
des propriétés.
[5] Cf. 7, 75 b 2, et la note.
[6] Cf. PACIUS, II, 299 : linea
esse hujusmodi (τοιανδί) id. esse
longitudinem sine latitudine significat enim definitionem lineae.
De même pour le droit, qui peut
être dit principe, en tant qu'il

propositions telles que : *si, de choses égales, on ôte des choses égales, les restes sont egaux.* Mais l'application de chacun de ces principes communs est limitée au genre dont il s'agit, car il aura la même valeur, même s'il n'est pas employé dans sa généralité, mais appli- **76 b** qué, en Géométrie par exemple, aux grandeurs seulement, ou, en Arithmétique, aux nombres seulement [1]. — Sont propres encore à une science, les sujets dont elle pose aussi l'existence [2] et dont elle considère les attributs essentiels : tels sont les unités en Arithmétique, et, en Géométrie, les points et **5** les lignes. En effet, ces sujets sont posés à la fois dans leur existence et dans leur signification [3], tandis que pour leurs attributs essentiels, c'est seulement la signification de chacun d'eux qui se trouve posée. Par exemple, l'Arithmétique pose la signification de pair et d'impair, de carré et de cube [4], et la Géométrie celle d'irrationnel, ou de ligne brisée ou oblique [5] ; par

---

est posé sans démonstration, et qu'il est à l'origine des démonstrations.

[1] *Itaque geometra (exempli causa) non accipit omnem totum esse majus sua parte : sed omnem magnitudinem esse majorem sua parte* (Pacius, I, 413. — Cf. aussi Waitz, II, 326).

[2] L'existence est posée, et non démontrée, en même temps que la signification nominale (l'unité en Arithmétique, le point et la ligne en Géométrie).

[3] *Quod sint et quid sint* (l'existence et la définition).

[4] Il s'agit des nombres carrés $(4 = 2 \times 2, 9 = 3 \times 3...)$ et cubiques $(27 = 3 \times 3 \times 3)$.

[5] Sur ἄλογον, cf. Bonitz, *Ind. arist.*, 35 b 10 (tel est le rapport de la diagonale au côté du carré). — Sur τὸ κεκλάσθαι, cf. *Phys.*, V, 4, 228 b 24 (ἡ κεκλασμένη, i. d. γραμμή). — Sur τὸ νεύειν, cf. Philop., 124, 24-26 : νεύειν δὲ λέγονται εὐθεῖαι αἵτινες ἐκβαλλόμεναι καθ' ἕν σημεῖον συμπίπτουσιν, ὥσπερ ἡ διάμετρος πρὸς τὴν πλευράν.

10 contre, l'existence de ces notions est démontrée, tant
à l'aide des axiomes communs qu'à partir des conclusions antérieurement démontrées [1]. L'Astronomie procède aussi de la même façon. — C'est qu'en effet,
toute science démonstrative tourne autour de trois
éléments : ce dont elle pose l'existence (c'est-à-dire
le genre [2] dont elle considère les propriétés essentielles) ; les principes communs, appelés axiomes, vérités
premières d'après lesquelles s'enchaîne la démonstra-
15 tion ; et, en troisième lieu, les propriétés, dont la
science pose, pour chacune, la signification [3]. Cependant, quelques sciences peuvent, sans inconvé-
nient, négliger certains de ces éléments : par exemple,
telle science peut se dispenser de poser [4] l'existence
du genre, si cette existence est manifeste (c'est ainsi
que l'existence du nombre n'est pas aussi évidente
que celle du froid et du chaud) [5] ; on peut encore ne
pas poser la signification des propriétés quand elles
20 sont claires. De même, pas n'est besoin de poser la
signification d'axiomes communs tels que : *si de*

---

[1] Prises comme prémisses (ἐκ)
à la différence des axiomes, qui
jouent seulement un rôle régu-
lateur (διά).
[2] Le sujet de la démonstration
(τὸ ὑποκείμενον γένος, THE-
MIST., 23, 7), comme le nombre
ou la grandeur.
[3] Par exemple le pair et l'impair, ou la propriété de posséder
des angles égaux à deux droits.
[4] De poser *expressément.* — Pour

tout ce passage, voir les intéres-
sants développements de THE-
MIST., 23, 13 et ss.
[5] Et c'est ce qui oblige l'Arithmétique à poser expressément
l'existence du nombre, alors que
la Physique juge inutile de poser
celle du froid et du chaud. — L.
17, φανερός, l. 19, δῆλος, et l.
21, γνώριμος ont le même sens.
Sur une légère différence, cf,
WAITZ, II, 327.

choses égales on soustrait des choses égales, les restes sont égaux, attendu que c'est là un principe bien connu. Mais il n'est pas moins vrai que, par nature[1], les éléments de la démonstration sont bien au nombre de trois : le sujet de la démonstration, les propriétés qu'on démontre, et les principes dont on part.

N'est ni une hypothèse, ni un postulat, ce qui est nécessairement par soi et qu'on doit nécessairement croire[2]. <Je dis : *qu'on doit nécessairement croire*>, parce que la démonstration, pas plus que le syllogisme, ne s'adresse au discours extérieur, mais au discours intérieur de l'âme[3]. On peut, en effet, toujours trouver des objections au discours extérieur[4], tandis qu'au discours intérieur on ne le peut pas toujours. — Ce qui, tout en étant démontrable, est posé par le maître sans démonstration, c'est là, si on l'admet avec l'assentiment de l'élève, une hypothèse, bien que ce ne soit pas une hypothèse au sens absolu, mais une hypothèse relative seulement à l'élève. Si l'élève n'a aucune opinion, ou s'il a une opinion contraire, cette même supposition est alors un postulat[5]. Et de là vient la différence entre l'hypothèse

---

[1] En réalité (*reipsa*, Pacius, II, 301).
[2] Autrement dit, l'axiome, qui est distinct à la fois de l'hypothèse et du postulat. Cf. *supra*, 2, 72 *a* 10 et ss., 7, *init.*, et nos notes.
[3] Sur l'opposition entre le discours extérieur, qui s'exprime par des mots (ὁ ἔξω λόγος, *ora-*

tio) et le discours intérieur que l'âme se tient à elle-même (ὁ ἔσω λόγος, ὁ ἐν τῇ ψυχῇ, *ratio*) et qui est forcément sincère, cf. *Théét.*, 189 *e*.
[4] Même sans raison plausible et contre l'évidence, ἐριστικῶς (Philop., 131, 2).
[5] Le *postulat* (αἴτημα) est donc une proposition indémontrable,

et le postulat : le postulat est ce qui est contraire à l'opinion de l'élève [1], démontrable, mais posé et utilisé sans démonstration.

35   Les définitions [2] ne sont pas des hypothèses (car elles ne prononcent rien sur l'existence ou la non-existence) [3] ; mais c'est dans les prémisses que rentrent les hypothèses. Les définitions requièrent seulement [4] d'être comprises, et cela n'est certes pas le fait de l'hypothèse, à moins de prétendre que tout ce qu'on entend ne soit aussi une hypothèse [5]. Il y a hypothèse, au contraire, quand certaines choses étant posées, du seul fait que ces choses sont posées la conclusion suit. Pas davantage il ne faut admettre que le géomètre pose des hypothèses fausses, ainsi que

40   l'ont soutenu certains, qui prétendent que, bien qu'on ne doive pas employer le faux, le géomètre s'en sert cependant quand il affirme que la ligne tracée est

---

que le maître *demande* au disciple de lui accorder ; c'est une proposition qui, comme l'*ὑπο-θέσις*, enveloppe à la fois attribution et existence (Cf. *supra*, 2, 72 *a* 15 et ss).

[1] L. 33, nous supprimons, avec G. R. G. MURE, *ῇ* après *δόξῃ*.

[2] Sur *ὅρος* et *ὁρισμός*, cf. WAITZ, I, 370, et BONITZ, *Ind. arist.*, 529 *b* 54 et ss.

[3] L. 35, nous lisons, avec WAITZ, II, 328, *οὐδέν* et non *οὐδέ*. Mais, l. 36, *λέγουσι* donnerait un sens plus satisfaisant que *λέγονται*.

[4] Et ne se préoccupent pas de l'existence ou de la non-existence, de la vérité ou de la fausseté

de la chose définie.

[5] Cf. WAITZ, II, 328 : *si quis contendat definitionem, licet non ponat aliquid esse et non esse, sed intelligi tantum velit id quod dicat, tamen esse hypothesin, quodcumque auribus percipimus, si quod dictum est intelleximus, hypothesis dicenda erit.* — L. 38, le verbe *ἀκούειν* a un sens bien déterminé par PHILOP., 132, 6 : dire que la définition est une hypothèse, c'est comme si l'on disait que *τὸ φωνῆς ἁπλῶς ἀκούειν καὶ συνιέναι τὸ ὑπὸ τῆς φωνῆς δηλούμενον* est une hypothèse, comme, par exemple, *homme, chien*, etc...

d'un pied de long, ou est droite, alors qu'elle n'est ni
d'un pied de long, ni droite. En réalité, le géomètre
ne tire aucune conclusion du fait de la ligne particu-   **77 a**
lière dont il parle, mais seulement des notions que
ses figures expriment[1]. — En outre, toute hypothèse,
comme tout postulat, est ou universelle ou particulière, tandis que les définitions ne sont ni l'une ni
l'autre[2].

11.

<Les axiomes>.

Ainsi il n'est pas nécessaire d'admettre l'existence 5
des Idées, ou d'une Unité séparée de la Multiplicité,
pour rendre possible la démonstration[3]. Ce qui est

---

[1] Cf. THEMIST., 23, 29 : οὐδ'
οἱ γεωμέτραι κέχρηνται ταῖς
γραμμαῖς ὑπὲρ ὧν διαλέγονται καὶ δεικνύουσιν, ἀλλ' ἃς
ἔχουσιν ἐν τῇ ψυχῇ, ὧν εἰσι
σύμβολα αἱ γραφόμεναι.

[2] Dans la définition, *quod subjectum est aequale esse debet ei
quod praedicatur* (WAITZ, II, 328),
car, explique PHILOP., 133, 12,
οὔ... φαμεν τῷ ἀνθρώπῳ ὑπάρχειν τὸ ζῷον λογικὸν θνητὸν
νοῦ καὶ ἐπιστήμης δεκτικόν,
ἀλλ' αὐτὸν τὸν ἄνθρωπον εἶναι ζῷον λογικὸν θνητὸν νοῦ
καὶ ἐπιστήμης δεκτικόν. Cf.
la remarque de G. R. G. MURE, *ad
loc.*: A ὅρος *is not strictly a jud-*

gement at all ; it is the unity *of the
constitutive moments of an* ἄτομον
εἶδος *set out as a formula or* λόγος.

[3] AR. critique ici la théorie pla
tonicienne des Idées. Pour PLA
TON, il n'y a de science que des
Idées, seules réalités éternelles
et immuables ; l'unité d'une multiplicité lui apparaît comme exté-
rieure à cette multiplicité et antérieure à elle (ἕν τι παρὰ τὰ
πολλά). A cette conception qu'il
combat surtout dans la *Metaph.*
(*passim* et notamment A, 9), AR.
oppose celle de l'espèce, de l'unité relative au multiple (κατὰ
τὰ πολλά), ou immanente au

cependant nécessaire, c'est qu'un même attribut puisse être affirmé de plusieurs sujets : sans cela, il n'y
aurait pas, en effet, d'universel. Or s'il n'y a pas
d'universel, il n'y aura pas de moyen, ni, par suite,
de démonstration. Il faut donc qu'il y ait quelque
chose d'un et d'identique qui soit affirmé de la multiplicité des individus, d'une manière non-équivo-
que [1].

10   Le principe, suivant lequel il est impossible d'affirmer et de nier en même temps un prédicat d'un sujet [2], n'est posé par aucune démonstration, à moins

---

multiple (ἐπὶ πολλῶν) : sans doute, il n'y a de science que de l'universel, mais l'universel existe dans
le sensible même, c'est simplement la possibilité de la répéti-
tion d'un même attribut en plusieurs sujets.
   [1] Le terme doit donc être συνώνυμον et non ὁμώνυμον, non
aequivoce sed secundum rationem
eamdem quae est ratio universalis
(St Thomas, 149). L'universalité,
consistant dans une identité de
rapports, ne peut se réduire à
une simple communauté de nom.
Sur συνώνυμον et ὁμώνυμον, cf.
Categ., 1, init., et les notes de
notre traduction, p. 1.
   [2] Étude du principe de contradiction (Cf. Metaph., Γ, 3 et
ss). Ce principe n'est posé explicitement par aucune démonstration, à moins que la conclusion ne
l'exprime elle-même, et ne soit
du type Callias est animal et
non non-animal. Dans ce cas,
la majeure doit énoncer elle-même
explicitement le principe de contradiction, ce qui donne le syllo-

gisme suivant :
   L'homme est animal et non non-
animal ;
   Callias est homme ;
   Callias est animal et non non-
animal.
   Peu importe, poursuit Ar. (l.13)
qu'on ajoute au moyen (homme)
ou au mineur (Callias) la négative correspondante et qu'on dise
homme et non non-homme, Callias
et non Non-Callias. En effet, même si on affirme comme vrais les
opposés que ces additions excluent,
la conclusion ne changera pas. On
aurait, en effet, le syllogisme suivant :
   L'homme et aussi le non-homme
(chien, chat...) est animal et non
non-animal ;
   Callias et aussi Non-Callias
(Platon, Socrate) est homme et
aussi non-homme (c'est-à-dire appartient à un genre plus étendu
que homme et moins étendu qu'
animal) ;
   Callias est animal et non non-
animal.

qu'il ne faille démontrer aussi la conclusion sous cette même forme. Dans ce cas, la démonstration prend comme prémisse [1] qu'il est vrai d'affirmer le majeur du moyen, et non vrai de le nier. Mais il est sans intérêt de poser à la fois, pour le moyen, l'affirmation et la négation ; et il en est de même encore pour le troisième terme. En effet, si on a admis un terme [2] dont il est vrai d'affirmer *homme*, même s'il est vrai aussi d'en affirmer *non-homme*, pourvu seulement qu'on accorde que l'homme est animal et non non-animal il sera toujours vrai de dire que Callias, même s'il est vrai de le dire de Non-Callias, n'en est pas moins animal et non non-animal. La raison en est que le majeur est affirmé, non seulement du moyen, mais encore d'une autre chose [3], par le fait qu'il s'applique à un plus grand nombre d'individus : il en résulte que, même si le moyen est à la fois lui-même et ce qui n'est pas lui-même [4], cela n'importe en rien pour la conclusion [5].

Le principe suivant lequel, pour tout prédicat, c'est l'affirmation ou la négation qui est vraie [6], est

---

[1] Comme prémisse majeure.
[2] Un mineur.
[3] D'autre chose que le moyen. Par exemple *animal et non-animal* est affirmé non seulement d'*homme*, mais aussi de *non-homme*.
[4] Si le moyen terme enveloppe à la fois le moyen terme primitivement donné et ce qui n'est pas ce moyen primitif (si *homme* inclut aussi ce qui n'est pas homme).

[5] En résumé, pourvu que le majeur soit défini, l'extension du moyen, si elle est plus restreinte que celle du majeur, et l'extension du mineur, si elle est plus restreinte que celle du moyen, n'ont aucune importance.
[6] Principe du tiers exclu, autre forme du principe de contradiction (cf. *Metaph.*, *Γ*, 7). Il est seulement employé dans la

posé par la démonstration qui procède par réduction à l'absurde, et encore n'est-il pas toujours employé universellement, mais seulement en tant que de besoin, c'est-à-dire dans la limite du genre en question [1]. Par *genre en question*, j'entends le genre auquel
25 s'applique la démonstration, ainsi que je l'ai indiqué plus haut [2].

Toutes les sciences communiquent entre elles par les principes communs [3]. Or j'appelle principes communs ceux qui jouent le rôle de base dans la démonstration, et non pas les sujets [4] sur lesquels porte la démonstration, ni les attributs démontrés. Et, de son côté, la Dialectique communique avec toutes les sciences, ainsi que fera toute science [5] qui tenterait de démontrer d'une façon générale des principes tels
30 que : *pour toute chose, l'affirmation ou la négation est vraie*, ou : *si des choses égales sont ôtées de choses éga-*

---

démonstration *per absurdumq: uia ex falsitate conclusionis colligitur falsitas propositionis, et ex falsitate propositionis colligitur veritas problematis, cui propositio illa contradicit. Ex eo igitur, quod una pars contradictionis, id est propositio syllogismi ducentis ad impossibile, est falsa colligimus alteram partem, id est problema esse verum : quae consequentia non valeret si utraque pars posset esse falsa* (PACIUS, II, 303).
[1] *Inquantum est sufficiens in genere aliquo, vel in quantum contrahitur ad genus subjectum* (St THOMAS, 150). **Cf. aussi** PHILOP.,

140, 13. Le mathématicien, par exemple, dira, non pas,*generaliter*, que l'affirmation ou la négation est vraie, mais que telle ligne est droite ou non-droite.
[2] 7, 75 *a* 42, et 10, 76 *b* 13.
[3] Les axiomes, qui sont des opinions communes (κοιναὶ δόξαι) servant de base à toute démonstration, sont communs κατ' ἀναλογίαν à toutes les sciences. Cf. *Metaph.*, B, 2, 996 *b* 28.
[4] Les genres.
[5] C'est la Métaphysique (Cf. *Metaph.*, Γ, 3 et ss),selon PHILOP., 142, 20, et la majorité des commentateurs.

les..., et autres axiomes de ce genre. Mais la Dialectique n'a pas pour objet des choses déterminées de
cette façon [1], attendu qu'elle n'est pas bornée à un
seul genre. Autrement, elle ne procèderait pas par
interrogations. En effet, dans la démonstration, il
n'est pas possible d'interroger, du fait qu'on ne peut
pas prouver une même conclusion par le moyen de
données opposées [2]. Je l'ai démontré dans mon traité
du Syllogisme. [3]   35

12.

< *L'interrogation scientifique.* >

Si une interrogation syllogistique est la même chose qu'une prémisse partant sur l'un des membres
d'une contradiction [4], et si, dans chaque science, il

---

[1] L'objet de la Dialectique n'est pas, comme celui des autres sciences, un genre déterminé, tel que les lignes ou les nombres. *Nam quod respondetur ex arbitrio pendet ejus qui interrogatus est, ut qui alium interrogaverit de iis ex quibus demonstrandum sit neque est vera sint quae respondeantur neque ut talia sint, ex quibus demonstratio perfecta fiat, efficere possit* (WAITZ, II, 329).

[2] C'est-à-d. d'une prémisse affirmative et d'une prémisse négative (THEMIST., 25, 8,. Cf. aussi

Sᵗ THOMAS, 151 : *demonstrator autem non interrogat, quia non se habet ad opposita.*

[3] Renvoi à *Anal. prior.*, I, 1, et II, 15, 64 *b* 8 et ss.

[4] Sur ἐρωτᾶν et ἐρώτημα, termes de dialectique, cf. WAITZ, I, 439 (sur *Anal. prior.*, I, 25, 42 *a* 39 ; voir aussi la note de notre traduction, p. 130) et BONITZ, *Ind. arist.*, 288 *b* 27 et ss. — L'interrogation est *id quod ponatur, concedente adversario.* Une prémisse démonstrative mise en forme d'ἐρώτημα, n'est pas autre chose qu'une proposition por-

y a des prémisses à partir desquelles le syllogisme [1]
qui lui est propre est constitué, il y aura assurément
une sorte d'interrogation scientifique [2], et c'est celle
des prémisses qui seront le point de départ du syllogisme approprié qu'on obtient dans chaque science.
40　Il est, par suite, évident [3] que toute interrogation ne
sera pas géométrique ni médicale, et qu'il en sera de
même dans les autres sciences : seront seulement géométriques les interrogations à partir desquelles on
77 b　démontre soit l'un des problèmes qui relèvent de la
Géométrie, soit les problèmes qui sont démontrés
par les mêmes principes que ceux de la Géométrie,
ceux de l'Optique [4] par exemple. Il en est encore
ainsi pour les autres sciences. De ces problèmes le
géomètre est fondé à rendre raison, en prenant pour
bases les principes géométriques et ses propres con-

---

tant sur une partie d'une contradiction : 1. 36-37, πρότασις
ἀντιφάσεως, dit PHILOP., 147,
27, τοῦτ' ἔστι θάτερον μό-
ριον τῆς ἀντιφάσεως, ὅπερ πρότασις γίνεται, ὅταν ἐν συλ-
λογισμῷ ληφθῇ. AR. établit, dans
le présent passage, que l'interrogation n'est pas seulement em-
ployée dans la Dialectique, comme
il l'a indiqué à la fin du chapitre
précédent, mais qu'elle peut l'ê-
tre aussi dans la science démonstrative. Mais il s'agit alors d'un
simple artifice de méthode, et la
nature de la démonstration ne
change pas : celui qui démontre
*non ut discipulo optionem det af-
firmandi vel negandi, sed ut ejus
ore extorqueat veram propositio-*

*nem veluti omnem hominem esse
animal* (PACIUS, II, 304-305).
[1] Démonstratif.
[2] Aussi bien qu'il y a une
interrogation dialectique.
[3] Étant donné que, dans chaque science, il y a des interrogations (comme des prémisses) qui
lui sont propres, il est clair qu'une
interrogation quelconque ne relè-
vera pas de la Géométrie ou de
la Médecine : il faut que l'interrogation rentre dans le genre
dont traite la science en question. Cf. PHILOP., 145, 26 et ss.
[4] Science qui, nous le savons,
est subordonnée à la Géométrie.
Cf. St THOMAS, 152 : *propositio
vel interrogatio dicitur proprie
alicujus scientiae, ex qua demons-*

clusions ; par contre, en ce qui concerne les principes 5
eux-mêmes, le géomètre, en tant que géomètre, ne
doit pas en rendre raison[1]. Et cela est vrai aussi
pour les autres sciences. On ne doit donc pas poser
à tout savant n'importe quelle interrogation, ni le
savant répondre à toute interrogation, sur un sujet
quelconque : il faut que les interrogations rentrent
dans les limites de la science dont on s'occupe[2]. Si
donc, dans ces limites, on argumente avec un géomètre en tant que géomètre, il est clair que la discussion se fait correctement lorsqu'on part des prémis- 10
ses géométriques pour démontrer quelque problème ;
dans le cas contraire, la discussion ne se fait pas
correctement, et on ne peut pas évidemment non plus
réfuter le géomètre, si ce n'est par accident[3]. Il en
résulte qu'avec des gens qui ne sont pas géomètres
on ne peut pas discuter géométrie, car un mauvais
argument passerait inaperçu. Même remarque pour
les autres sciences.   15

---

ratur in ipsa scientia, vel in scientia subalterna. — L. *b* 1, il faut comprendre, avec WAITZ, II 330, *ῇ* <*ᾶ*> *ἐκ τῶν...*

[1] Le géomètre a le droit de ré-soudre les problèmes de Géomé-trie et d'Optique, en partant des principes propres de la Géomé-trie ainsi que des conclusions qu'il a précédemment démontrées et qui sont, à leur tour, principes des démonstrations ultérieures. Par contre, les principes mêmes échap-pent à la compétence du géomè-tre comme tel : s'il veut en discu-ter, il n'est plus géomètre, mais dia-lecticien ou métaphysicien (c'est en métaphysicien qu'AR. lui-mê-me traite des principes au livre Ier de la *Physique*).

[2] En raison de l'incommunica-bilité des genres, le géomètre n'est donc pas autorisé à traiter des nombres, mais seulement des lignes et des figures.

[3] Nous admettons les correc-tions de G. R. G. MURE pour les l. 11 et 12 : nous mettons un point en haut après *δεικνύῃ*, une virgule après *καλῶς*, et un point en haut après *συμβεβηκός*.

Puisqu'il y a des interrogations géométriques, s'ensuit-il qu'il y aura aussi des interrogations non-géométriques ? [1] — En outre, dans chaque science, d'après quelle sorte d'ignorance les interrogations doivent-elles être posées, tout en demeurant propres à la Géométrie par exemple ? [2] — De plus, le syllogisme fondé sur l'ignorance est-il un syllogisme constitué à partir de prémisses opposées au vrai [3], ou bien est-ce un paralogisme, mais tiré de prémisses géométriques ? [4] — Ou plutôt, <la fausseté de la conclusion ne provient-elle pas de ce qu'elle est tirée des prémis­ses> d'une autre discipline ? Par exemple, l'interrogation musicale est non-géométrique en géométrie [5], tandis que la conception suivant laquelle les

20

---

[1] Tout le passage qui suit est d'une grande difficulté, en raison de l'enchevêtrement des problèmes posés et résolus par Ar. — Le premier problème à résoudre est celui-ci : y a-t-il des interrogations non-géométriques comme il y a des interrogations géométriques ? La réponse à cette question, et à la suivante, qui s'y rattache étroitement, est rejetée l. 21 ($\mathring{\eta}$ $\mathring{\varepsilon}\xi$ $\mathring{\alpha}\lambda\lambda\eta\varsigma$ $\tau\acute{\varepsilon}\chi\nu\eta\varsigma$) à 27.

[2] L. 17 et ss., nous adoptons le texte et l'interprétation de Waitz, II, 330-331. Nous supprimons notamment, l. 18, $\mathring{\eta}$ $\mathring{\alpha}\gamma\varepsilon\omega\mu\acute{\varepsilon}\tau\varrho\eta\tau\alpha$, mots ajoutés par Bekker, et qui ne sont requis ni par les mss, ni par le sens. Nam $\gamma\varepsilon\omega\mu\varepsilon\tau\varrho\iota\varkappa\acute{\alpha}$ dixit pro iis quae unius scientiae cujuscumque proprie sint et ad eam pertineant,

siquidem exemplum posuit pro re universali cujus est exemplum (Waitz, II, 330). Ce passage signifie donc qualia esse debent in unaquaque doctrina quae ignoramus, ut propositiones falsae quas defendamus tamen geome*riae sive alius doctrinae cujuscumque, de qua disputetur, propriae dicendae sint ? (ibid., 331).

[3] Et par conséquent non-géométriques ($\acute{o}$ $\varkappa\alpha\tau\grave{\alpha}$ $\tau\grave{\eta}\nu$ $\mathring{\alpha}\gamma\nu\iota\iota\alpha\nu$, l. 19) ratione materiae.

[4] Est-ce un syllogisme faux seulement dans sa forme ($\pi\alpha\varrho\alpha$$\lambda\iota\gamma\iota\sigma\mu\acute{o}\varsigma$), mais constitué à partir d^ prémisses vraies ? Ar. répondra l. 27. — Nous modifions légèrement Waitz, en plaçant, avec G. R. G. Mure, un point d'interrogation, l. 20-21, après $\varkappa\alpha\tau\grave{\alpha}$ $\gamma\varepsilon\omega\mu\varepsilon\tau\varrho\iota\alpha\nu$ $\delta\acute{\varepsilon}$.

[5] Et ce, d'une façon absolue,

parallèles se rencontrent est géométrique en un sens, et non-géométrique d'une autre façon [1]. C'est que le terme *non-géométrique* se prend en un double sens, comme d'ailleurs le terme *non-rythmique* : dans un cas, il signifie ce qui est non-géométrique du fait qu'il n'a rien de géométrique, dans l'autre, ce qui 25 est une simple erreur géométrique [2]. Et c'est cette dernière ignorance, c'est-à-dire celle qui dépend de principes de cette sorte, qui est contraire à la science [3]. — Dans les Mathématiques [4], le paralogisme n'est

---

car cette interrogation est entièrement étrangère à la Géométrie.

[1] Cf. WAITZ, II, 331 : γεω-μετρικόν *dicendum est, quia quodcumque de lineis parallelis probatur ad geometriam pertinet,* ἀγεω-μέτρητον *vero, quia lineas* παραλλήλους *nunquam inter se concurrere geometria docet.*

[2] L. 25, nous supprimons, avec G. R. G. MURE, ὥσπερ τὸ ἄρρυθμον.

[3] C'est la simple erreur en géométrie (le non-géométrique au second sens), provenant de propositions géométriques fausses, qui est contraire à la science géométrique (contraire, et non contradictoire, car l'ignorance contradictoire à la science est pure privation : cf. *infra*, 18). — L. 26, il faut lire, avec WAITZ, II, 331, αὕτη καὶ ἡ ἐκ.

[4] AR. répond à la troisième question posée *supra*, l. 18-20 : les syllogismes faux sont-ils faux *ratione materiae* ou *ratione formae*? AR. détermine d'abord la nature du paralogisme (dont les

prémisses sont posées comm vraies). Le paralogisme a lieu par équivocité (διὰ τὴν ὁμωνυ-μίαν, PHILOP., 154, 26) du moyen terme, qui, dans *Barbara* (mode employé presque exclusivement par les Mathématiques, lesquelles exigent des conclusions universelles affirmatives : cf. *Anal. prior.*, I, 4), est sujet universel de la majeure (le majeur est attribué à la totalité du moyen) et prédicat de la mineure (le moyen est attribué à la totalité du mineur. Et le moyen terme est équivoque quand il est pris en des sens différents dans la majeure et dans la mineure, de telle sorte qu'on a en fait quatre termes (deux moyens) au lieu de trois. Tel serait le paralogisme suivant :

Tout cercle est une figure (majeure) ;

Les poèmes épiques sont un cercle (mineure. L. 32, τὰ ἔπη se rapporte vraisemblablement à τὰ κυκλικά, le cycle des poèmes post-homériques. Cf. aussi PHI-LOP., 156, 7 et ss) ;

pas aussi commun, parce que c'est toujours dans le moyen terme que réside l'ambiguïté : le majeur, en effet, est affirmé de la totalité du moyen, et ce dernier, à son tour, de la totalité du mineur (le prédicat n'étant lui-même jamais affecté de la note *tout*) ; et <dans les Mathématiques>, on peut en quelque sorte voir ces moyens termes par l'esprit, tandis que, dans la Dialectique, l'ambiguïté nous échappe. Par exemple : *tout cercle est-il une figure?* En le traçant, on le voit clairement. Mais si on ajoute : *les vers épiques sont-ils des cercles?* il est manifeste qu'il n'en est rien.

30

On ne doit pas faire porter une objection contre un raisonnement dont la prémisse est inductive [1]. Puis-

---

Les poèmes épiques sont une figure.

Dans ce paralogisme, le moyen terme κύκλος est pris, en effet, en un double sens dans la majeure (cercle géométrique) et dans la mineure (poésie cyclique).

Mais Ar. remarque que, dans les Mathématiques, une telle méprise est plus difficile que dans la Dialectique, parce que les notions mathématiques sont saisies par une sorte d'intuition intellectuelle : nous les voyons par les yeux de l'esprit, et sommes capables de les décrire par des figures. C'est ainsi, que le cercle est manifestement une figure, tandis qu'il résulte du tracé même de la figure que des vers ne sont pas un cercle (cf. THEMIST., 26, 8 et ss).

PHILOP., 155, 21-25, observe avec raison que la parenthèse de la l. 30 (τὸ δὲ κατηγορούμενον οὐ λέγεται πᾶν) est un rappel de *de Interpr.*, 7, 17 *b* 12-16 (cf. notre traduction, p. 89, et note 2), où Ar. condamne toute quantification du prédicat.

[1] Les l. 77 *b* 34-78 *a* 9 se rattachent malaisément à ce qui précède ; les explications de PACIUS, II, 307, par exemple, sont à cet égard artificielles, et peut-être ZABARELLA a-t-il raison de rejeter ce passage à la fin du ch. 17. — Quoiqu'il en soit, on peut admettre qu'il s'agit d'une simple digression portant sur l'ἔνστασις (sur l'*objection*, cf. *Anal. pr.* II, 26). Ar. déclare que la réfutation d'une démonstration (ou plutôt d'une pseudo-démonstration) à mineure inductive (c'est-à-dire particulière, *ex*

que, en effet, il n'y a aucune prémisse qui ne s'appli- 35
que à une pluralité de cas (autrement elle ne sera pas
vraie de tous les cas, alors que le syllogisme procède
de prémisses universelles), il est évident qu'il en est
de même pour l'objection : c'est qu'en effet, les prémisses et les objections sont à ce point les mêmes que
l'objection soulevée pourrait devenir une prémisse
soit démonstrative, soit dialectique.

D'autre part, des arguments illogiques dans la 40
forme peuvent quelquefois se produire, du fait qu'on
prend comme moyens les conséquents des deux termes extrêmes [1]. C'est, par exemple, la preuve de
Cæneus que le feu croît selon une proportion géo- **78 *a***
métrique. *Le feu,* en effet, *augmente rapidement,* dit-
il, *et c'est là ce que fait la proportion géométrique.* Un
tel raisonnement n'est pas un syllogisme [2] ; il n'y a
syllogisme que si la proportion qui croît le plus ra-

---

terminis singularibus, fondée sur des cas individuels) ne peut se faire par une ἔνστασις qui serait elle-même particulière. En effet, une proposition universelle (qui caractérise la science) ne peut être réfutée que par une proposition universelle, d'autant plus qu'il n'existe pas de différence de nature entre la démonstration et l'objection, dont les rôles peuvent être intervertis.

[1] Cf. *Anal. pr.,* I, 27, 43 *b* 36, p. 141 de notre traduction. Dans la seconde figure, deux prémisses affirmatives (le moyen étant attribué au majeur et au mineur) ne donnent pas de conclusion

Tel est le syllogisme du sophiste Caeneus :
Ce qui croît selon une progression géométrique croît rapidement (majeure énoncée en second lieu) ;
Or *le feu croît rapidement* (mineure énoncée en premier lieu) ;
Donc *le feu croît selon une progression géométrique.*
Sur l'expression πολλαπλάσια ἀναλογία (progression géométri- que : 2, 4, 8, 16...), cf. Philop., 159, 22 et ss. Voir aussi *Metaph., Δ,* 15, 1020 *b* 18 et le comm. de Bonitz, *in Metaph.,* 260.
[2] Car il pèche contre les règles de la seconde figure.

pidement a pour conséquent la proportion géométrique, et si la proportion qui s'accroît le plus rapidement est attribuable au feu dans son mouvement[1].

5 Parfois donc il n'est pas possible de constituer un
syllogisme à partir de prémisses de cette nature,
mais parfois c'est possible, bien que cette possibilité
ne se voie pas [2]. — S'il était impossible de démontrer
le vrai en partant du faux [3], la résolution serait facile, car il y aurait nécessairement réciprocation.
Admettons, en effet, que A soit [4], et que l'existence de
A entraîne telles choses que je sais exister, par exemple B : en partant de ces dernières choses, je puis

10 montrer que la première existe. Cette réciprocation [5]

---

[1] On obtient ainsi, par conversion de la majeure, un syllogisme
régulier de la première figure :
*La proportion qui croît le plus
rapidement est la proportion géométrique* ;
*Le feu s'accroît le plus rapide-
ment* ;
*Le feu croît selon une proportion
géométrique.*
L. 4, ἐν τῇ κινήσει : le feu
se *meut* très rapidement (PHILOP.,
161, 18).
[2] On peut, quand la matière du
raisonnement le permet, réduire,
par conversion de la majeure, en
un syllogisme en *Barbara*, le syllogisme non-concluant à deux prémisses affirmatives.
[3] Cf. *Anal. pr.*, II, 2-4, où AR.
établit que des prémisses fausses
peuvent donner une conclusion
vraie. — Le paralogisme est possible, parce que, bien que des pré-

misses vraies donnent nécessairement une conclusion vraie, il
arrive que des prémisses fausses
donnent aussi une conclusion
vraie. Si on ne pouvait démontrer le vrai qu'en partant du
vrai, on serait beaucoup plus à
même de *résoudre* (ἀναλύειν) une
conclusion dans ses prémisses,
c'est-à-dire saisir le lien nécessaire entre les prémisses et la
conclusion qui se réciproqueraient:
les prémisses sont vraies, donc
la conclusion est vraie ; la conclusion est vraie, donc les prémisses sont vraies.
[4] *A* désigne les prémisses, et *B*
la conclusion (dont je connais la
vérité). Je puis inférer *A* de *B*,
puisqu'ils se réciproquent nécessairement.
[5] Des prémisses avec la conclusion, et inversement.

a lieu surtout dans les Mathématiques, parce que les Mathématiques ne prennent comme prémisses rien d'accidentel (et c'est là encore une différence des Mathématiques avec les discussions dialectiques) [1], mais bien des définitions.

Les démonstrations ne progressent pas par l'interposition de nouveaux moyens termes, mais bien par l'adjonction de nouveaux extrêmes [2]. Par exemple, *A* est affirmé de *B*, *B* de *Γ*, *Γ* à son tour de *Δ*, et ainsi de suite indéfiniment. Mais le progrès se fait aussi latéralement : par exemple, *A* peut être prouvé de *Γ* et de *E*. Ainsi, admettons qu'un nombre, aussi bien fini qu'infini, soit désigné par *A* ; le nombre impair fini, par *B*, et quelque nombre impair particulier, par *Γ* : *A* est alors affirmé de *Γ*. Ensuite, admettons qu'un nombre pair fini soit désigné par *Δ*, et un nombre pair particulier, par *E* : *A* est alors affirmé de *E* [3].

15

20

---

[1] *In quibus frequenter recipiuntur accidentia* (Sᵗ Thomas, 157).

[2] Le progrès des sciences démonstratives ne dépend pas de la multiplicité des moyens termes (οὐδέποτε μεταξύ, Philop., 164, 11) aboutissant à une même conclusion, mais de l'adjonction de nouveaux termes (majeurs ou mineurs : τοὺς ὅϱους ἔξωθεν πϱοστίθεμεν, Philop., *ibid.*) aboutissant à de nouvelles conclusions. On aura, par exemple (démonstration en ligne directe) :

    Tout B est A ;
    Tout Γ est B ;
    Tout Γ est A.

    Tout Γ est A ;
    Tout Δ est Γ ;
    Tout Δ est A. Et ainsi de suite... (cf. *Anal. pr.*, I, 4, 26 *a* 29).

Ce passage et celui qui suit n'est qu'en contradiction apparente avec d'autres passages (par exemple, I, 23, 85 *a* 1) où Ar. déclare que la science procède par l'insertion de nouveaux moyens termes entre les termes d'un πϱόβλημα : il ne s'agit ici que de l'exposition systématique de la science acquise, et non de sa découverte.

[3] L. 14-16, Ar. a marqué la

13.

<La connaissance du fait et de la cause>.

La connaissance du *fait* diffère de la connaissance du *pourquoi* [1].

D'abord, cette différence peut avoir lieu dans une même science [2], et cela de deux façons : la première, c'est quand le syllogisme procède par des prémisses non immédiates [3] (car alors la cause prochaine [4] ne

---

première façon dont progresse la pensée scientifique. L. 16-21, il indique le second mode de ce processus : il a lieu latéralement, ainsi que le prouvent les deux syllogismes qui suivent :

Tout *B* (*l'impair*, mais ἀόριστος, PHILOP., 166, 7) *est A* (*fini ou infini*. Cf. *ibid.*, 166, 4 : τὸν ἀριθμὸν ἁπλῶς ἀόριστον λαμβάνει, εἴτε ἄπειρος εἴη ὁ ἀριθμὸς εἴτε πεπερασμένος) ;
Tout *Γ* (par exemple, ὁ τρία, *ibid.*, 166, 9) est *B* (*impair*) ;
Tout *Γ est A.*
D'autre part :
Tout *Δ* (*le pair*, mais ἀόριστος, *ibid.*, 166, 11) est *A* (*fini ou infini*) ;
Tout *E* (ὁ ἕξ, *ibid.*, 166, 13) *est Δ* (pair) ;
Tout *E est A.*
AB et *AΔ* sont les deux majeures ayant *A* pour prédicat, qui produisent respectivement les conclusions *AΓ* et *AE*. La démonstration a lieu *ex transverso* :

$$\frac{A}{\begin{array}{cc} B & \Delta \\ \Gamma & E. \end{array}}$$

[1] Cf. TRENDEL., *Elem.*, p.81-82.
[2] Quand une même science connaît le ὅτι et le διότι. Plus loin, l. b 34, AR. examinera les cas où la connaissance du ὅτι et celle du διότι relèvent de sciences différentes.
[3] Autrement dit : par une cause, non pas prochaine, mais éloignée. On connaît alors seulement le ὅτι.
[4] L. 25 et 26, πρῶτον αἴτιον signifie incontestablement *cause prochaine*, immédiate à l'effet, et non pas cause *première*, la plus éloignée, qui est τὸ ἀκρότατον αἴτιον (*Phys.*, II, 3, 195b 22, et le comm. de HAMELIN, *Phys.-II* p. 98 et ss). Le sens de ce terme est parfois douteux : cf., par exemple, *Metaph.*, A, 3, 983 a 25, et le comm. de COLLE sur ce

s'y trouve pas assumée, alors que la connaissance du [25] pourquoi est celle de la cause prochaine) ; la seconde, c'est quand le syllogisme procède bien par des prémisses immédiates, mais au lieu que ce soit par la cause, c'est par celui des deux termes réciproques qui est le plus connu [1] : rien n'empêche, en effet, que des deux prédicats réciprocables le mieux connu ne soit parfois celui qui n'est pas cause [2], de telle sorte que c'est par son intermédiaire qu'aura lieu la démonstration. C'est le cas, par exemple, quand on démontre la [30] proximité des Planètes par le fait qu'elles ne scintillent pas [3]. Admettons que Γ soit *Planètes*, B le fait de *ne pas scintiller*, et A le fait d'*être proche*. B est af-

---

passage, où les opinions divergentes des auteurs sont bien résumées.

[1] Au lieu de prendre la cause comme moyen, on prend l'effet, qui se réciproque avec la cause prochaine (la cause étant posée, l'effet suit, et *vice versa*).

[2] C'est-à-dire l'effet (l. 29, τὸ μὴ αἴτιον, comme aussi *infra*, l. *b* 12, τὸ ἀναίτιον, signifient τὸ αἰτιατόν ; cf. PHILOP., 172, 20), qui servira alors de moyen terme au syllogisme. La démonstration a toujours lieu *ex notioribus quoad nos* : si c'est la cause qui est plus connue, la démonstration se fait *per causam* et aboutit à la connaissance du διότι ; si c'est l'effet, la démonstration se fait *per effectum* et aboutit à la connaissance du ὅτι. Mais dans ce dernier syllogisme, le véritable ordre logique est renversé : c'est l'effet qui doit dériver de la cause, et non la cause de l'effet.

[3] Syllogisme *per effectum*, faisant connaître le simple ὅτι :

Tout ce qui ne scintille pas (B) *est proche* (A), majeure résultant de l'observation des cas particuliers : voir les exemples de PHILOP., 171, 12 et ss ;

Or *les Planètes* (Γ) *ne scintillent pas* (B), ou, plus exactement, pour obéir aux règles de la première figure : sont non-scintillantes (Cf. PACIUS, II, 309 ; sur le défaut de scintillation des Planètes, cf. *de Coelo*, II, 8, 290 *a* 17 et ss) ;

Donc *les Planètes* (Γ) *sont proches* (A).

Aucune preuve *per causam* : c'est la proximité des Planètes qui est la cause de leur défaut de scintillation, et ce n'est pas le défaut de scintillation qui est la cause de leur proximité.

firmé avec vérité de Γ, puisque les Planètes ne scintillent pas. Mais A est aussi affirmé de B, puisque ce qui ne scintille pas est proche : proposition qu'il faut prendre comme obtenue par induction, autrement dit,

35 par la sensation. Par suite, A appartient nécessairement à Γ ; ainsi se trouve démontré que les Planètes sont proches. Ce syllogisme, en tout cas, ne porte pas sur le pourquoi, mais sur le simple fait. En effet, les Planètes ne sont pas proches parce qu'elles ne scintillent pas, mais, au contraire, elles ne scintillent pas parce qu'elles sont proches. Mais il peut se faire aussi que l'effet soit démontré par la cause, et on aura alors la démonstration du pourquoi[1]. Soit, par exem

40 ple, Γ signifiant *Planètes*, B le fait d'*être proche*, et

78 b A le fait de *ne pas scintiller*. B appartient alors à Γ, et A, le fait de ne pas scintiller, à B. Par suite, A appartient aussi à Γ, et le syllogisme porte sur le pourquoi, puisqu'on a pris pour moyen la cause prochaine. Autre exemple : c'est quand on démontre la sphéricité

5 de la Lune par les accroissements de sa lumière[2]. Si,

---

[1] Voici maintenant le syllogisme *per causam*, véritablement démonstratif, et aboutissant à une connaissance du $\delta\iota\acute{o}\tau\iota$. On prend pour moyen la cause prochaine : la proximité des Planètes est la cause immédiate et réelle de leur défaut de scintillation :

Tout ce qui est proche (B) *est non-scintillant* (A) ;
Les Planètes (Γ) *sont proches* (B) ;
Les Planètes (Γ) *sont non-scintillantes* (A).

L. 39, $\grave{\epsilon}\gamma\chi\omega\varrho\epsilon\tilde{\iota}\ \delta\grave{\epsilon}\ \varkappa\alpha\grave{\iota}\ \delta\iota\grave{\alpha}$ $\theta\alpha\tau\acute{\epsilon}\varrho\upsilon\ \theta\acute{\alpha}\tau\epsilon\varrho\upsilon\ \delta\epsilon\iota\chi\theta\epsilon\tilde{\iota}\nu\alpha\iota$ signifie donc *propter hoc quod est prope esse demonstrare quod non scintillant* (St Thomas, 159). — L. *b* 1 et 2, nous adoptons le texte de Bekker, et lisons : $\dot{\upsilon}\pi\acute{\alpha}\varrho\chi\epsilon\iota\ \delta\grave{\eta}\ \varkappa\alpha\grave{\iota}\ \tau\grave{o}\ B\ \tau\tilde{\omega}\ \Gamma,$ $\varkappa\alpha\grave{\iota}\ \tau\grave{o}\ A\ \tau\tilde{\omega}\ B\ \tau\grave{o}\ \mu\grave{\eta}\ \sigma\tau\acute{\iota}\lambda\beta\epsilon\iota\nu,$ $\ddot{\omega}\sigma\tau\epsilon\ \varkappa\alpha\grave{\iota}\ \tau\tilde{\omega}\ \Gamma\ \tau\grave{o}\ A.$
[2] Second exemple, où apparaît également l'opposition du syllogisme par l'effet, qui aboutit au $\ddot{o}\tau\iota$, et du syllogisme par la

en effet, ce qui augmente ainsi est sphérique, et si la Lune augmente, il est clair qu'elle est sphérique. Énoncé de cette façon, on obtient un syllogisme portant sur le fait, mais si la position du moyen est renversée, on aura un syllogisme du pourquoi : car ce n'est pas en raison de ses accroissements que la Lune est sphérique, mais c'est parce qu'elle est sphérique qu'elle prend de tels accroissements (la Lune 10 peut être figurée par *Γ*, *sphérique* par *B*, et *accroissement* par *A*). — De plus, dans les cas où les moyens termes ne sont pas réciproques [1] et où le terme plus connu est celui qui n'est pas cause, c'est le fait qui est démontré, et non le pourquoi. — C'est encore ce qui se passe dans les cas où le moyen est posé en dehors des extrêmes, car, ici encore, c'est sur le fait et non sur le pourquoi que porte la démonstration,

---

cause, qui aboutit au διότι :

I. *Ce dont la lumière augmente* (= ce qui reçoit des accroissements successifs de lumière par le Soleil) *est sphérique* ;
Or *la Lune augmente de cette façon* ;
Donc *la Lune est sphérique.*
II. *Ce qui est sphérique est ce dont la lumière augmente* ;
Or *la Lune est sphérique* ;
Donc *la Lune augmente de cette façon.*
Dans les deux exemples ci-dessus, les deux genres de démonstration, bien que de valeur très inégale, sont possibles, en raison de la convertibilité de la cause et de l'effet (du moyen et du majeur). Il n'en est plus de même

pour les cas prévus l. 11 et ss.
[1] C'est-à-dire la cause et l'effet, qui sont respectivement moyens termes des syllogismes du διότι et du ὅτι, et qui ne sont convertibles que si la cause est *prochaine* et précède *immédiatement* son effet. Sans cette convertibilité, il est impossible d'aboutir à une démonstration *per causam* ; on peut seulement démontrer la cause par son effet éloigné. Par exemple, de ce que l'homme est *doué de rire* (effet éloigné, l'effet prochain étant *raisonnable*) on peut prouver qu'il est *animal*, mais de ce qu'il est *animal*, on ne peut prouver qu'il est *apte à rire*, les deux termes n'étant pas convertibles.

parce que la cause prochaine n'est pas indiquée [1].
15 Par exemple : « Pourquoi le mur ne respire-t-il pas ? »
<On répond> : « Parce que ce n'est pas un ani-
mal. » Si c'était là réellement la cause de l'absence de
respiration, *être un animal* devrait être la cause de la
respiration, suivant la règle que si la négation est cause de la non-attribution, l'affirmation est cause de
l'attribution [2] : par exemple, si le déséquilibre du
chaud et du froid est cause de la mauvaise santé,
20 leur équilibre est cause de la bonne santé. Et de
même, inversement, si l'affirmation est cause de l'attribution, la négation est cause de la non-attribution. Mais dans l'exemple que nous avons donné,
cette conséquence ne se produit pas, car tout animal
ne respire pas. Le syllogisme qui utilise ce genre de
cause se forme dans la seconde figure. Admettons,
par exemple, que A signifie *animal*, B le fait de *respirer*,
25 et Γ *mur*. A appartient alors à tout B (car tout ce qui

---

[1] AR. revient à la première hypothèse posée l. *a* 23-26, au début
du chapitre. Quand la démonstration se fait par la cause éloignée, et non par la cause prochaine, la conclusion n'établit que le
ὅτι. — Le moyen est posé ἔξω
du majeur et du mineur dans la
seconde figure où il est prédicat
des deux prémisses (cf. *infra*, *b*
24). L'exemple d'AR. qui suit
peut-être mis en *Camestres* :
Tout ce qui respire (B) *est animal* (A) ;
Nul mur (Γ) *n'est animal* (A) ;

Nul mur (Γ) *ne respire* (B).
En fait, l'animalité n'est que la
cause éloignée de la respiration,
et par suite la non-animalité la
cause éloignée du défaut de respiration : tout animal ne respire
pas, mais seulement, dans la bio-
logie aristotélicienne, l'animal qui
a des poumons. C'est la propriété
d'avoir des poumons qui est la
cause immédiate et prochaine de
la respiration.
[2] *Si negatio est causa negationis,
affirmatio est causa affirmationis*
(PACIUS, II, 310).

respire est animal), mais n'appartient à nul Γ, de sorte que B n'appartient non plus à nul Γ : ainsi le mur ne respire pas. Des causes de cette nature ressemblent aux propos hyperboliques[1] ; autrement dit on prend le moyen beaucoup trop loin : c'est, par exemple, le mot d'ANACHARSIS[2] que, chez les Scythes, 30 il n'y a pas de joueurs de flûte parce qu'il n'y a pas de vignes.

Telles sont donc, dans une même science et suivant la position des moyens termes, les différences entre le syllogisme du fait et le syllogisme du pourquoi. Mais il y a encore une autre façon dont le fait et le pourquoi diffèrent, et c'est quand chacun d'eux est considéré par une science différente[3]. Tels sont les 35 problèmes qui sont entre eux dans un rapport tel que l'un est subordonné à l'autre : c'est le cas, par exemple, des problèmes d'Optique relativement à la Géométrie, de Mécanique pour la Stéréométrie, d'Harmonique

---

[1] *Quae dicuntur* καθ' ὑπερβολήν, *h. e. in iis quae ex causa longius remota et nimis quaesita tanquam ex causa propria et proxima probentur* (WAITZ, II, 335). Quand on prend un moyen (une cause) trop éloigné, on fait comme ceux qui tiennent des propos démesurés (quand on dit, par exemple, un cri qui monte *jusqu'au ciel*) ; au lieu de conclure qu'un mur ne respire pas du fait qu'il n'est pas un animal, il suffit de conclure qu'il ne respire pas du fait qu'il n'a pas de poumons.

[2] Cf. DIOG. LAERCE, I, 104. — Le raisonnement d'ANACHARSIS est le suivant (PACIUS, I, 425) : *non esse vites est causa cur non sunt uvae ; non esse uvas est causa cur non sit vinum ; non esse vinum est causa cur non inebriantur ; non inebriari est causa cur non sint tibicines.*

[3] Seconde hypothèse, répondant à 78 *a* 22, au début du chapitre. — L. 35, nous lisons, avec G. R. G. MURE, τῷ δι' ἄλλης.

pour l'Arithmétique, et des données de l'observation [1] pour l'Astronomie (certaines de ces sciences
40 sont presque synonymes [2] : par exemple, l'Astronomie mathématique et l'Astronomie nautique, l'Har-
79 a monique mathématique et l'Harmonique acoustique).
Ici, en effet, la connaissance du fait relève des obser-
vateurs empiriques, et celle du pourquoi, des mathé-
maticiens. Car ces derniers sont en possession des
démonstrations par les causes, et souvent ne connaissent pas le simple fait, de même qu'en s'attachant
5 à la considération de l'universel on ignore souvent
certains de ses cas particuliers, par défaut d'observation [3]. Telles sont toutes les sciences qui, étant
quelque chose de différent par l'essence, ne s'occupent que des formes [4]. En effet, les Mathématiques
s'occupent seulement des formes : elles ne portent
pas sur un substrat [5] puisque, même si les propriétés
géométriques sont celles d'un certain substrat, ce n'est

---

[1] L'interprétation de Philop.,
179, 18, qui applique τὰ φαι-
νόμενα aux seuls phénomènes
nautiques, est trop restrictive.
[2] *Nam synonyma dicuntur quo-
rum alterum alteri subjectum est
ut generi species* (Waitz, II, 336).
— Sur σχεδόν, l. 39, cf. Philop., 179, 25.
[3] Cf. *Anal. pr.*, II, 21, 67 a 9-
b 11.
[4] Les sciences qui s'occupent
du διότι et non du ὅτι, et négli-
gent le particulier pour s'attacher
à l'universel, diffèrent essentiellement des sciences subordonnées

(ἕτερον τι ὄντα τὴν οὐσίαν,
l. 6-7), et s'appliquent tout en-
tières aux formes séparées de la
matière (τοῖς εἴδεσιν, l. 7) :
c'est ce que fait la Géométrie
pour les grandeurs, et l'Arithmétique pour les nombres.— L'interprétation de ce passage est
difficile et controversée ; nous
suivons Pacius, II, 311.
[5] Un sujet matériel et sensible : les Mathématiques en font
abstraction, pour ne considérer
que les propriétés envisagées à
l'état séparé. Cf. *infra*, 18, 81 b
3 et ss.Voir aussi St Thomas, 163.

pas du moins en tant qu'appartenant au substrat
qu'elles les démontrent. Ce que l'Optique est à la 10
Géométrie, ainsi une autre science l'est à l'Optique,
savoir la théorie de l'Arc-en-ciel : la connaissance du
fait relève ici du physicien, et celle du pourquoi de
l'opticien pris en tant que tel d'une façon absolue,
ou en tant qu'il est mathématicien [1]. — Enfin, beaucoup de sciences qui ne sont pas subordonnées entre
elles se comportent de la même façon [2]. C'est le cas
de la Médecine par rapport à la Géométrie, car savoir que les blessures circulaires guérissent plus len- 15
tement que les autres relève du médecin, et savoir
pourquoi, du géomètre [3].

14.

<Supériorité de la première figure>.

De toutes les figures, la plus scientifique est la
première. En effet, elle sert de véhicule aux démonstrations des sciences mathématiques, telles que l'Arithmétique, la Géométrie et l'Optique, et, on peut presque dire, de toutes les sciences qui se livrent à la re- 20

---

[1] *Qua opticus principia sumit a geometra* (Pacius, I, 426).

[2] Pour les sciences non subordonnées entre elles, la même distinction du ὅτι et du διότι subsiste.

[3] Les plaies circulaires guérissent plus lentement en raison de leur plus grande surface à vif, et parce que leurs bords se rejoignent plus difficilement.

cherche du pourquoi·: car, sinon d'une façon absolue,
du moins la plupart du temps et dans la majorité
des cas, c'est par cette figure que procède le syllogisme du pourquoi. Il en résulte que, pour ce motif encore, la première figure est la plus scientifique, puisque le caractère le plus propre de la science c'est de
considérer le pourquoi. Autre preuve : la connaissance de l'essence [1] ne peut être poursuivie que par
25 cette seule figure. Dans la seconde figure, en effet, on
n'obtient pas de syllogisme affirmatif, alors que la
connaissance de l'essence relève de l'affirmation [2] ;
dans la troisième, il y a bien syllogisme affirmatif,
mais non universel, alors que l'essence est au nombre
des universels [3], car ce n'est pas en un certain sens
seulement que l'homme est animal bipède. Dernière
raison : la première figure n'a en rien besoin des au-
30 tres [4], tandis que c'est par elle que les autres figures
ont leurs intervalles remplis et se développent [5] jus-

---

[1] Ou, si l'on veut, l'établisse-
ment de la définition, qui exprime la nature même de la chose, et qui est forcément affirmative et universelle (PHILOP., 185,
3-5).
[2] Une définition ne se conçoit
que comme une proposition affirmative.
[3] La définition ne saurait être
particulière, car elle s'applique
toto definito : non pas *certain* homme, mais *tout* homme (PHILOP.,
185, 4).
[4] Car elle est seule parfaite.
[5] πύκνουσις est le remplissage,

par l'interposition de moyens
termes, du διάστημα qui sépare
le majeur du mineur, dans le
πρόβλημα à prouver (la conclusion) : cette preuve n'est ac-
complie, et le rapport immédiat
du sujet et du prédicat obtenu,
que lorsque l'intervalle est com-
blé par un nombre suffisant de
moyens termes. En même temps
le nombre des propositions médiates s'accroît. Ce développement
ne peut se faire que par la première figure, car, explique St
THOMAS, 165-166, c'est dans cette
figure seule que le moyen occupe

qu'à ce qu'on soit parvenu aux prémisses immédiates.
Il est donc clair que la figure la plus propre à la
science est la première figure.

15.

<Les propositions négatives immédiates.>

De même que *A* peut, avons-nous dit, être
affirmé immédiatement de *B*, de même il peut aussi,
de cette façon, en être nié [1].Je dis que l'attribution ou la
non-attribution se fait immédiatement, quand il n'y
a entre les termes aucun moyen, car, dans ce cas, 35
ce n'est plus suivant quelque chose d'autre [2] que
se fera l'attribution ou la non-attribution. Par
suite, si ou *A* ou *B*, ou même *A* et *B* pris ensemble,
sont contenus dans un tout [3], il n'est pas possible

---

une position intermédiaire entre
les extrêmes.
[1] La proposition immédiate
(universelle) peut être non seulement affirmative, mais encore négative (cf. PHILOP., 186, 1 ; THE-
MIST., 30, 15-20, donne un bref
résumé du chapitre). — Le terme
ἀτόμως, *individue,individualiter*,
est synonyme de ἀμέσως ou πρώτως, *immediate*, sans moyen terme (cf.BONITZ, *Ind. arist.*,120*b* 4).
En effet, explique PACIUS, I,
427, si une proposition *AB* est
prouvée par *Γ* elle est réductible
et, en quelque sorte, divisible entre les deux propositions *AΓ* et
BΓ qui la démontrent.

[2] Que les termes eux-mêmes·
[3] Dans une notion plus générale (ἐν τινι καθολικωτέρῳ, dit
PHILOP., 187. 10), comme l'espèce est contenue dans le genre.
— Si l'un des extrêmes appartient à un genre, ou si les deux
extrêmes appartiennent chacun
à un genre, autrement dit s'ils
sont des espèces, l'un ne peut pas
être nié immédiatement de l'autre. En effet, le genre étant toujours affirmé de l'espèce, le genre
de l'un des termes servira de
moyen pour démontrer qu'il n'est
pas à l'autre : la proposition ne
sera donc pas immédiate.

que la non-attribution de A à B soit immédiate. Admettons, en effet, que A soit contenu dans un tout, Γ. Alors si B n'est pas dans le tout, dans Γ (car il peut
40 se faire que A soit dans un tout qui ne contienne pas lui-même B) [1], il y aura un syllogisme concluant que A n'appartient pas à B : si, en effet, Γ appar-
79 b tient à tout A, et n'appartient à nul B, A n'appartient à nul B [2]. De même encore, si B est contenu dans un tout, qu'on peut appeler $\varDelta$: si, en effet, $\varDelta$ appartient à tout B, et si A n'appartient à nul $\varDelta$, il en résulte par syllogisme que A n'appartiendra à nul B [3]. La démonstration se fera encore de la même façon si les deux termes sont contenus aussi bien
5 l'un que l'autre dans un tout [4]. — Que, du reste, B puisse ne pas être contenu dans le tout qui contient A, et qu'inversement A puisse ne pas être contenu dans le tout qui contient B, cela résulte claire- ment des séries d'attributions qui ne se confondent pas entre elles. [5] En effet, si aucun des termes de la

---

[1] Ainsi qu'AR. va le démontrer *infra, b* 5.
[2] Syll. en *Camestres* :
Tout A est Γ ;
Nul B n'est Γ ;
Nul B n'est A.
Pas d'attribution immédiate négative de A à B, si on admet que l'attribut A est dans Γ et que le sujet B n'y est pas.
[3] Syll. en *Celarent* (le sujet B est dans $\varDelta$, et l'attribut A n'y est pas) :
Nul Δ n'est A ;
Tout B est Δ ;
Nul B n'est A.

Pas d'attribution immédiate négative non plus.
[4] Autrement dit, si chacun des extrêmes, A et B, appartient à un genre distinct. AR. le démontre dans les lignes qui suivent.
[5] AR. montre que les extrêmes A et B peuvent appartenir à des genres différents : c'est dans le cas où ils appartiennent à des séries parallèles qui ne communiquent pas entre elles, c'est-à-dire, s'ils sont dans des catégories différentes. On admet, par exemple, que Θ (*substance*) est le genre de A (*corps*), de Γ (*vi-*

série $A\varGamma\varDelta$ n'est attribué à aucun des termes de la série *BEZ*, et si A est contenu dans le tout $\varTheta$, terme de la même série que lui, il est clair que B ne sera pas dans $\varTheta$, sinon les séries se confondraient. De même encore si B est contenu dans un tout. 10

Par contre, si aucun des deux termes n'est dans un tout et que A n'appartienne pas à B, cette non-attribution sera nécessairement immédiate[1]. S'il y a entre eux un moyen terme, l'un ou l'autre sera nécessairement contenu dans un tout, car le syllogisme se formera soit dans la première, soit dans la 15 seconde figure. Si c'est dans la première figure, B sera dans un tout (car la prémisse qui se rapporte à B doit être affirmative)[2] ; si c'est dans la seconde, ce sera indifféremment n'importe lequel des termes qui sera dans un tout, puisqu'on obtient un syllogisme, que la prémisse négative se rapporte à l'un ou à l'autre[3] ; mais si les deux prémisses sont toutes deux négatives, il n'y aura pas de syllogisme. 20

On voit ainsi qu'il est possible qu'un terme puisse être nié immédiatement d'un autre[4], et nous venons d'indiquer quand et comment cela était possible.

---

vant) et de $\varDelta$ (*animal*). Cf. PHI-LOP., 189, 10-20. — Sur le terme $\sigma\upsilon\sigma\tau o\iota\chi\acute{\iota}a$, cf. *Anal. prior.*, II, 21, 66*b* 27 et la note de notre traduction, p. 299. Voir aussi l'intéressante dissertation de WAITZ, II, 338-340.

[1] Contre-partie de tout ce qui vient d'être dit. La proposition *Nul B n'est A* est immédiate et indémontrable, quand B et A

sont des genres et non des espèces.

[2] On aura un syll. en *Celarent*, la mineure, qui contient B, devant être affirmative (Cf. PHILOP., 190, 3).

[3] Ce sera *Cesare*, si la majeure est négative, ou *Camestres*, si la mineure est négative.

[4] L. 21, il faut lire, avec WAITZ, $\check{a}\lambda\lambda o$ $\check{a}\lambda\lambda\omega$ et non, avec BEKKER, $\check{a}\lambda\lambda\omega$ seulement.

16.

<L'erreur et l'ignorance résultant de prémisses immédiates.>

L'ignorance, entendue non pas comme une négation du savoir mais comme une disposition [1] de l'esprit, est une erreur produite par un syllogisme.

25　Elle a lieu d'abord dans les attributions ou les non-attributions immédiates [2], et elle se présente alors sous un double aspect : elle surgit, en effet, ou bien quand on croit directement [3] à une attribution ou à une non-attribution, ou bien quand c'est par un syllogisme qu'on acquiert cette croyance. Mais l'erreur née d'une croyance directe est simple, tandis que celle acquise par syllogisme [4] revêt des formes multiples. — Ainsi, admettons que A n'appartienne à nul

30　B immédiatement ; si alors on conclut que A appartient à B en prenant pour moyen Γ, ce sera une erreur produite par syllogisme [5]. Or il peut se faire

---

[1] Un état positif de l'esprit (Sur le sens précis de διάθεσις et sa différence avec ἕξις et πάθος, cf. *Categ.*, 6, 6a 32 et la note de notre traduction, p. 28). — La distinction entre les deux significations de ἄγνοια apparaît déjà *supra*, 12, 77b 25. A la science, état positif, s'oppose l'ignorance, état positif, dont Ar. entreprend ici la théorie. Il s'agit, non pas d'une pure négation,

étrangère à la science, mais d'une négation erronée, qui est le fruit d'un raisonnement vicieux.

[2] Sur les non-attributions immédiates, cf. le chapitre précédent.

[3] ἁπλῶς, *absolute*, c'est-à-dire *absque aliquo ductu rationis* (Sᵗ Thomas, 168).

[4] Qui est celle dont Ar. s'occupe dans les lignes qui suivent.

[5] Si la proposition négative

d'une part que les deux prémisses soient fausses, et il peut se faire d'autre part que l'une d'elles seulement le soit. Si, en fait, ni A n'est attribué à nul B ni Γ à nul B, alors que le contraire était assumé dans chacune des propositions, les deux prémisses seront l'une et l'autre fausses[1] (il peut se faire que le 35 rapport de Γ à A et à B soit tel que Γ ne soit ni subordonné à A, ni attribué universellement à B. Car, d'une part, B ne peut pas être dans un tout, puisque A était dit ne pas appartenir à B immédiatement, et, d'autre part, A n'est pas nécessairement un attribut universel de toutes choses. Il en résulte que les deux prémisses peuvent être fausses l'une et l'autre). Mais il peut se faire encore que l'une des pré- 40 misses soit vraie, bien que ce ne soit pas indifféremment n'importe laquelle mais seulement la prémisse $A\Gamma$[2] ; en effet, la prémisse ΓB sera toujours fausse, **80 a**

ἀτόμως (cf. chapitre précédent) *Nul B n'est A* est vraie, la proposition affirmative contraire *Tout B est A* est fausse, et elle est obtenue par le faux syllogisme suivant (*Barbara*) :

    Tout Γ est A ;
    Tout B est Γ ;
    Tout B est A.

Ce syllogisme est faux, soit parce que les deux prémisses sont fausses, soit parce que l'une d'elles seulement est fausse. AR. va examiner ces deux hypothèses.

[1] Première hypothèse : les deux prémisses sont fausses l'une et l'autre, et par suite leurs contraires sont vraies :

Tout Γ (quantité) est A (substance) ;

Tout B (qualité) est Γ (quantité) ;
Tout B (qualité) est A (substance).

La majeure est fausse, car il peut se faire que, en fait, Γ ne soit pas sujet de A (= subordonné à A, genre de Γ) ; et la mineure l'est aussi, car Γ peut n'être pas attribut de B pris comme genre : si, en effet, B était le genre de Γ, il résulte du chapitre précédent que la proposition *nul B n'est A* ne serait pas immédiate.

[2] Seconde hypothèse : la majeure $A\Gamma$ (à l'exclusion de la mineure $B\Gamma$) du faux syllogisme aboutissant à une conclusion affirmative fausse, peut être vraie :

Tout Γ (corps) est A (substance) ;

du fait que B n'est contenu dans aucun genre, tandis que la prémisse $A\Gamma$ peut être vraie : comme si, par exemple, A appartient immédiatement[1] à Γ et à B ; quand, en effet, le même terme est attribué immédiatement à plusieurs, aucun de ces termes n'appartiendra à l'autre[2]. Peu importe, au surplus, que
5 l'attribution[3] ne soit même pas immédiate.

L'erreur d'attribution se produit donc par ces raisons et de cette façon seulement (car nous avons dit[4] que dans aucune autre figure que la première il n'y avait de syllogisme d'attribution universelle). Quant à l'erreur de non-attribution[5], elle a lieu à la fois dans la première et dans la seconde figure[6]. Disons d'abord combien de formes elle revêt dans la pre-
10 mière figure, et de quelles façons les prémisses se comportent dans chaque cas.

L'erreur peut se produire avec deux prémisses tou-

Tout B (qualité) est Γ (corps) ;
Tout B (qualité) est A (substance).
    La majeure est vraie ἀτόμως.
La mineure est fausse, car B ne peut être l'espèce d'un genre (voir ch. précédent). La conclusion est opposée à la négative immédiate vraie *nul B n'est A.*
    [1] ὑπάρχει, l. 3, s'applique aussi bien à l'affirmation qu'à la négation. Même remarque pour κατηγορῆται, *infra*, l. 4.
    [2] Si la substance, par exemple, est immédiatement affirmée du corps et niée de la qualité, la qualité et le corps ne pourront être attribués (soit affirmativement, soit négativement) l'un à

l'autre.
    [3] De la majeure $A\Gamma$. Cette attribution peut n'être pas ἀτόμως, mais être elle-même la conclusion d'un syllogisme. On a ainsi :
Tout Γ (homme) est A (substance)
(conclusion d'un précédent syllogisme) ;
Tout B (qualité) est Γ (homme) ;
Tout B (qualité) est A (substance).
    [4] *Anal. pr.*, I, 1.
    [5] Quand on dit, par exemple, *Nul homme n'est animal.*
    A l'exclusion de la troisième, qui n'a pas de conclusion universelle.

tes les deux fausses[1] : c'est le cas, par exemple, si on suppose que A appartient immédiatement et à Γ et à B ; si, en effet, on prend A comme n'appartenant à nul Γ, et Γ comme appartenant à tout B, les deux prémisses seront fausses. — L'erreur est encore possible quand l'une des prémisses est fausse[2], et cette prémisse est indifféremment n'importe laquelle. En effet, il se peut que la prémisse $A\Gamma$ soit vraie, et la prémisse ΓB fausse[3], la prémisse $A\Gamma$ étant vraie parce que A n'appartient pas à toutes choses, et la prémisse ΓB étant fausse parce qu'il y a impossibilité pour Γ, auquel jamais n'appartient A, d'appartenir à B : car $<$ si la prémisse ΓB était vraie$>$, la prémisse $A\Gamma$ ne serait plus vraie, et, en même temps, si les prémisses étaient toutes les deux vraies, la conclusion aussi serait vraie. Ou encore, la prémisse ΓB peut être vraie, l'autre prémisse étant fausse[4] : par exemple, si B est contenu à la fois dans Γ et

15

20

---

[1] Première hypothèse : les deux prémisses sont fausses. On a (*Celarent*) :
Nul Γ (chat) n'est A (animal) ;
Tout B (homme) est Γ (chat) ;
Nul B (homme) n'est A (animal).

[2] Seconde hypothèse ; une seule des prémisses est fausse. Cette hypothèse se subdivise en deux cas : majeure vraie et mineure fausse ; majeure fausse et mineure vraie.

[3] On a (*Celarent*) :
Nul Γ (pierre) n'est A (animal) : cette majeure peut être vraie, car *animal* n'est pas dit

de tout sujet ;
Tout B (homme) est Γ (pierre), mineure fausse, car *pierre*, qui n'est jamais *animal*, ne peut être attribut d'*homme* ;
Nul B (homme) n'est A (animal).

[4] *Nul Γ (vivant) n'est A (animal)* ;
Tout B (homme) est Γ (vivant) ;
Nul B (homme) n'est A (animal).
Γ est le genre de A, parce que A et Γ sont attributs de B comme genres. Si Γ et A n'étaient pas subordonnés l'un à l'autre, ils ne seraient pas à la fois attributs de B.

dans *A*, il est nécessaire que l'un de ces deux derniers termes soit subordonné à l'autre, de sorte que si on prend *A* comme n'appartenant à nul *Γ*, une telle prémisse sera fausse. On le voit donc : que ce
25 soit l'une des prémisses qui est fausse, ou toutes les deux, le syllogisme sera faux.

Dans la seconde figure, les deux prémisses ne peuvent pas être l'une et l'autre totalement fausses [1]. Quand, en effet, *A* appartient à tout *B* [2], on ne pourra prendre aucun moyen terme qui soit affirmé universellement d'un extrême et nié universellement de l'autre : or il faut prendre les prémisses de telle façon que le moyen soit affirmé d'un extrême et nié de
30 l'autre, si l'on veut qu'il y ait syllogisme [3]. Si donc, prises ainsi, les prémisses sont totalement fausses, il est évident qu'inversement leurs contraires seront totalement vraies. Mais c'est là une impossibilité. — Par contre, rien n'empêche que chacune des prémisses soit partiellement fausse. Soit *Γ* appartenant réel-

---

[1] Sur les prémisses fausses ἐπί τι et ὅλη , cf. *Anal. pr.*, II, 2, notamment 54 *a* 1, et les notes de notre traduction, p. 212 et ss.

[2] Conclusion vraie, dont la contraire *nul B n'est A* est fausse.

[3] Dans la seconde figure. — La fausse conclusion résulte par exemple du syllogisme suivant en *Camestres* :
Tout A (animal) est Γ (immortel), prémisse totalement fausse ;
Nul B (homme) n'est Γ (immortel), prémisse totalement fausse ;

Nul B (homme) n'est A (animal).
Si les contraires de ces prémisses étaient entièrement vraies, on aurait le syllogisme suivant en *Cesare* :
Nul A (animal) n'est Γ (immortel), pr. totalement vraie ;
Tout B (homme) est Z (immortel), pr. totalement vraie ;
Nul B (homme) n'est A (animal), ce qui est exactement la même conclusion. On aboutit ainsi à une impossibilité, car deux propositions vraies ne peuvent donner une conclusion fausse.

lement à quelque *A* et à quelque *B* : si on prend *A*
comme appartenant à tout *A* et comme n'apparte- 35
nant à nul *B*, les deux prémisses seront fausses, non
pourtant en totalité, mais en partie seulement[1]. Et
si on renverse la position de la négative, il en sera
de même[2]. — Il peut encore se faire que l'une des
prémisses soit totalement fausse, n'importe laquelle.
Ainsi, admettons que, en fait, ce qui appartient à
tout *A* appartiendra aussi à tout *B* : alors, si on
prend *Γ* comme appartenant à la totalité de *A* et 40
comme n'appartenant à aucun *B*, la prémisse *ΓA* **80** *b*
sera vraie, mais la prémisse *ΓB* fausse[3]. De plus,
ce qui, en fait, n'appartient à nul *B* n'appartiendra
pas non plus à tout *A*, car s'il appartenait à tout *A*
il appartiendrait aussi à tout *B* ; or nous avons supposé
qu'il ne lui appartient pas. Si donc, on prend néanmoins *Γ* comme appartenant à la totâlité de *A*, et
comme n'appartenant à nul *B*, la prémisse *ΓB* est 5
vraie, mais l'autre est fausse[4]. De même encore, si
la négative est transposée. Car ce qui en fait n'appartient à aucun *A* n'appartiendra non plus à nul *B*.
Si donc on prend *Γ* comme n'appartenant pas à la

---

[1] *Camestres* :
Tout A (animal) est Γ (blanc),
prémisse fausse ἐπί τι ;
Nul B (homme) n'est Γ (blanc),
id. ;
Nul B (homme) n'est A (animal).
[2] *Cesare* :
Nul A (animal) n'est Γ (blanc) ;
Tout B (homme) est Γ (blanc) ;
Nul B (homme) n'est A (animal).
[3] Syll. en *Camestres*, à majeure

entièrement vraie et mineure faus-
se :
Tout A (animal) est Γ (vivant) ;
Nul B (homme) n'est Γ (vivant) ;
Nul B (homme) n'est A (animal).
[4] Syll. en *Camestres*, à majeure
totalement fausse et mineure
vraie :
Tout A (animal) est Γ (pierre) ;
Nul B (homme) n'est Γ (pierre) ;
Nul B (homme) n'est A (animal).

totalité de *A*, mais comme appartenant à la totalité de *B*, la prémisse *A Γ* sera vraie et l'autre fausse [1].

10 Inversement, il est faux d'assumer que ce qui appartient à tout *B* n'appartient à aucun *A*, car nécessairement ce qui appartient à tout *B* appartient aussi à quelque *A* ; si donc on prend néanmoins *Γ* comme appartenant à tout *B* et comme n'appartenant à nul *A*, la prémisse *ΓB* sera vraie, et la prémisse *ΓA* fausse [2].

On voit donc que, aussi bien quand les deux pré-

15 misses sont fausses que quand une seule l'est, il y aura syllogisme erroné dans le cas de propositions immédiates.

17.

<L'ignorance et l'erreur provenant de prémisses médiates>.

Dans les attributions ou les non-attributions non immédiates, quand c'est par un moyen propre que le syllogisme conclut le faux, il n'est pas possible que les deux prémisses soient fausses l'une et l'au-

---

[1] Syll. en *Cesare*, à majeure totalement vraie et mineure fausse :
Nul A (animal) n'est Γ (pierre) ;
Tout B (homme) est Γ (pierre) ;
Nul B (homme) n'est A (animal).

[2] Syll. en *Cesare*, à majeure fausse et mineure vraie :
Nul A (animal) n'est Γ (vivant) ;
Tout B (homme) est Γ (vivant) ;
Nul B (homme) n'est A (animal).

tre ; peut seulement l'être celle qui se rapporte au 20
grand extrême [1] (Par *moyen propre*, j'entends le moyen
terme par lequel on obtient le syllogisme vrai contradictoire à celui de l'erreur) [2]. Admettons, en effet, que *A* soit à *B* par le moyen *Γ*. Puis donc qu'il
est nécessaire de prendre la prémisse *ΓB* affirmativement pour obtenir un syllogisme, il est évident
que cette prémisse doit toujours être vraie, car elle
n'est pas convertie [3]. Mais la prémisse *AΓ* est faus- 25
se, car c'est par sa conversion que le syllogisme devient contraire [4]. — Il en est encore de même si le
moyen est emprunté à une autre classe d'attributions [5]. Supposons, par exemple, que *Δ* soit non

---

[1] Savoir, la majeure.
[2] Cf. PACIUS, II, 314 : *Medium proprium.... per quod, si bene accipiatur, demonstratio fit.* La conclusion vraie, obtenue par un moyen propre, est la « contradictoire » de la conclusion fausse. En fait, comme le remarque PHILOP., 208, 14, ἀντίφασιν ἐνταῦθα οὐ τὴν κυρίως ἀντίφασιν λέγει ἀλλὰ τὴν ἐναντίαν τῇ ψευδεῖ καθόλου ἀληθῇ πρότασιν.
[3] Dans le faux syllogisme, la mineure n'est pas négative au lieu d'affirmative ; elle conserve la qualité qu'elle avait dans le syllogisme vrai ; elle est donc elle-même vraie. — Sur les différents sens du verbe ἀντιστρέφειν cf. *Anal. pr.*, I, 2, 25 a 1, p. 6, de notre traduction.
[4] Par exemple (*Celarent*) :
Nul être raisonnable(Γ)ne rit (A) ;
Tout homme (B) est raisonnable (Γ) ;

Nul homme (B) ne rit (A).
Si, dans ce syllogisme, on convertit la mineure d'affirmative en négative, il n'y a pas de syllogisme possible, puisque, dans la première figure (seule étudiée par AR. jusqu'à 81 a 5),la mineure doit être affirmative. Si on convertit la majeure de négative en affirmative, la conclusion contraire, vraie (*tout homme rit*) suit nécessairement. — Dans cet exemple, le moyen *Γ* est propre.
[5] Dans cette hypothèse, le moyen *Δ* n'est pas la cause propre qui unit l'attribut au sujet, et la conclusion du syllogisme vrai ne serait pas démontrée *per causam*. — Exemple en *Celarent* :
Nul être à station droite (Δ) ne rit (A) ;
Tout homme (B) est à station droite (Δ) ;
Nul homme (B) ne rit (A).
On procède comme dans le cas

seulement contenu en A comme en son tout, mais qu'il soit encore affirmé de tout B. Alors il est nécessaire d'une part de conserver la prémisse AB,

30 et d'autre part de convertir l'autre[1] : de telle sorte que la première est toujours vraie, et la seconde toujours fausse. Une erreur de ce genre est à peu près la même que celle qui résulte du moyen propre. — Supposons maintenant que le syllogisme ne soit pas obtenu par le moyen propre[2] : quand le moyen est subordonné à A mais n'appartient à nul B, il faut nécessairement que les deux prémisses soient fausses. En effet les prémisses doivent être prises d'une ma-

35 nière contraire à ce qui a lieu en réalité, si l'on veut qu'il y ait syllogisme ; or, si on les prend de cette façon, toutes les deux deviennent fausses. Si, par exemple, en fait, A appartient à la totalité de A, et si A n'appartient à nul B, par conversion de ces prémisses on obtiendra un syllogisme dont les prémisses seront l'une et l'autre fausses. Par contre[3], quand le

40 moyen, A par exemple, n'est pas subordonné à A,

81 a la prémisse AA sera vraie, et la prémisse AB fausse :

---

précédent, où le moyen était propre.

[1] La mineure AB demeure affirmative, la majeure AA devient négative.

[2] Autre hypothèse : le moyen A ne peut absolument pas servir pour démontrer le prédicat du sujet. Deux cas sont envisagés :

1° cas (l. 33-40) : A est en réalité sujet de A. On a, par exemple :

Nul animal privé de raison (A) n'est vivant (A) ;
Tout homme (B) est privé de raison (A) ;
Nul homme (B) n'est vivant (A).

[3] 2° cas (l. 40-81a 4) : A n'est pas en fait sujet de A (autrement dit, la majeure vraie est négative). On a :

Nulle pierre (A) n'est vivante (A) ;
Tout homme (B) est pierre (A) ;
Nul homme (B) n'est vivant (A).

la prémisse $A\varDelta$ est vraie, parce que $\varDelta$ n'était pas contenu dans A, et la prémisse AB est fausse, parce que, si elle était vraie, la conclusion aussi serait vraie[1] ; or, par hypothèse, elle est fausse.

Quand l'erreur vient par la seconde figure, il n'est 5 pas possible que les deux prémisses soient l'une et l'autre totalement fausses (puisque, quand B est subordonné à A, aucun terme ne peut être affirmé de la totalité d'un extrême et nié de la totalité de l'autre, ainsi que nous l'avons établi plus haut)[2], mais l'une des prémisses peut être fausse, et ce peut être indifféremment n'importe laquelle. Si, en effet, alors que $\varGamma$ appartient à la fois à A et à B, on prend $\varGamma$ 10 comme appartenant à A mais comme n'appartenant pas à B, la prémisse $A\varGamma$ sera vraie, et l'autre fausse[3]. Si, inversement, on prend $\varGamma$ comme appartenant à B mais comme n'appartenant à nul A, la prémisse $\varGamma B$ sera vraie, et l'autre fausse[4].

Quand le syllogisme de l'erreur est négatif, nous 15 venons ainsi d'établir quand et à l'aide de quelles sortes de prémisses il y aura erreur. Mais quand le syllogisme est affirmatif[5], si la conclusion est obtenue

---

[1] Deux prémisses vraies ne pouvant donner une conclusion fausse.

[2] Cf. 16, 80 a 27. — Si $\varGamma$ appartenait à tout A et n'appartenait à nul B, ou s'il n'appartenait à nul A et appartenait à tout B, on prouverait par syllogisme en *Camestres* ou en *Cesare* que A n'appartient à nul B. Or on suppose que A appartient à tout B.

[3] Syllogisme en *Camestres* :
Tout vivant (A) *est substance* ($\varGamma$) ;
Nul homme (B) *n'est substance* ($\varGamma$) ;
Nul homme (B) *n'est vivant* (A).

[4] *Cesare* :
Nul vivant (A) *n'est substance* ($\varGamma$) ;
Tout homme (B) *est substance* ($\varGamma$) ;
Nul homme (B) *n'est vivant* (A).

[5] En *Barbara*. — Ar. examine maintenant les conclusions erronées affirmatives (*tout B est*

par le moyen propre, il est impossible que les deux prémisses soient fausses, car il faut nécessairement conserver la prémisse $\varGamma B$[1], si l'on veut qu'il y ait syllogisme[2], comme nous l'avons dit plus haut[3] ; par suite, la prémisse $\varGamma A$ sera toujours fausse, car

20 c'est elle qui est convertie. Même solution encore, si on empruntait le moyen à une autre série, ainsi que nous l'avons établi pour le cas d'erreur négative[4] : en effet, il faut nécessairement conserver la prémisse $\varDelta B$ et convertir la prémisse $A\varDelta$, et l'erreur est alors la même que ci-dessus. — Quand le syllogisme affirmatif ne procède pas par un moyen propre, alors,

25 si $\varDelta$ est subordonné à A, cette prémisse-ci[5] sera vraie, et l'autre[6] fausse, car A peut être l'attribut de plusieurs termes qui ne sont pas subordonnés l'un à l'autre[7]. Mais si $\varDelta$ n'est pas subordonné à A, cette prémisse-ci[8] sera évidemment toujours fausse (puisqu'elle est prise affirmativement), tandis que la prémisse $\varDelta B$ peut être ou vraie ou fausse. Rien n'em-

30 pêche, en effet, que A n'appartienne à nul $\varDelta$, et que $\varDelta$ appartienne à tout B : par exemple *animal*

A), les conclusions négatives correspondantes étant supposées vraies. Le plan de son étude est le même que plus haut.
[1] Comme affirmative.
[2] De la première figure.
[3] 80 *b* 17-26.
[4] 80 *b* 26-32.
[5] La majeure $\varDelta A$.
[6] La mineure $\varDelta B$.
[7] Exemple, en *Barbara* :
Tout animal privé de raison

($\varDelta$) *est quadrupède* (A) ;
Tout homme (B) *est privé de raison* ($\varDelta$) ;
Tout homme (B) *est quadrupède* (A).
A est affirmé de $\varDelta$ et nié de B, lequel n'est pas subordonné à $\varDelta$. — Sur le sens de ὑπάρχειν, , l. 26, cf. *supra*, 16, 80 *a* 3 et note.
[8] La majeure $\varDelta A$.

n'appartient à aucune *science,* alors que *science* appartient à toute *musique*[1]. Rien n'empêche non plus que *A* n'appartienne à nul *Δ*, et *Δ* à nul *B*[2]. Il est donc clair que, dans le cas où le moyen terme n'est pas subordonné à *A*, non seulement les deux prémisses peuvent être fausses, mais encore ce peut être l'une d'entre elles seulement, quelle qu'elle soit.

On voit ainsi[3] de quelles façons et par quelles sortes 35 de prémisses peuvent se produire les erreurs découlant du syllogisme, aussi bien dans le cas des propositions immédiates que dans le cas des propositions démontrables.

18.

< L'ignorance envisagée comme négation
de la science[4]*>.*

Il est clair aussi que si un sens vient à faire défaut, nécessairement une science disparaît, qu'il est impossible d'acquérir[5]. Nous n'apprenons, en effet, que

---

[1] *Toute science (Δ) est animal* (*A*), prémisse fausse, puisqu'en fait *Δ* n'est pas sujet de *A* ;
Toute musique (B) est science (*A*), prémisse vraie ;
Toute musique (B) est animal (A).
[2] *Toute pierre (Δ) est animal* (*A*), majeure fausse ;
Toute science (B) est pierre (Δ), mineure fausse ;
Toute science(B) est animal (A).
[3] Conclusion des chapitres 16 et 17.
[4] Étude de l'ignorance ἁπλῶς et non plus envisagée seulement, comme une erreur de raisonnement.
[5] Cf. la maxime scolastique *nihil est in intellectu quod non*

40 par induction ou par démonstration. Or la démons-
81 b tration se fait à partir de principes universels, et
l'induction, de cas particuliers. Mais il est impossible d'acquérir la connaissance des universels autrement que par induction, puisque même[1] ce qu'on
appelle les résultats de l'abstraction [2] ne peuvent
être rendus accessibles que par l'induction, en ce
que, à chaque genre[3], appartiennent, en vertu de la
nature propre de chacun, certaines propriétés qui
peuvent être traitées comme séparées, même si en
5 fait elles ne le sont pas. Mais induire est impossible

---

prius fuerit in sensu. Pour AR., toute connaissance vient de la démonstration ou de l'induction (cf. *Anal. pr.*, II, 23, 68*b* 13). Or l'induction vient elle-même de la perception des singuliers, et elle fournit à son tour les principes de la démonstration (cf. *Eth. Nic.*, VI, 3, 1139 *b* 28). Toute connaissance procède donc en définitive des sens. Si un sens vient à manquer (la vue, pour un aveugle de naissance), la science correspondante (la Géométrie, l'Astronomie, PHILOP., 213, 19) disparaît avec lui, car on n'en peut acquérir les principes.
[1] Car pour les choses sensibles il n'y a pas de difficulté.
[2] Cf. *supra*, 13, 79 *a* 6. — Les μαθηματικά, qui sont obtenus ἐξ ἀφαιρέσεως n'existent que comme propriétés des objets sensibles et non pas, contrairement à l'opinion des PYTHAGORICIENS et des PLATONICIENS (exposée et refutée *Metaph.*, M, 2 et 3;

cf. notre traduction, II, p. 198-210, et notes), comme des καθ' αὑτά, des entités séparées. Ces notions peuvent seulement être isolées par l'abstraction et constituer les sujets des démonstrations mathématiques. C'est donc bien seulement par l'induction à partir du sensible que l'universel peut être atteint.
Sur l'opposition τὰ ἐξ ἀφαιρέσεως et τὰ ἐκ προσθέσεως (les résultats de l'addition, les êtres physiques), cf. *de Coelo*, III, 1, 299 *a* 16, *Metaph.*, K, 3, 1061 *a* 28, etc. Voir également TRENDELENBURG, *de Anima* (7e éd.), p. 393-95 (sur *de An.*, III, 4, 429 *b* 18) ; BONITZ, *in Metaph.*, II, p. 49-50 (sur *Metaph.*, A, 2, 982 *a* 27), *Ind. arist.*, 126 *b* 16 et 646 *a* 9 ; HAMELIN, *Phys.- II*, p. 64 (sur *Phys.*, II, 2, 194 *a* 9); MANSION, *Introd. à la Phys. arist.*, p. 73 et ss.
[3] La ligne ou le solide, par exemple.

pour qui n'a pas la sensation : car c'est aux cas particuliers que s'applique la sensation ; et pour eux, il
ne peut pas y avoir de science, puisqu'on ne peut la
tirer d'universels sans induction, ni l'obtenir par induction sans la sensation [1].

19.

<Les principes de la démonstration sont-ils en nombre fini ou en nombre infini ?>

Tout syllogisme se fait par trois termes. Une espèce 10
de syllogisme [2] est apte à démontrer que A appartient
à Γ, parce que A appartient à B, et B à Γ ; l'autre
espèce est le syllogisme négatif, dont l'une des prémisses exprime qu'un terme appartient à un autre, et la
seconde, au contraire, qu'un terme n'appartient pas
à un autre. Il est par suite manifeste que ce sont là [3] les
principes et ce qu'on nomme les hypothèses du syllogisme. Car, en les prenant de cette façon [4], on arrive 15
nécessairement à démontrer, par exemple, que A
appartient à Γ par B, et encore que A appartient à B

---

[1] Cf. WAITZ, II, 348 : *Inductio iis nititur quae sensibus percipiuntur ; nam res singulares
sentiuntur, scientia vero rerum
singularium non datur sine inductione, non datur inductio sine
sensu.*
[2] Le syllogisme affirmatif.

[3] Savoir, les prémisses.
[4] C'est-à-dire en prenant deux
prémisses affirmatives pour le
syllogisme affirmatif, et une
prémisse affirmative et une prémisse négative pour le syllogisme négatif.

par un autre moyen terme, et pareillement que B est
à Γ [1]. Pour qui se contente de raisonner selon l'opinion et d'une manière dialectique [2], il est évident que
le seul point à considérer, c'est de savoir si le syllo-
20 gisme procède à partir des prémisses les plus proba-
bles possible ; il en résulte que si un moyen terme
entre A et B n'existe pas véritablement, mais paraît seulement exister, en s'appuyant sur lui pour
raisonner on raisonne dialectiquement [3]. Par contre,
pour atteindre la vérité, ce sont les attributions réelles qui doivent nous servir de guides. Les choses se
passent de la façon suivante [4] : puisqu'il y a des attributs qui sont affirmés d'un sujet autrement que par
25 accident [5] (j'appelle *attribution par accident,* quand
par exemple il nous arrive de dire *cette chose blanche
est un homme,* ce qui n'a pas le même sens que de
dire *l'homme est blanc* : ce n'est pas en étant quelque chose d'autre que homme que l'homme est
blanc [6], tandis que pour le blanc, c'est parce qu'il

---

[1] *Tout B est A ;
Tout Γ est B ;
Tout Γ est A.*
On démontre la conclusion
par le moyen terme B. Chacune des prémisses, à son tour,
se démontre par un nouveau
moyen terme, Δ par exemple
pour la majeure, et E pour la
mineure. La question se pose
alors de savoir si on peut procéder
ainsi à l'infini (Cf. Philop., 218,
2-5).
[2] Cf. *Anal. pr.,* I, 30, 46 *a* 9.
[3] L. 20 et 21, nous conservons

la leçon de Bekker, et lisons
ὥστ᾽ εἰ καὶ μὴ ἔστι τι τῇ
ἀληθείᾳ τῶν A B μέσον, δοκεῖ
δὲ εἶναι, ὁ ... Le texte traditionnel, repris par Waitz, donne
un sens moins naturel et plus difficile : Waitz, II, 348, le reconnaît lui-même.
[4] Nous mettons un point en
haut après οὕτως.
[5] Cf. *supra,* 4, 73 *b* 5-10.
[6] Car l'homme est un sujet, et,
comme tel, séparé et par soi. Le
blanc, au contraire, doit toujours être dans un sujet (*Categ.,*

arrive à l'homme d'être blanc), c'est donc qu'il y a certains termes d'une nature telle qu'ils sont attribués essentiellement à d'autres. — Admettons donc [1] que Γ soit un terme tel qu'il n'appartienne lui-même à 30 aucun autre terme, mais qu'il soit le sujet prochain de B, sans autre intermédiaire entre les deux ; supposons qu'à son tour, E appartienne à Z de la même façon, et Z à B : est-ce que cette série doit nécessairement s'arrêter, ou bien peut-elle aller à l'infini ? Supposons de même [2] que rien n'est affirmé de A par soi, mais que A appartient immédiatement à Θ sans appartenir à aucun intermédiaire plus prochain, 35 Θ à H, et H à B : est-ce que cette série, elle aussi, doit nécessairement s'arrêter, ou peut-elle aller à l'infini ? — Cette seconde question diffère de la première dans la mesure suivante : la première consiste à se demander s'il est possible, en partant de ce qui n'appartient soi-même à aucune autre chose mais à qui une autre chose appartient, d'aller en remontant à l'infini ; l'autre, à examiner si, en commençant 40

2, 1 a 24) : il n'est blanc que parce que l'homme est blanc. Dans le premier cas, la prédication a lieu $\varkappa\alpha\tau\grave{\alpha}$ $\varphi\acute{\nu}\sigma\iota\nu$, dans le second, $\pi\alpha\varrho\grave{\alpha}$ $\varphi\acute{\nu}\sigma\iota\nu$ (Cf. PHILOP., 218, 25 et ss., et 220, 6-13).

[1] Première question : de l'infinité ascendante des *attributs* (de Γ à A), dans le sens de l'extension croissante. — Γ est un $\dot{\upsilon}\pi o\varkappa\varepsilon\acute{\iota}\mu\varepsilon\nu o\nu$, qui a comme attribut immédiat B, celui-ci Z, ce dernier E, etc... Cette série d'attributs sera-t-elle infinie, de

telle sorte qu'on ne pourra jamais arriver à A ?

[2] Seconde question : de l'infinité descendante des *sujets* (de A à Γ), dans le sens de l'extension décroissante. — L'attribut A, qui ne peut recevoir lui-même d'attribut, est l'attribut immédiat du sujet Θ, qui est lui-même attribut du sujet H, ce dernier l'étant de B, etc... Cette série de sujets sera-t-elle infinie, de telle sorte qu'on ne pourra jamais arriver à Γ ?

82 *a* par ce qui est attribué à un autre mais à qui aucun autre n'est attribué, on peut en descendant aller à l'infini. — Il faut demander enfin[1] si on peut insérer un nombre infini de moyens entre des extrêmes déterminés. Voici ce que je veux dire. Supposons que *A* appartienne à *Γ*, et que *B* soit moyen entre eux, mais qu'entre *B* et *A* il y ait d'autres moyens, et entre ceux-

5 ci d'autres encore : sera-t-il possible aussi que cette série de moyens soit infinie, ou bien sera-ce impossible ? Cela revient à se demander si les démonstrations vont à l'infini, autrement dit s'il y a démonstration de tout[2], ou si les extrêmes se limitent l'un l'autre[3].

J'ajoute que les mêmes questions se posent aussi pour les syllogismes négatifs et les prémisses négati-

10 ves[4]. Par exemple, si *A* n'appartient à nul *B*, ou bien ce sera immédiatement, ou bien il y aura un intermédiaire antérieur à *B*, auquel *A* n'appartient pas (appelons-le *H*, lequel appartient à tout *B*), et il peut y avoir encore un autre terme antérieur à *H*, par exemple *Θ* qui appartient à tout *H*. C'est qu'en effet, dans ces cas également, ou bien la série des termes antérieurs auxquels *A* n'appartient pas[5] est infinie, ou bien elle s'arrête.

---

[1] Troisième question : le nombre des attributs et des sujets étant limité, peut-on, entre *A* et *Γ*, insérer un nombre infini de moyens ?

[2] Cf. *supra*, ch. 3.

[3] S'il y a un ultime sujet et un premier attribut.

[4] Puisqu'il y a aussi (Cf. ch. 15) des propositions négatives immédiates.

[5] L. 14, nous lisons οὐχ ὑπάρχει, avec certains mss. On peut lire ὑπάρχει, mais en lui

Par contre, pour les termes réciprocables, ces mê- 15
mes questions ne peuvent pas se poser, puisque, quand
le sujet et le prédicat sont convertibles, il n'y a ni
premier ni dernier sujet [1] : tous les termes réciproques
sont les uns envers les autres, à cet égard [2], dans le
même rapport, soit que nous disions infinis les attributs du sujet, ou que tant les sujets que les attributs
en question soient infinis [3]. Il n'en est autrement [4]
que si les termes peuvent se réciproquer de façons
différentes, l'attribution se faisant pour l'un par accident, et, pour l'autre, au sens propre [5].   20

---

donnant le sens large d'attribution négative ou affirmative. —
Le raisonnement, d'AR. est le
suivant (PHILOP., 222, 15 et
ss). Admettons que *A* ne soit
pas à *B*, par *Γ*. Si donc *A* n'est à
aucun *Γ*, et que *Γ* soit à tout
B, *A* ne sera à aucun *B*. Admettons maintenant que *A* ne
soit à nul *Γ*, par *Δ*. Si *A* n'est à
nul *Δ*, et si *Δ* est à tout *Γ*,
A n'appartiendra à nul *Γ*. De
même on démontrera que *A* n'appartient pas à *Δ*, par *Z*, et ainsi
de suite.
[1] L. 16, il faut lire avec WAITZ
ἀντικατηγορουμένοις. — Dans
les termes réciproques, il n'y a
ni antérieur ni postérieur (voir
les exemples de PHILOP., 223,
4 et ss).
[2] ταύτῃ γε, l. 17 = ᾗ ἀντι-
κατηγορεῖται.
[3] Cf. PACIUS, I, 442 : *Sive dicas
attributa tantum esse infinita,
sive dicas et attributa et subiecta*

*esse infinita. Utrumvis enim
dices, idem dices : quia si attributa sunt infinita, conversis terminis erunt subiecta infinita
quandoquidem quod est attributum potest fieri subiectum.*
[4] Et ces questions ne se po-
seraient pas.
[5] Dans ce cas, en effet, il y
aura antériorité et postériorité
réelles entre les deux termes. La
prédication est ὡς συμβεβηκός,
quand elle se fait παρὰ φύσιν: si,
par exemple, la substance est
prédicat de l'accident (on attribue *homme* à *doué du rire*, pris
comme sujet). La prédication se
fait au sens propre, ὡς κατηγο-
ρίαν (sur cette expression, qui
signifie κατηγορία ἁπλῶς, cf.
BONITZ, *Ind. arist.*, Vᵒ συμ-
βαίνειν, 714*b* 38-43), quand elle
a lieu κατὰ φύσιν : l'accident est
alors prédicat de la substance
(Cf. PHILOP., 224, 14 et ss.).

20.

< *Le nombre des moyens n'est pas infini* >.

Il est évident qu'il est impossible qu'il y ait entre deux termes un nombre infini de moyens[1], si la série ascendante et la série descendante des attributions sont limitées (j'entends par *série ascendante* celle qui se dirige vers la plus grande généralité, et par *série descendante* celle qui se dirige vers le particulier). Si, en effet, *A* étant attribué à *Z*, les intermédiaires 25 représentés par *B* sont infinis[2], il est évident qu'il sera possible en partant de *A*, d'ajouter indéfiniment des attributs les uns aux autres suivant la série descendante (puisque, avant d'arriver à *Z*, on aura un nombre infini d'intermédiaires) ; de même, à partir de *Z* en suivant la série ascendante, on aura à parcourir un nombre infini d'intermédiaires avant d'arriver à *A*. De sorte que, si c'est impossible[3], il sera impossible aussi qu'entre *A* et *Z* il y ait un nombre infini 30 de moyens. Il ne sert non plus de rien de prétendre

---

[1] Dans le chapitre précédent, Ar. s'est demandé si, dans la démonstration, il peut y avoir un nombre infini de prémisses, en supposant qu'il y ait un attribut premier ou un sujet dernier. Le présent chapitre contient la réponse : si les extrêmes sont finis et limités en nombre, les moyens doivent l'être aussi.

[2] *A* est donc l'attribut premier, *Z* le sujet dernier, et *B* les moyens termes. — Si le nombre des moyens à insérer entre *A* et *Z* était infini, il serait impossible de procéder de *A* à *Z*, ou de *Z* à *A*, ce qui est absurde puisque nous affirmons *A* de *Z*.

[3] Si la série hiérarchique des attributs est limitée.

que certains termes de la série $AB....Z$ [1] sont contigus entre eux de façon à exclure un intermédiaire, tandis que les autres sont impossibles à saisir. En effet [2], quel que soit le terme que je prenne parmi les B, le nombre des intermédiaires dans la direction de A ou de Z doit être infini ou fini. Le point de départ des séries infinies, qu'on le prenne immédiatement ou non immédiatement, n'a aucune importance, car les termes qui viennent après ce point sont de toute fa- 35 çon infinis en nombre.

21.

< Dans les démonstrations négatives, les moyens ne sont pas en nombre infini>.

Il est clair aussi que, dans la démonstration néga-

---

[1] Nous lisons, avec WAITZ, II, 350 : *ABZ*. On sait que B désigne l'ensemble des moyens termes (B', B'', B'''...) — AR. prévoit une objection qui paraît être la suivante. Même si, *en fait*, le nombre des termes compris entre A et Z est infini, cependant on peut, *par la pensée*, aller de A à Z, puisque certains des termes intermédiaires sont contigus (AB, BB', B' B'', par exemple) et exclusifs de moyens termes, et que les autres (la série infinie supposée des moyens séparant B'' et Z) échappent, en raison de leur infinité même, à notre appréhension. Pour la pensée, AZ constituerait donc une proposition immédiate.

Sur la notion de *contiguïté*, cf. *Phys.*, V, 3, 226 *b* 18 à 227 *b* 2 (= *Metaph.*, K, 12, 1068 *b* 26-1069 *a* 14) et le commentaire de Ross sur la *Physique*, Oxford, 1936, p. 626. Le *contigu* ($\dot{\varepsilon}\chi\acute{o}\mu\varepsilon\nu o\nu$ ou $\dot{\alpha}\pi\tau\acute{o}\mu\varepsilon\nu o\nu$) est une espèce du *consécutif* ($\dot{\varepsilon}\xi\tilde{\eta}\varsigma$, $\dot{\varepsilon}\varphi\varepsilon$-$\xi\tilde{\eta}\varsigma$) et le genre du *continu* ($\sigma\upsilon\nu\varepsilon\chi\acute{\varepsilon}\varsigma$).

[2] Réponse d'AR. à l'objection précédente : de toute façon, nous nous trouvons en présence d'une série infinie (B''...Z). Peu importe que le point de départ de cette série soit A ($\varepsilon\dot{\upsilon}\theta\acute{\upsilon}\varsigma$, l. 34) ou un terme moyen quelconque ($\mu\dot{\eta}$ $\varepsilon\dot{\upsilon}\theta\acute{\upsilon}\varsigma$) : on devra parcourir un infini.

tive, la série des termes sera limitée, si, dans la dé-
mónstration affirmative, elle est limitée dans les deux
sens [1]. Admettons, en effet, qu'il ne soit possible [2]
d'aller à l'infini, ni en remontant à partir du dernier
terme [3] (et j'appelle *dernier* terme, celui qui lui-même
n'appartient à aucun autre terme, mais à qui un autre

82 *b* terme appartient, par exemple *Z*), ni à partir du premier terme vers le dernier [4] (et j'appelle *premier* terme
celui qui est dit d'un autre, mais duquel aucun autre
n'est dit) : s'il en est ainsi [5], il y aura aussi limitation
dans le cas de la négation. — On démontre, en effet,
une conclusion négative de trois façons [6]. On peut

5   dire d'abord [7] : *B* appartient à tout ce à quoi *Γ* appartient, et *A* n'appartient à rien de ce à quoi *B*
appartient. Pour la proposition *BΓ*, et c'est toujours
le cas pour l'un des deux intervalles [8], il faut nécessairement arriver à des propositions immédiates, puisque cet intervalle est affirmatif. Quant à l'autre

---

[1] S'il y a un attribut premier
et un sujet dernier.
[2] Dans les syllogismes affirma-
tifs.
[3] Du sujet vers l'attribut.
[4] En descendant de l'attribut
vers le sujet.
[5] S'il y a premier et dernier
terme dans les démonstrations
affirmatives (Cf. ch. 22, *infra*).
[6] Les trois figures peuvent donner une conclusion négative. —
Ar. va démontrer que, dans
aucune des figures, il n'est possible que les négations aillent à
l'infini.
[7] Première figure (*Celarent*).

La conclusion négative de la première figure est donnée seulement par le syllogisme :
  Nul B n'est A ;
  Tout Γ est B ;
  Nul Γ n'est A.
[8] C'est-à-dire la mineure (Cf.
Philop., 229, 8). Dans toute
figure, il faut que l'une des prémisses au moins soit affirmative.
Or *BΓ* est affirmatif, et l'on a
supposé que, dans les affirmatives, la série des moyens est fi-
nie.On doit donc arriver de toute
façon à une proposition affirmative immédiate. La mineure est
ainsi hors de cause.

prémisse [1], il est évident que si le majeur est nié d'un autre terme, par exemple Δ, antérieur à B, Δ devra appartenir à tout B ; et si le majeur est nié encore d'un autre terme antérieur à Δ, ce terme devra appartenir à tout Δ. Il en résulte que, puisque la marche vers la série ascendante est limitée, la série descendante sera limitée aussi, et il y aura un sujet premier dont A est nié. — On peut encore raisonner ainsi [2] : si B appartient à tout A et n'appartient à nul Γ, A n'appartient à nul Γ. S'il faut encore démontrer cette proposition [3], il est évident qu'on la démontrera soit par la première figure, comme ci-dessus, soit par la figure que nous voyons en ce moment, soit par la troisième. Nous venons de parler de la première, nous allons expliquer la seconde. La preuve se ferait en posant, par exemple [4], que Δ ap-

10

15

---

[1] Reste donc la majeure *Nul B n'est A*. On ne peut l'obtenir elle-même que par un prosyllogisme en *Celarent* dont la mineure devra être affirmative :

> *Nul Δ n'est A ;*
> *Tout B est Δ ;*
> *Nul B n'est A.*

A son tour, la majeure négative *Nul Δ n'est A* est obtenue par un prosyllogisme en *Celarent* à mineure affirmative :

> *Nul E (terme antérieur à Δ) n'est A ;*
> *Tout Δ est E ;*
> *Nul Δ n'est A.*

Et ainsi de suite.

On voit que la série des majeures négatives entraîne toujours une mineure affirmative, et comme la série des affirma-tives est, par hypothèse, finie, la série des négatives doit l'être aussi, et on arrivera ainsi à une proposition négative immédiate.

L. 11 et 12, nous adoptons la leçon de WAITZ, II, 351, confirmée par *infra*, l. 21, et nous intervertissons les mots ἄνω et κάτω du texte traditionnel.

[2] SECONDE FIGURE (*Camestres*). Le raisonnement est le même, si on est en présence d'une conclusion négative de *Camestres* :

> *Tout A est B ;*
> *Nul Γ n'est B ;*
> *Nul Γ n'est A.*

[3] Savoir, la mineure négative *Nul Γ n'est B*. On ne s'occupe pas de la majeure, puisqu'elle est affirmative.

[4] La mineure négative s'ob-

partient à tout *B* et n'appartient à nul *Γ*, puisqu'il est nécessaire qu'un prédicat appartienne à *B*. Ensuite, puisque l'on veut prouver que *Δ* n'appartient pas à *Γ*, un autre terme, qui lui-même est nié de *Γ*,

20 appartient à *Δ*. Puis donc que l'attribution affirmative à un terme plus élevé[1] est toujours limitée, l'attribution négative le sera aussi. — La troisième figure procède, avons-nous dit[2], comme suit : si *A* appartient à tout *B*, et si *Γ* n'appartient pas à quelque *B*, *Γ* n'appartient pas à tout ce à quoi est *A*. Là encore, cette prémisse[3] sera démontrée soit par les figures indiquées plus haut, soit par cette même figure. Dans les deux premières figures, la série est limitée ;

25 dans la dernière, on posera à nouveau que *B* appartient à *E*, terme duquel, pris particulièrement, *Γ* est nié ; et cette proposition-ci sera, à son tour, prouvée de la même façon. Mais puisqu'on suppose que la série descendante est, elle aussi, limitée, il est clair

---

tient par un prosyllogisme en *Camestres* :
  Tout B est Δ ;
  Nul Γ n'est Δ ;
  Nul Γ n'est B.
La mineure médiate de ce prosyllogisme sera obtenue à son tour par un syllogisme en *Camestres* :
  Tout Δ est E ;
  Nul Γ n'est E ;
  Nul Γ n'est Δ.
Et ainsi de suite.
Et comme la mineure négative entraîne toujours une majeure affirmative, et que les affirmatives sont limitées, les négations

sont limitées aussi. On aboutira nécessairement à une prémisse négative immédiate.
[1] Le moyen, dans chaque prosyllogisme, est affirmé d'un sujet de plus en plus universel, par rapport au sujet du syllogisme primitif.
[2] Cf. *Anal. prior.*, I, 6. — Troisième figure (*Bocardo*) :
  Quelque B n'est pas Γ ;
    Tout B est A ;
    Quelque A n'est pas Γ.
[3] La négative *BΓ*, qui sera prouvée soit par *Celarent* ou *Camestres* (διὰ τῶν ἄνω εἰρημένων, l. 24, et ἐκείνως, l. 25), soit par

qu'il y aura également une limite pour l'attribution négative de Γ.

On voit aussi que, même si la preuve s'effectue, non pas par un seul procédé, mais par tous[1], en empruntant tantôt la première figure, tantôt la seconde ou la troisième, même ainsi la série sera limitée ; car les procédés sont finis en nombre, et des choses finies multipliées par un nombre fini donnent nécessairement un produit fini. 30

Ainsi, il est clair qu'il y a une limite pour la négation s'il y en a une pour l'affirmation. Qu'il en soit ainsi dans ce dernier cas[2], on peut le montrer par les considérations dialectiques[3] qui suivent. 35

Bocardo, (ὁμοίως l. 24) :
    Quelque E n'est pas Γ ;
    Tout E est B ;
    Quelque B n'est pas Γ.
La majeure de ce prosyllogisme sera, à son tour, prouvée par *Bocardo.* La suite du raisonnement est la même que pour les autres figures.

[1] Par les trois figures, et non par une seule. — Cf. Waitz, II, 353, qui résume ainsi ce passage : *Quum et figurarum et terminorum, qui in quaque medii interponi possint, finitus sit numerus, finitus autem in finitum multiplicatus finitum numerum efficiat,* *propositionum quibus demonstratio utitur finitus semper erit numerus.*

[2] *In affirmativis* (Pacius, I, 446).

[3] Sur l'expression λογικῶς, cf. Waitz, II, 353-354. Ar., oppose λογικῶς à ἀναλυτικῶς ou à φυσικῶς. Raisonner λογικῶς, c'est s'appuyer sur des considérations dialectiques et abstraites. Cette expression est souvent prise en un sens péjoratif (Cf. Robin, *La théorie platon. des Idées,* p. 26, note 22, et *passim* ; Mansion, *Intr. à la Phys. arist.,* p. 117).

22.

<*Dans les démonstrations affirmatives, le nombre
des termes est fini.*>

Dans le cas des prédicats essentiels[1], il est évident
que ces prédicats sont limités en nombre. Si, en effet,
la définition est possible, autrement dit si la quiddité
est connaissable, et si, d'autre part, une série infinie
ne peut être parcourue, il faut nécessairement que
les prédicats essentiels soient finis. — Mais, en ce
83 a qui concerne les prédicats en général[2], voici ce que
nous avons à dire. Il est possible d'énoncer avec vé-

---

[1] Pour une vue d'ensemble de
ce difficile chapitre, on peut
consulter Themistius, 34, 17, à
36, 4. — Ar. commence par démontrer que les attributs essentiels doivent être en nombre limité, car ils sont les éléments
constitutifs de la notion (ou définition) de la chose. C'est une
condition de la connaissance de
la quiddité, exprimée dans la
définition.
Sur τὸ τί ἐστι et τὸ τί ἦν
εἶναι, cf. *supra,* 4, 73 a 34,
note (Voir aussi Bonitz, *Ind.
arist.,* 764 a 50 et ss).
[2] Ar. passe aux prédicats accidentels, qui ne peuvent non plus
être infinis en nombre. — Première remarque préliminaire (l.
83 a1-23). Il faut distinguer entre les prédicats accidentels κατὰ
φύσιν (Philop., 235, 17) et

παρὰ φύσιν (*ibid.,* 235, 23). Les
prédicats   sont   κατὰ   φύσιν,
quand l'accident est affirmé du
sujet (*le bois est grand, l'homme
marche*) ; ils sont παρὰ φύσιν,
quand l'accident est affirmé de
l'accident (*le blanc marche*), ou
le sujet de l'accident (*cette grande
chose est du bois*). Les premiers
seuls doivent être pris en considération. Il y a, en somme, entre
les concepts un ordre naturel
qu'on ne peut intervertir. — Sur
cette distinction, cf. *Categ.,* 5,
2 a 20 ; *Analyt. pr.,* I, 27, 43 a
25-26 ; et *supra,* 4, 73 a 33 et ss.
avec les notes ; *Metaph., Γ,* 4,
1007 a 31. Voir aussi les développements de Sᵗ Thomas, 187.
L. 83 a 1, καθόλου = κοινῶς
περὶ πασῆς κατηγορίας (Philop., 236, 14).

rité *le blanc marche* et *cette grande chose est du bois,*
ou encore *le bois est grand* et *l'homme marche.* Mais
il y a une différence entre le premier énoncé et le
second[1]. Quand je dis *le blanc est du bois,* j'entends 5
alors qu'il arrive accidentellement à ce qui est blanc
d'être du bois, mais non pas que le blanc est le substrat du bois : car ce n'est pas en étant l'essence du
blanc ou d'une espèce de blanc[2] que la chose est
devenue du bois, de sorte que le blanc n'est bois
que par accident. Au contraire, quand je dis *le bois
est blanc,* ce n'est pas que quelque chose d'autre, à
quoi il arrive accidentellement d'être du bois, soit 10
blanc (comme lorsque je dis *le musicien est blanc* :
je veux dire alors que l'homme, auquel il arrive accidentellement d'être musicien, est blanc), mais bien
que le bois est le substrat qui, dans son essence, est
devenu blanc, n'étant pas autre chose que l'essence
même du bois ou d'une sorte de bois.

Si donc nous devons établir une règle[3], appelons
le dernier énoncé *prédication*[4] ; quant au premier[5], ou 15
bien disons que ce n'est aucunement une prédica-
tion, ou tout au moins que ce n'est pas une prédication

---

[1] Les deux premières propo-
sitions sont $\pi\alpha\varrho\grave{\alpha}\ \varphi\acute{v}\sigma\iota\nu$, et les
deux dernières $\varkappa\alpha\tau\grave{\alpha}\ \varphi\acute{v}\sigma\iota\nu$ (Philop., 236, 24).

[2] Comme l'homme est essentiellement animal ou une espèce
du genre animal. — Sur le terme
$\H{o}\pi\varepsilon\varrho$, cf. *Anal. pr.,* I, 38, 49 *a*
18 et note, p. 178 de notre tra-
duction.

[3] L. 14, il faut lire $\nu o\mu o\theta\varepsilon\tau\tilde{\eta}$-
$\sigma\alpha\iota$ et non $\acute{o}\nu o\mu\alpha\tau o\theta\varepsilon\tau\tilde{\eta}\sigma\alpha\iota$, qui
semble autorisé cependant par
l'interprétation de Philop., 238,
4-7.

[4] Savoir, *le bois est blanc,* énon-
cé qui est $\varkappa\alpha\tau\grave{\alpha}\ \varphi\acute{v}\sigma\iota\nu$.

[5] *Le blanc est bois.*

au sens propre, mais seulement une prédication par accident. Admettons donc que l'attribut soit comme le *blanc*, et le sujet comme le *bois*.

Posons alors que le prédicat est attribué au sujet toujours au sens propre, et non par accident, car c'est par une attribution de ce genre que les démonstrations démontrent[1]. Il s'ensuit que la prédication porte soit sur l'essence, soit sur la qualité, la quantité, la relation, l'action, la passion, le lieu ou le temps, lorsqu'un seul prédicat est attribué à un seul sujet.

En outre[2], les prédicats qui signifient la substance signifient que le sujet auquel ils sont attribués n'est rien d'autre que le prédicat même ou l'une de ses espèces. Ceux, au contraire, qui ne signifient pas la substance, mais qui sont affirmés d'un sujet différent d'eux-mêmes, lequel n'est ni cet attribut lui-même, ni une espèce même de cet attribut, sont des accidents : par exemple, le blanc est un accident de l'homme, car l'homme n'est ni l'essence du blanc, ni l'essence de quelque blanc, tandis qu'on peut dire qu'il est animal, puisque l'homme est essentiellement une espèce d'animal[3]. Ces prédicats qui ne signifient pas

---

[1] Les attributs accidentels sont étrangers à la démonstration. Par suite, pourvu qu'un seul attribut soit affirmé d'un seul sujet (sur les raisons de cette exigence cf. St-Thomas, 188), tous les prédicats premiers tombent sous la catégorie de la substance, ou sous l'une des catégories secondaires. — Sur le nombre des caté-gories, cf. *Categ.*, 4, p.53 de notre trad., et les notes.

[2] Seconde considération préliminaire (l. 24-35). Distinction entre les prédicats substantiels, et les prédicats qui, tout en étant essentiels, ne tombent pas sous la catégorie de la substance.

[3] L. 30, nous lisons ζῷόν τι.

la substance doivent être attribués à quelque sujet, et il n'y a aucun blanc qui soit blanc sans être aussi autre chose que blanc. Aussi convient-il de rejeter les Idées[1] : ce ne sont que de vains fredons, et en supposant qu'elles existent réellement, elles n'ont rien à voir avec la présente discussion, puisque les démonstrations portent sur les prédicats tels que nous les avons définis.

35

De plus, une chose ne peut pas être une qualité d'une autre, et celle-ci une qualité de la première ; en d'autres termes, une chose ne peut être une qualité de sa qualité, étant impossible qu'elles soient affirmées réciproquement l'une de l'autre de la façon que nous avons indiquée. Elles peuvent bien être affirmées sans fausseté l'une de l'autre, mais ne peuvent être affirmées au sens véritable l'une de l'autre[2]. Ou bien, en effet, il s'agira d'une attribution

---

[1] La substance n'est pas une simple réunion d'attributs ; elle existe par elle-même, et tout terme qui ne signifie pas la substance doit se rapporter à une substance. Il en résulte que toute *participation*, au sens platonicien, se trouve exclue : en supposant que les Idées existent, leur caractère de substances séparées empêche toute démonstration, car la démonstration a nécessairement pour objet l'unité d'une multiplicité (cf. *supra*, 11, 77 *a* 6-8 ; *Metaph.*, Z, 13, 1038 *b* 23-29, p. 293 de notre trad.)

[2] Troisième remarque. Si *A* est une qualité de *B* (le *camus* et le *blanc*, par exemple, cf. PHILOP., 245, 9 et ss), *B* ne peut être une qualité de *A*, tout au moins au sens propre (οὕτως, l. 38, et ἀληθῶς, l. 39) : autrement, il y aurait qualité de qualité, ce qui est absurde. Il peut y avoir seulement attribution réciproque accidentelle. On ne peut donc pas concevoir une série infinie de termes, même en supposant que les termes dont sont formées les propositions sont susceptibles d'être affirmés réciproquement l'un de l'autre de façon à former un cercle qu'on pourrait parcourir indéfiniment (Cf. 19, 82 *a* 15 et ss.)

83 *b* réciproque essentielle ¹, le genre ou la différence, par exemple, étant affirmé du prédicat ². Or il a été démontré ³ que ces attributions ne sont infinies ni dans la série descendante, ni dans la série ascendante : ni, par exemple, la série *l'homme est bipède, le bipède animal, l'animal* autre chose..., ni la série attribuant *animal* à *homme, homme* à *Callias, Callias* à un au-

5 tre sujet comme un élément de son essence. C'est qu'en effet toute substance de cette nature est définissable et qu'une série infinie ne peut-être parcourue par la pensée. Il en résulte que ni la série ascendante, ni la série descendante ne sont infinies, puisqu'on ne peut définir une substance dont les prédicats seraient en nombre infini. Par suite, ils ne seront pas affirmés réciproquement comme genres l'un de l'au-

10 tre, car ce serait identifier le genre avec l'une de ses propres espèces. — La qualité ne peut pas non plus ⁴ être affirmée réciproquement d'une qualité (et il en

---

¹ Alternative. Ou bien la prédication réciproque des qualités est *ἁπλῶς* (= *ὡς οὐσία*, l. 39), ou bien (l. 10) elle est *κατὰ συμβεβηκός*. Dans les deux cas, la réciprocation n'est pas possible, et, par suite, il n'y a pas de série infinie de termes.

² *B* devient le genre ou la différence de *A* ; le prédicat devient sujet, ce qui est absurde, car le sujet qui fait partie d'un genre ne saurait être le genre du genre dont il fait partie.

³ Cf. début du présent chapitre. — Dans les attributions essentielles, ni la série ascendante

des prédicats, ni la série descendante des sujets n'est infinie, car les propriétés essentielles composent la définition de la chose, définition qui n'est possible que si ses éléments constitutifs sont en nombre limité.

⁴ Second membre de l'alternative. Pas plus que *ὡς οὐσία*, l'attribution réciproque ne peut être *ὡς ποιὸν ἢ ἄλλως ὁπωσοῦν*, car ces prédicats ne seraient pas alors *κατὰ φύσιν* : ils ne peuvent être, en fait, que des accidents des substances. —Après *οὐδὲ μήν*, l. 10, il faut sous-entendre *ἀντικατηγορηθήσεται*.

est de même pour les autres catégories) autrement
que par accident, car tous ces prédicats ne sont que
des accidents et sont attribués à des substances [1]. —
D'un autre côté, il n'y aura pas non plus de série
ascendante infinie, car ce qui est affirmé de chaque
chose exprime que le sujet est de telle qualité, ou
de telle quantité, ou tombe sous l'une des catégories
de ce genre [2], ou alors il exprime les éléments de la
substance : or ces derniers attributs sont limités en 15
nombre, et les genres des catégories sont aussi en
nombre limité puisqu'ils sont ou qualité, ou quantité,
ou relation, ou agent, ou patient, ou lieu, ou temps [3].
Posons d'abord qu'un seul prédicat est affirmé
d'un seul sujet, et, en outre, que les prédicats qui
n'expriment pas la substance ne peuvent être attribués
les uns aux autres [4]. Ce sont, en effet, tous des accidents [5], et bien que certains soient des prédicats par 20
soi et d'autres d'un type différent [6], nous disons ce-

---

[1] La quantité, la qualité...
ayant pour siège une substance
individuelle, sont limités par la
substance, et par suite ne peuvent composer une série infinie.

[2] En un mot, l'une des catégories autres que la substance (le
temps ou le lieu, par exemple).

[3] La série ascendante des prédicats est limitée en nombre,
car tous les prédicats tombent
sous l'une ou l'autre des catégories. Or, dans chaque catégorie, la série des prédicats est finie (car, semble-t-il, un attribut
est définissable, aussi bien qu'une

substance, par le genre et la différence, et les éléments de cette
définition sont, comme pour la
substance, limités), et, d'autre
part, le nombre des catégories
est lui-même fini.

[4] Deux prémisses, dont la
conclusion sera tirée l. 24.

[5] Il n'y a pas de qualité de
qualité (Cf. PHILOP., 252, 2).

[6] La couleur, par exemple, appartient au blanc *per se*, et à
Socrate d'une autre façon, c'est-
à-d. *per accidens* (PHILOP., 252,
10).

pendant que tous ces prédicats sont également affirmés de quelque substrat, et qu'un accident n'est jamais un substrat : en effet, nous ne posons nullement parmi les déterminations de ce genre une chose
qui, n'étant pas une autre chose qu'elle-même, est
dite ce qu'elle est dite ; mais nous disons qu'elle est
affirmée d'un sujet autre qu'elle-même, et que ces
attributs peuvent être différents avec les différents
sujets. Par conséquent, ni la série ascendante, ni la
25 série descendante des attributions, quand un seul
prédicat est affirmé d'un seul sujet, ne pourra être
dite infinie [1]. En effet, les sujets dont les accidents
sont affirmés sont aussi nombreux que les éléments
constitutifs de chaque substance individuelle, et ceux-
ci ne sont pas en nombre infini [2]. Quant à la série
ascendante, elle comprend tant ces éléments constitutifs que les accidents, qui, ni les uns ni les autres,
ne sont infinis [3]. Nous concluons qu'il est nécessaire
qu'il y ait quelque sujet dont quelque attribut premier soit affirmé, qu'il y en ait un autre affirmé du
30 premier, et que la série s'arrête à un attribut qui ne
soit plus affirmé d'un autre terme antérieur, et dont
aucun autre terme antérieur ne soit affirmé [4].

---

[1] L. 25, après ὑπάρχειν, il
faut sous-entendre εἰς ἄπειρον.
[2] Les sujets sont en nombre
égal à celui des éléments constitutifs de chaque substance. Or
ceux-ci ne sont pas, nous l'avons
vu, infinis en nombre. La série
descendante des sujets est donc

finie (cf. PHILOP., 253, 10).
[3] La série ascendante des attributs est finie, puisque ni les
prédicats essentiels, ni les prédicats accidentels ne sont infinis
(PHILOP., 253, 20).
[4] Il faut comprendre de la
façon suivante cette phrase dif-

Voilà donc une première façon de démontrer ce que nous avons dit [1]. Il y en a encore une autre [2], puisque la démonstration porte sur des choses auxquelles des prédicats antérieurs sont attribués [3], et puisque, à l'égard des propositions dont il y a démonstration, il ne peut pas y avoir de meilleure situation que celle de les savoir [4] ; qu'en outre, il est 35 impossible de les savoir sans démonstration ; puisque, d'autre part, la conclusion est seulement connue par les prémisses, si nous ne savons pas celles-ci ou si nous ne sommes pas, vis-à-vis d'elles, dans une meilleure situation que si nous les savions par démonstration, nous ne connaîtrons pas davantage les conclusions qui en découlent. Si donc nous admettons qu'il

ficile, qui est un résumé de ce qui précède. « Nous concluons, d'une façon générale, qu'il est nécessaire qu'il y ait un sujet donné (Δ), dont quelque attribut (Γ) est affirmé immédiatement ; qu'il doit y avoir un autre attribut (B), immédiatement affirmé de Γ, et que la série prenne fin avec un attribut premier (A), qui ne soit plus affirmé d'un autre terme antérieur à B (de telle sorte que les moyens entre A et Δ sont limités : ce sont B et Γ seulement), et dont aucun terme intermédiaire ne soit affirmé (de telle sorte qu'il n'y a aucun terme avant A). » La conclusion sera, en un mot, celle qu'indique PHILOPON, 254, 6 : les extrêmes et les moyens sont limités.

[1] Savoir, l'énonciation de la l. 29.

[2] Seconde preuve dialectique tirée de la nature de la démonstration, qui constitue le seul moyen de connaître les choses démontrables, et qui, pour être possible, exige un nombre limité de moyens termes et de propositions.

[3] On ne peut, en effet, démontrer de *Callias* qu'il est *bipède* que parce qu'on peut affirmer *homme* de *Callias* : le moyen est toujours antérieur au mineur, et le majeur au moyen.

[4] Les principes, qui ne rentrent pas dans les choses démontrables, sont connus immédiatement, par une intuition du νοῦς, et la connaissance qui en résulte est d'une nature supérieure à celle de la démonstration. Or, nous n'avons pas, pour les propositions démontrables, l'intuition d'un rapport immédiat entre le sujet et le prédicat (cf. *supra*, 2, 72 *a* 34).

est possible, par la démonstration, de connaître quelque chose d'une façon absolue, et non pas en s'appuyant sur des postulats ou des hypothèses [1], il est nécessaire que les attributions intermédiaires [2] soient limitées.

84 a Car si elles ne sont pas limitées, mais s'il y a toujours au contraire un terme supérieur au dernier terme considéré, toute proposition sera démontrable. Il en résulte que, puisqu'on ne peut pas parcourir l'infini [3], nous ne saurons pas par démonstration les choses dont il y a démonstration. Si donc nous ne sommes pas, à leur égard, dans une meilleure situation que si nous les connaissions, on ne pourra avoir au-

5 cune science par démonstration d'une manière absolue, mais seulement par hypothèse [4].

Au point de vue dialectique, les preuves que nous venons d'apporter suffisent à entraîner la conviction au sujet de ce que nous avons dit. Mais une preuve

---

[1] Cf. Waitz, II, 358 : *Vs 38, ὑπόθεσις idem fere est quod significatur verbis ἐκ τινῶν, quae praecesserunt.*

[2] Entre les principes et la conclusion.

[3] Sous-entendre : « Il n'y aura pas de principe premier, et nous ne saurons pas.... »

[4] Waitz, II, 358, résume ainsi la démonstration d'Ar. depuis l. 38 : *Jam si vera scientia demonstratione comparari potest, quae necessario vera sit, ut non pendeat ex aliis conditionibus quibuscunque, quae et esse possint et non-esse, terminorum mediorum, quibus demonstratio utitur, numerus*

non erit infinitus : nam si esset, et omnia demonstrari possent, et, quia infinitam demonstrationem perficere non liceret, quaedam demonstrari non possent, ut demonstratio non efficeret veram scientiam, sed hypotheticam, h. e. non cogeretur quod demonstratur ex propositionibus certis, sed ex propositionibus quae, quamquam ipsae demonstrari deberent, tamen pro certis sumtae essent. En somme, chaque prédicat est démontrable et connu seulement comme un conséquent, et par suite ἐξ ὑποθέσεως, s'il n'y a pas d'antécédent connu *per se* que l'on puisse atteindre.

analytique [1] montrera plus brièvement encore que 'ni la série ascendante ni la série descendante des prédicats ne saurait être infinie en nombre, dans les sciences démonstratives qui sont l'objet de notre enquête. 10 En effet, la démonstration porte sur ce qui appartient par soi aux choses. Or les attributs sont *par soi* de deux façons [2] : soit parce qu'ils sont contenus dans l'essence de leurs sujets, soit encore parce que leurs sujets sont contenus dans leur propre essence. Tel est, par exemple, dans ce dernier cas, l'impair, attribut du nombre : bien qu'il appartienne au nombre, cependant le nombre lui-même est contenu dans la 15 définition de l'impair. Comme exemple du premier cas, nous avons la pluralité ou l'indivisible [3], qui est contenu dans la définition du nombre. Or il est impossible que l'une ou l'autre de ces séries d'attributions par soi soit infinie. Ce n'est pas possible, d'abord dans le cas où l'impair s'affirme du nombre : car alors il y aura dans l'impair quelque autre attribut qui en fera partie, et auquel l'impair appartiendra. Mais s'il en est ainsi, le nombre sera le sujet premier 20 de ces attributs, à chacun desquels il appartiendra. Puis donc qu'il n'est pas possible qu'une infinité

---

[1] Sur l'opposition λογικῶς-ἀναλυτικῶς, cf. *supra*, 21, 82 *b* 35, note : est ἀναλυτικῶς, selon la définition de WAITZ, II, 353, *accurata demonstratio, quae veris ipsius rei principiis nititur, ei quae probabili quadam ratiocinatione contenta est*.

[2] Sur les différentes sortes d'at-

tributs *per se*, cf. *supra*, 4, 73 *a* 34, et les notes.

[3] Nous adoptons, avec G. R. G. MURE, la leçon de certains mss, ἀδιαίρετον. Cf., en effet, *Metaph*., M, 9, 1085 *b* 22, où le nombre est défini πλῆθος ἀδιαιρέτων.

d'attributs de ce genre soit contenue dans une chose une, la série ascendante ne sera pas non plus infinie [1]. Mais il est nécessaire de toute façon que tous ces attributs appartiennent au sujet premier (par exemple, au nombre, et le nombre à eux), de telle sorte qu'il y ait convertibilité et non pas extension plus grande [2]. Pas davantage ne sont infinis en nombre les attributs qui sont contenus dans l'essence de leurs sujets [3], sinon la définition serait impossible. Par conséquent, si tous les prédicats affirmés sont par soi, et si ces prédicats ne sont pas infinis, la série ascendante sera limitée, et, par suite, la série descendante aussi.

S'il en est ainsi, il s'ensuit que les intermédiaires entre deux termes sont aussi toujours limités en nombre [4]. Dans ce cas, il est dès lors évident que pour les démonstrations il doit y avoir nécessairement des principes, et aussi que toutes les vérités ne sont pas susceptibles de démonstration, comme le croient certains dont nous avons parlé au début [5].

---

[1] Ar. veut démontrer que la série ascendante des prédicats essentiels pris au second sens est finie. Si on admettait, en effet, une série infinie de prédicats, un terme donné, le nombre par exemple, contiendrait dans sa définition des attributs en nombre infini. Or un sujet un et fini ne peut comprendre qu'un nombre limité d'attributs.

[2] La définition n'est possible que si le prédicat essentiel du second sens (et même du pre-

mier) a la même extension que son sujet (cf. Philop., 262, 4).

[3] Cas des attributs essentiels du premier sens.

[4] Les intermédiaires entre un sujet donné et un attribut donné doivent aussi être en nombre limité.

[5] 3, 73 b 6. Deux corollaires : 1° Les démonstrations impliquent des principes, et 2° Toute vérité n'est pas démontrable. Sinon, en effet, puisque les conclusions se démontrent par l'inter-

Car s'il y a des principes, d'une part toutes les vérités ne sont pas démontrables, et, d'autre part, on ne peut pas marcher à l'infini. Admettre, en effet, l'un ou l'autre, reviendrait à soutenir qu'aucun intervalle n'est immédiat et indivisible, mais que tous sont **35** divisibles, attendu que c'est par l'interposition et non par l'apposition d'un nouveau terme qu'on démontre la conclusion. Par conséquent, si une telle interposition pouvait se poursuivre à l'infini, il pourrait y avoir entre deux termes un nombre infini de moyens. Mais c'est là une impossibilité, s'il y a une limite pour la série des attributions tant ascendante que descendante. Or qu'il y ait une limite, nous **84 b** l'avons démontré, dialectiquement d'abord, et analytiquement à l'instant même [1].

23.

< Corollaires.>

Ceci démontré, il est clair que si le même prédicat, *A*,

---

position d'un moyen, et non par l'apposition d'un extrême (Cf., sur ce point, *supra*, 12, 78 *a* 15, et note : pour démontrer *AB*, il faut affirmer *A* de *Γ* et *Γ* de *B*, et non *A* de *B* et *B* de *Γ*), aucune prémisse ne serait une proposition immédiate et indivisible. — Sur le sens de l'expression διάστημα ... ἀδιαίρετον, cf. Pacius, I, 451 : *Individua propositio dicitur, quae caret medio.*

[1] La preuve analytique ne diffère des preuves dialectiques qui précèdent, qu'en ce que ces dernières s'appliquent indistinctement à tout syllogisme et non pas seulement au syllogisme démonstratif. Mais l'argumentation de ce difficile chapitre tourne toujours autour de la même idée, savoir que la prédication est une synthèse d'éléments déterminés, un tout concret qui ne peut être infini.

appartient à deux termes, Γ et Δ, qui ne sont eux-
mêmes attribués l'un à l'autre d'aucune façon, ou
5 qui ne le sont pas universellement, ce prédicat ne
leur appartiendra pas toujours selon un moyen terme commun [1]. Par exemple [2], l'isocèle et le scalène
possèdent la propriété d'avoir leurs angles égaux à
deux droits selon un moyen terme commun : c'est
en tant qu'ils sont l'un et l'autre une certaine figure
que cet attribut leur appartient, et non pas en tant
qu'ils diffèrent l'un de l'autre. Mais il n'en est pas
toujours ainsi. Admettons, en effet, que B soit le
10 terme selon lequel A appartient à Γ et à Δ : il est
évident que B appartiendra à Γ et à Δ selon un autre terme commun, ce dernier selon un autre terme
encore, de sorte qu'entre deux termes viendra s'intercaler une infinité d'intermédiaires. Or c'est là une
chose impossible. Ainsi il n'est pas toujours nécessaire
que l'attribution d'un même prédicat à plusieurs
sujets se fasse selon un terme commun, puisqu'il

---

[1] Si A est affirmé de Γ et de Δ,
alors que Γ est nié de tout Δ
ou de quelque Δ (Ex. de St
Thomas, 197 : *animal* est affirmé d'*homme* et de *boeuf*, lesquels ne sont d'aucune façon
affirmés l'un de l'autre ; *animal*
est affirmé d'*homme* et de *mâle*,
et *homme* est affirmé de quelque
mâle), il ne s'ensuit pas nécessairement qu'il y ait un moyen
terme commun, par lequel A est
affirmé de Γ et de Δ. Ce moyen
terme, en effet, serait B, de
sorte qu'on aurait les syllogismes en *Barbara* : BA, ΓB, donc
ΓA ; BA, ΔB, donc ΔA. Mais
B étant affirmé de Γ et de A,
il y aurait un autre moyen terme commun, et ainsi de suite
à l'infini, ce qui, nous le savons,
est impossible (voir *infra*, l. 9-
12).
[2] Exemple de moyen terme
commun à deux sujets : la propriété d'avoir la somme de ses
angles égale à deux angles
droits est affirmée de l'isocèle
et du scalène, par le moyen
terme *triangle* (l. 8, σχῆμα τι).

doit y avoir des intervalles immédiats [1]. Mais il est
nécessaire que les moyens termes rentrent dans le 15
même genre et soient tirés des mêmes prémisses indivisibles, si l'attribut commun fait partie des attributs esentiels [2], car nous avons dit qu'il n'était pas
possible de passer d'un genre à un autre dans les démonstrations.

Il est clair encore que, A étant à B, s'il y a un
moyen terme on pourra démontrer que A appartient 20
à B. En outre, les éléments de cette conclusion sont
les prémisses contenant le moyen en question [3], et
sont aussi nombreux que les moyens termes : c'est que
les propositions immédiates sont toutes des éléments, ou du moins celles qui sont universelles [4]. Par
contre, s'il n'y a pas de moyen terme il n'y a plus de
démonstration, mais on est là sur la voie des princi-

---

[1] La série étant finie, on doit atteindre des propositions immédiates.

[2] Si l'attribut commun à deux sujets est, comme l'exige toute démonstration, un de leurs attributs essentiels (le triangle, pour l'isocèle et le scalène), les moyens termes doivent appartenir au même genre et découler des mêmes prémisses immédiates (sur l'expression ἐκ τῶν αὐτῶν ἀτόμων, cf. WAITZ, II, 361-362, et aussi *supra*, 15, *initium*), car, nous le savons (*supra*, 7, 75 *b* 3 et ss), il est interdit de passer d'un genre à un autre.

[3] S'il y a un moyen terme, il

y a démonstration ; s'il n'y en a pas, nous sommes en présence de propositions indémontrables, qui sont les éléments et les principes de la démonstration. — Στοιχεῖον signifie l'*élément* immanent, par opposition à ἀρχή et à αἴτιον, *principe* extérieur à la chose. Dans les *Topiques*, IV, 1, 120 *b* 13, et *passim*, στοιχεῖον = τόπος. Cf. *Metaph.*, Δ, 3, 1014 *a* 26 ; Z, 17, 1041 *b* 31. Voir aussi BONITZ, *Ind. arist.*, 702 *a* 18 et ss.

[4] Les propositions singulières ne sont pas les principes de la démonstration, mais de l'induction (cf. PACIUS, I, 452).

pes [1]. — De même encore quand A n'appartient pas
25 à B [2] : s'il y a un moyen terme ou un terme antérieur
à B, auquel A n'appartient pas, la démonstration
est possible ; sinon, elle n'est pas possible, et on se
trouve en présence d'un principe. Il y a, en outre,
autant d'éléments que de moyens termes, puisque
ce sont les prémisses qui contiennent ces termes qui
sont les principes de la démonstration. Et de même
qu'il y a certains indémontrables affirmant que ceci
est cela, ou que ceci appartient à cela, ainsi il y en
a d'autres qui nient que ceci soit cela, ou que ceci
30 appartienne à cela [3] : de sorte que, parmi les principes, les uns affirment que telle chose est telle chose,
et les autres qu'elle n'est pas telle chose [4].

Quand nous avons à prouver une conclusion [5],
il faut prendre un prédicat premier de B, Γ par
exemple, et auquel A soit semblablement attribué.
En continuant toujours de cette façon, la proposition
ni l'attribut ne sont jamais pris en dehors de A dans
la preuve, mais continuellement le moyen se resserre

---

[1] *Perventum est ad prima prin-*
cipia indemonstrabilia (PACIUS,
I, 452).
[2] AR. étend aux propositions
négatives ce qu'il vient de dire.
Le syllogisme est le suivant (*Ce-*
larent) :
  Nul Γ (terme antérieur à B)
n'est A ;
  Tout B est Γ ;
  Nul B n'est A.
L. 26, nous mettons un point
après $\dot\alpha\varrho\chi\acute\eta$.
[3] Autrement dit, il y a des

prémisses immédiates aussi bien
négatives que positives.
[4] Cf. PHILOP., 267, 17 : $\tauο\tilde\upsilon$-
$\tau\grave\varepsilon\sigma\tau\iota\nu$ $α\acute\iota$ $\dot\alpha\varrho\chi α\grave\iota$ $\tau\tilde\omega\nu$ $\dot\alpha\piο$-
$\delta\varepsilon\acute\iota\xi\varepsilon\omega\nu$ $α\acute\iota$ $\mu\grave\varepsilon\nu$ $ε\grave\iota\sigma\iota$ $\varkappa\alpha\tau\alpha$-
$\varphi\alpha\tau\iota\varkappa α\grave\iota$, $α\acute\iota$ $\delta\grave\varepsilon$ $\dot\alpha\piο\varphi\alpha\tau\iota\varkappa α\acute\iota$.
[5] Par exemple B *est* A. On a
le syllogisme suivant :
  Γ *est* A ;
  B *est* Γ (mineure $\ddot\alpha\mu\varepsilon\sigmaο\varsigma$) ;
  B *est* A (et non pas Γ *est* B,
comme le dit WAITZ, II, 363,
par un *lapsus* évident).

jusqu'à ce que les propositions soient devenues indi- 35
visibles et se réduisent à l'unité ¹. Et il y a unité
quand la prémisse devient immédiate ², puisque la
prémisse immédiate seule est une prémisse *une*, au
sens absolu du mot. Et, de même que, dans les autres
domaines, le principe est une chose simple, mais non
pas le même dans tous les cas (pour le poids, c'est
la mine, pour l'accord musical le demi-ton, et ainsi
de suite) ³, ainsi, dans le syllogisme, l'unité est une
prémisse immédiate, et, dans la démonstration et la 85 *a*
science, l'intellect ⁴.— Ainsi donc, dans les syllogismes qui démontrent l'inhérence d'un attribut, le
moyen terme ne tombe jamais en dehors du majeur.

Dans les syllogismes négatifs de la première figure ⁵, le moyen ne tombe jamais en dehors du ma-

---

¹ Par exemple, pour prouver la majeure, nous avons le syllogisme :

Δ est A ;
Γ est Δ ;
Γ est A.

Et ainsi de suite. — Le nouveau moyen Δ, étant renfermé entre les deux extrêmes, n'est donc pas en dehors du majeur A, de sorte que l'intervalle A-B se resserre de plus en plus par l'introduction de nouveaux moyens termes, jusqu'à ce qu'on soit parvenu à un prédicat premier (Z, par exemple) de A : la proposition AZ, indémontrable et immédiate, n'admet plus alors aucun moyen, et elle est comme une unité indivisible (cf. PHILOP., 269, 8. et WAITZ, II, 363).

² L. 36, nous mettons une vir-

gule après $\gamma \acute{\epsilon} \nu \eta \tau \alpha \iota$.

³ L'unité de mesure est une chose concrète, différente par la matière dans chaque cas, mais avec une forme unique, l'Un (cf. *Metaph.*, I, 1, 1052 *b* 31 et ss ; N, 1, 1087 *b* 33). — L. 39, $\delta \acute{\iota} \epsilon \sigma \iota \varsigma$, le plus petit intervalle musical, est le demi-ton (et non le quart de ton).

⁴ L. 85 *a* 1, $\acute{\epsilon} \nu \delta$' $\acute{\alpha} \pi o \delta \epsilon \acute{\iota} \xi \epsilon \iota$ $\varkappa \alpha \grave{\iota} \acute{\epsilon} \pi \iota \sigma \tau \acute{\eta} \mu \eta$, c'est à-d. $\acute{\epsilon} \nu \delta \grave{\epsilon}$ $\tau \tilde{\eta} \acute{\alpha} \pi o \delta \epsilon \iota \varkappa \tau \iota \varkappa \tilde{\eta} \acute{\epsilon} \pi \iota \sigma \tau \acute{\eta} \mu \eta$. Le $\nu o \tilde{\upsilon} \varsigma$ opère un groupement immédiat d'une quiddité réalité, c'est-à-d. la quiddité d'une substance dont les éléments ne sont pas affirmés l'un de l'autre (Cf. *supra*, 11, 77 *a* 4, et *infra*, 33, 88 *b* 35-37).

⁵ $\acute{\epsilon} \nu \theta \alpha \mu \acute{\epsilon} \nu$, c'est-à-d. dans la première figure. — Le syllogis-

jeur dont l'attribution est en question : quand on
prouve, par exemple, que A n'est pas à B, par Γ ; car
5 si Γ appartient à tout B, A n'appartient à nul Γ.
Si on doit prouver qu'à son tour A n'appartient à
aucun Γ [1], il faut prendre un moyen entre A et Γ ; et
on continuera toujours de cette façon [2]. — Mais si
nous devons prouver que A n'appartient pas à E [3],
du fait que Γ appartient à tout A mais n'appartient
à nul E ou n'appartient pas à quelque E, le moyen ne
tombera jamais en dehors de E, et E est le sujet du-
10 quel il faut nier l'attribution de A. — Dans la troisième figure, le moyen ne s'avancera jamais en dehors du terme dont un autre doit être nié, ni en
dehors du terme qui doit être nié [4].

---

me est en *Celarent* :
  Nul Γ n'est A ;
  Tout B est Γ ;
  Nul B n'est A.
  L. 3, comme le remarque
WAITZ, II, 363, ὁ δεῖ ὑπάρχειν
(*id quod in conclusione praedica-
tur*) gagnerait a être remplacé
par ὁ δεῖ μὴ ὑπάρχει,, puis-
que la conclusion du syllogisme
est négative.
  [1] Preuve de la majeure par
Celarent :
  Nul A n'est A ;
  Tout Γ est A ;
  Nul Γ n'est A.
  [2] Savoir, en prenant toujours
un moyen qui ne soit pas en
dehors du majeur.
  [3] Seconde figure, en *Camestres*
ou *Baroco* :
  Tout A est Γ ;
  Nul E n'est Γ ;
  Nul E n'est A.

  Tout A est Γ ;
  Quelque E n'est pas Γ ;
  Quelque E n'est pas A.
  [4] Dans la troisième figure, le
moyen, étant nécessairement sujet de la majeure et de la mineure, ne peut jamais tomber ni en
dehors du sujet B (ἀφ οὗ), ni en
dehors de l'attribut A (ὁ δεῖ
στερῆσαι) de la conclusion. Soit
le syllogisme en *Bocardo* :
  Quelque Γ n'est pas A ;
  Tout Γ est B ;
  Quelque B n'est pas A.
  La majeure se démontre par
le prosyllogisme suivant :
  Quelque A n'est pas A ;
  Tout A est Γ ;
  Quelque Γ n'est pas A.
Et ainsi de suite. *Quare quan-
ticunque assumuntur, terminis A
et B ut certis finibus circumscrip-
ti erunt omnes* (WAITZ, II. 364).

24.

<Supériorité de la démonstration universelle>.

La démonstration étant, d'une part, soit universelle soit particulière, et, d'autre part, soit affirmative soit négative, la question se .pose de savoir quelle est la meilleure. La même question se présente au sujet de ce qu'on appelle la démonstration *directe*, et de la réduction à l'impossible. Pour commencer, examinons la démonstration universelle et la démonstration particulière[1]. Ce point une fois éclairci, nous parlerons de la démonstration dite directe et de-celle qui conduit à l'impossible.

On pourrait peut-être croire que la démonstration particulière est la meilleure, en raison des considérations suivantes :

La meilleure démonstration est celle qui nous fait plus connaître[2] (ce qui est la vertu propre de la démonstration)[3], et nous connaissons plus une chose quand nous la savons par elle-même que quand nous

---

[1] La distinction est celle du tout et de la partie, du genre et de l'espèce, et non pas celle de l'universel et du particulier proprement dits. La démonstration particulière est celle qui porte sur les ἄτομα. — Sur le sens spécial du terme καθόλου, cf. *supra*, 4, 73 *b* 26 et ss., et les notes.

Voir aussi Philop., 271, 13 et ss.
[2] Premier argument en faveur de la démonstration particulière. Ar. le réfutera plus loin.
[3] L'interprétation de Philop., 273, 31, est manifestement inexacte : il ne s'agit pas encore de connaissance δι' αὐτοῦ, mais de connaissance μᾶλλον.

la savons par autre chose : par exemple, nous connaissons mieux le musicien Coriscus, quand nous savons
25 que Coriscus est musicien que quand nous savons que
l'homme est musicien. Il en est de même dans les
autres cas. Or la démonstration universelle prouve
seulement qu'une chose autre que le sujet, et non
pas le sujet lui-même, a tel attribut : par exemple,
pour l'isocèle, elle prouve seulement que c'est le
triangle, et non pas l'isocèle, qui possède telle propriété [1]. La démonstration particulière, au contraire,
prouve que le sujet lui-même a tel attribut. Si donc
est meilleure la démonstration qu'un sujet, par soi,
possède un attribut, et si telle est la nature de la démonstration particulière plutôt que celle de la démonstration universelle, il s'ensuivrait que la dé-
30 monstration particulière est meilleure.

De plus [2], si l'universel n'est pas une chose qui
existe en dehors des cas particuliers, et si néanmoins
la démonstration conduit à l'opinion [3] qu'il existe
quelque chose qui fonde la démonstration et qu'une
certaine entité existe dans la réalité : celle, par exem-

---

[1] Le triangle isocèle a ses trois
angles égaux à deux droits, non
pas en tant qu'isocèle mais en
tant que triangle. — Les l. 26-
28 sont très concises. On doit,
les rétablir ainsi (WAITZ, II,
364) : ἡ δὲ καθόλου ἐπιδείκ-
νυσι. θάτερον θατέρῳ ὑπάρχειν
δι' ἄλλο οὖ δι' αὐτό, οἷον ὅτι
τὸ ἰσοσκελὲς δυσὶν ὀρθαῖς ἴσας
ἔχει τὰς γωνίας, οὐχ ὅτι ἰσο-
κελὲς ἀλλ' ὅτι τρίγωνον.

[2] Second argument qui pourrait faire croire à la supériorité de la démonstration particulière. Cf. Sᵗ THOMAS, 202,
où l'on trouvera un bon développement de cette preuve.

[3] Opinion fausse, puisque l'universel n'est rien en dehors des
cas particuliers.

ple, du triangle en dehors des triangles particuliers, de la figure en dehors des figures particulières, et du nombre en dehors des nombres particuliers ; si, d'au- 35 tre part, la démonstration de ce qui est est meilleure que celle de ce qui n'est pas [1], et celle qui ne nous trompe pas que celle qui nous trompe [2], et si la démonstration universelle est bien de cette dernière espèce (on procède, en effet, dans cette démonstration comme dans l'argument que la proportion est définie ce qui n'est ni ligne, ni nombre, ni solide, ni surface, mais une chose à part de tout cela) [3] ; si **85 b** donc cette démonstration est plus universelle, et si elle s'applique moins à ce qui est que la démonstration particulière, et produit une opinion fausse, il s'ensuivra que la démonstration universelle est inférieure à celle qui est particulière.

Mais d'abord [4], est-ce que le premier argument ne convient pas moins bien à la démonstration univer

---

[1] Or ce qui est, c'est le particulier, et ce qui n'est pas, l'universel.

[2] La démonstration qui porte *de non ente* est trompeuse.

[3] Cf. WAITZ, II, 364-365 : *Justos demonstrandi fines non servant, sed ultra eos progredi videntur qui universali demonstratione utuntur* (προϊόντες δεικνύουσιν) *item ii qui ratiocinantur ἐκ τοῦ ἀνάλογον : nam si quid probaverunt de linea, numero et corpore, idem valere dicunt de omnibus quae his sint similia, quamquam praeter lineam, numerum et corpus, quae in demonstratione no-* minaverunt, revera nihil exsistat, in quod haec demonstratio conveniat. — Sur la proportion, cf. *supra*, 5, 74 *a* 17 et ss., et notes.

[4] AR. répond aux arguments précédents et va montrer que la démonstration universelle est meilleure.

Le premier argument (l. 5, ἄτερος λόγος = ὁ πρότερος, PHILOP., 275, 20) est facile. La démonstration universelle donne, autant que la démonstration particulière, une connaissance μᾶλλον ; à ce titre, elle mérite, elle aussi, la première place.

5 selle qu'à la démonstration particulière? En effet,
si l'égalité à deux angles droits est une propriété
du sujet, non pas en tant qu'isocèle mais en tant
que triangle, celui qui sait que l'isocèle possède cet
attribut connaît moins le sujet par lui-même que
celui qui sait que le triangle possède le dit attribut[1].
En somme, si, le sujet ne possédant pas en fait un
attribut en tant que triangle, on prouve qu'il le
possède en tant que triangle, ce ne sera pas une démonstration ; si, au contraire, le sujet possède l'attribut en tant que triangle, c'est celui qui connaît
un sujet d'attribution en tant qu'il est ce qu'il est,
qui connaît le plus. Si donc le triangle est le terme le
10 plus étendu, s'il y a du triangle une seule et même
notion, autrement dit si le triangle n'est pas dit
seulement par homonymie, et si l'égalité à deux
droits appartient à tout triangle, ce n'est pas le
triangle en tant qu'isocèle, mais bien l'isocèle en
tant que triangle dont les angles sont ainsi[2]. Il en
résulte que celui qui connaît une attribution univer-

---

[1] La science a pour objet les attributs καθ' αὑτά, et, d'autre part, la propriété d'avoir la somme des angles égale à deux droits est une propriété essentielle du genre triangle et non de l'espèce isocèle. Il en résulte que la véritable connaissance est celle qui est la plus universelle (celle du genre), et non celle qui est plus particulière (celle de l'espèce).

[2] Cf. Waitz, II, 365 : *Si notio trianguli latius patet quam notio aequilaterali, eadem utique universali trianguli notione utentes, ut nihil ambigui in ea insit, triangulum non quatenus aequilaterum sit, sed aequilaterum quatenus sit triangulum, duos rectos habere recte demonstravimus.* — La notion de triangle est univoque (εἷς ὁρισμὸς καὶ μιὰ φύσις, dit Philop., 277, 11), *de re* et non seulement *de nomine*, parce qu'elle s'applique à toutes les espèces du triangle.

selle la connaît davantage par soi que celui qui connaît une attribution particulière. La démonstration
universelle est donc meilleure que la démonstration
particulière.

De plus [1], s'il y a une seule et même notion, et non 15
pas seulement une notion homonyme, de l'universel, l'universel existera, non pas moins que certaines
choses particulières, mais bien davantage, en tant
que les choses incorruptibles font partie des universaux et que les choses particulières sont plus corruptibles.

En outre, il n'y a aucune nécessité de supposer
que l'universel est une réalité séparée des choses particulières parce qu'il signifie une chose une, pas plus
qu'il n'est besoin de le supposer pour les autres cho- 20
ses qui ne signifient pas une substance, mais seulement une qualité, une relation ou une action. Si donc
l'on fait une telle supposition, ce n'est pas la démonstration qui en est cause, mais bien l'auditeur [2].

Autre argument. Si la démonstration est le syllogisme qui prouve la cause et le pourquoi, c'est l'universel qui est plus cause (ce à quoi, en effet, appartient par soi un attribut est soi-même la cause de 25
cette attribution ; or l'universel est sujet premier [3] :

---

[1] Réfutation du second argument. L'universel, s'il répond
vraiment à une notion une, est
plus réel que le particulier, puisqu'il est incorruptible (Cf. Philop., 277, 26)

[2] Qui comprend mal la démonstration (cf. St Thomas, 203).
[3] Et, par suite, essentiel (voir
supra, 4, 73 *b* 26 et ss). — Cf.
Trendel., *Elem.*, p. 136-137 :
Quod universale est, id primum

la cause, c'est donc l'universel). Par conséquent, la démonstration universelle est supérieure, puisqu'elle prouve mieux la cause et le pourquoi [1].

De plus, notre recherche du pourquoi s'arrête, et nous pensons alors connaître, quand le devenir ou l'existence d'une chose n'est pas dû au devenir ou à l'existence de quelque autre chose : la dernière éta-
30 pe d'une recherche ainsi conduite est dès lors la fin et la limite du problème. Par exemple : *En vue de quoi un tel est-il venu ? Pour recevoir l'argent ; et cela, afin de rendre ce qu'il devait ; et cette dernière chose, afin de ne pas commettre d'injustice.* Quand, en progressant ainsi, nous sommes parvenus à une chose qui n'est plus ni par une autre chose, ni pour une autre chose [2], nous disons que c'est pour cette raison, prise comme fin, qu'un tel est venu, ou que la chose est ou devient, et c'est alors seulement que nous disons avoir la connaissance la plus grande de la raison pour laquelle il est venu. — Si donc toutes
35 les causes et tous les pourquoi sont semblables à cet égard [3], et si, dans le cas des causes finales telles que

---

est et rerum naturam ita consti-tuit, ut ex ipso causae repetantur, ipsum autem aliunde non pendeat ideoque sui ipsius sit causa. Est enim universale, quod proprium est (οἰκεῖον), *nec tantummodo commune* (κοινόν), *ipsius rei quasi lex et ratio. Cujus generis est illud* καθόλου, et la suite.
     L. 25, τοῦτο αὐτὸ αὐτῷ αἴτιον (*ea ipsa in hoc sibi ipsi causa est*), intell. τοῦ ὑπάρχειν αὐτῷ τὰ καθ' αὐτὸ ὑπάρχοντα.

[1] Ajouter : et que la démons-tration qui montre la cause et le pourquoi est meilleure.
[2] Cette chose est donc δι' αὐτό, aucune autre cause efficiente ou finale ne pouvant être attein-te.
[3] Ce qui vient d'être dit de la cause finale, Ar. l'étend à toutes les autres, notamment à la cause efficiente, *quia omnium causarum eadem est ratio* (Pacius, I, 457).

nous les avons exposées c'est bien de cette façon que
nous connaissons le mieux, il s'ensuit que, dans le
cas des autres causes aussi, nous atteignons à la
connaissance la plus grande quand un attribut n'appartient plus à son sujet en vertu de quelque autre
chose. Ainsi, quand nous connaissons que les angles
externes sont égaux à quatre droits parce que le triangle auquel ils appartiennent est isocèle, il reste encore
à savoir pourquoi l'isocèle possède cette propriété :
c'est parce que c'est un triangle [1], et un triangle la **86** *a*
possède parce qu'il est une figure rectiligne. Et si la
figure rectiligne ne la possède plus pour aucune autre
raison que sa propre nature, c'est à ce moment-là
que nous avons la connaissance la plus grande. Mais
notre connaissance est devenue universelle à ce même moment. La démonstration universelle est donc
meilleure.

En outre, plus la démonstration devient particulière, plus elle tombe dans l'infini, tandis que la démonstration universelle tend vers le simple et la 5
limite. Or, en tant qu'infinies, les choses particulières
ne sont pas connaissables : c'est seulement en tant
que finies qu'elles le sont [2]. C'est donc plutôt en tant
qu'universelles qu'en tant que particulières que nous
les connaissons. Les universaux sont, par suite, plus

---

[1] Cf. WAITZ, II, 366.
[2] Il n'y a pas de science des choses singulières, *nisi quatenus certis quibusdam finibus, quos notiones universales constituunt, circumscribuntur et comprehenduntur* (WAITZ, 366).

démontrables ; et plus les choses sont démontrables, plus la démonstration s'y applique, puisque les
relatifs croissent simultanément [1]. Il en résulte que la
démonstration universelle, étant plus une démonstra-
10 tion, est meilleure.

De plus [2], on doit préférer la démonstration qui
nous fait connaître la chose et une autre chose encore,
à celle qui nous fait connaître la chose seulement.
Or, celui qui possède l'universel connaît aussi le particulier, tandis que celui qui connaît le particulier
ne connaît pas l'universel. Il en résulte que, pour
cette raison encore, la démonstration universelle est
préférable.

Voici enfin un dernier argument. On peut mieux
démontrer l'universel parce qu'on le démontre par un
15 moyen terme qui est plus rapproché du principe ;
et ce qu'il y a de plus rapproché, c'est la prémisse
immédiate, qui se confond avec le principe lui-même [3]. Si donc la démonstration qui part du principe
est plus rigoureuse que celle qui n'en part pas, la
démonstration qui se rattache plus étroitement au
principe est aussi plus rigoureuse que celle qui s'y

---

[1] L'ἀπόδειξις et l'ἀποδεικτικόν sont des corrélatifs, qui
admettent des degrés et qui va-
rient ἅμα (Cf. *Categ.*, 7, 6 *b* 20).
[2] L. 10, nous supprimons εἰ,
contrairement à WAITZ, II, 366.
[3] *Quum demonstratio incipere
debeat a propositione quae ipsa
demonstrari nequeat, id quod a*
*vero demonstrationis principio pro-
pius abest meliorem efficit demonstrationem quam quod longius abest : quare, quum principium ipsum maxime universale
esse debeat, demonstratio quae fit
ex propositionibus universalibus
praestabit ei quae fit ex parti-
cularibus* (WAITZ, II, 367).

rattache moins étroitement. Or la démonstration universelle étant précisément caractérisée par une plus étroite dépendance à son principe, la démonstration universelle sera la meilleure. Par exemple, s'il fallait démontrer A de $\varDelta$, avec B et $\varGamma$ comme moyens termes : B étant le terme supérieur, la démonstration qui s'effectue par lui sera plus universelle [1]. 20

Quelques-uns de ces arguments, cependant, ne sont que dialectiques [2]. La preuve la plus claire de la supériorité de la démonstration universelle, c'est que, si, de deux propositions, nous possédons celle qui est antérieure [3], nous connaissons aussi, d'une certaine façon, celle qui est postérieure : nous la connaissons en puissance. Si on sait, par exemple, que 25 tout triangle a ses angles égaux à deux droits, on sait d'une certaine façon, à savoir en puissance, que l'isocèle a aussi ses angles égaux à deux droits, même si on ne sait pas que l'isocèle est un triangle [4]. Par contre, quand on possède la proposition postérieure,

---

[1] Sur l'exemple, cf. St THOMAS, 206. — S'il faut démontrer A (substance, par exemple), terme le plus universel, de $\varDelta$ (homme), terme le plus particulier, avec, comme moyens, B (vivant) ou $\varGamma$ (animal) : B étant plus général que $\varGamma$, la démonstration qui se fera par B sera elle-même plus universelle que si elle se faisait par $\varGamma$.

[2] *Quia procedunt ex communibus principiis, quae non sunt demonstrationi propria* (St THOMAS, 206).

[3] C'est-à-d. la proposition la plus universelle, majeure du syllogisme affirmatif. La proposition postérieure (*haec enim ex illa sequitur*, TRENDEL., p. 63) est la proposition plus particulière contenue dans la plus universelle, c'est-à-dire la conclusion et la mineure. Dans l'exemple qui suit, nous avons A *triangle*, B *isocèle*, et $\varGamma$ *l'égalité à deux droits*.

[4] Cf. *supra*, 1, 71 a 24 et ss., et TRENDEL., p. 64.

on ne connaît nullement l'universelle, ni en puissance ni en acte.

Disons enfin que la démonstration universelle est entièrement intelligible [1], tandis que la démonstra-
30 tion particulière se termine dans la sensation.

25.

<Supériorité de la démonstration affirmative.>

Tels sont donc les arguments qui nous font préférer la démonstration universelle à la démonstration particulière. — Que maintenant la démonstration affirmative soit supérieure à la démonstration négative, voici comment on peut le faire voir.

Admettons [2] que, toutes choses égales d'ailleurs [3], la démonstration la meilleure soit celle qui dérive d'un plus petit nombre de postulats ou d'hypothèses [4], autrement dit de prémisses. En effet, les pro-
35 positions [5] étant également connues, c'est par les

---

[1] Cf. *infra*, II, 19, 100 *b* 12. L'universel est connu par une intuition de l'esprit, et aboutit à l'universel, connu seulement par l'esprit. Par contre, le particulier aboutit à la sensation, *quia concludit particulare, quod directe per sensum cognoscitur* (St Thomas, 206). L'intellect étant supérieur au sens, il en résulte que la démonstration universelle est supérieure à la démonstration particulière.

L. 30, il paraît difficile de traduire, avec Waitz, II, 367, τελευτᾷ par *originem habet*. Il vaudrait mieux dire *vergit* ou *desinit*.

[2] Premier argument.

[3] *Ceteris paribus*.

[4] Cf. *Anal. pr.*, I, 23, 40 *b* 25 ; II, 16, 64 *b* 28.

[5] Les propositions des deux sortes de démonstrations.

moins nombreuses qu'on acquerra plus rapidement
la connaissance, et c'est cela qui est préférable [1]. L'argument impliqué dans notre assertion sur la supériorité de la démonstration qui dérive d'un plus petit
nombre de propositions, peut être envisagé d'une
façon générale comme suit [2]. Si dans un cas comme
dans l'autre, les moyens sont connus, et si pourtant
ceux qui sont antérieurs sont plus connus, nous pouvons supposer une démonstration, par les moyens
$B\Gamma\varDelta$, que A appartient à E, et une autre, par ZH, **86 b**
que A appartient à E. Alors l'attribution de A à $\varDelta$
est connue au même degré que celle de A à E. Mais
l'attribution de A à $\varDelta$ est antérieure à celle de A à E,
et plus connue qu'elle, puisque la dernière est prou-
vée par la précédente, et que ce par quoi on démontre 5
est plus certain que ce qui est démontré.

Donc la démonstration qui s'effectue par un plus
petit nombre de prémisses est la meilleure, toutes
choses égales d'ailleurs. Maintenant, la démonstration affirmative et la démonstration négative se font
l'une et l'autre par trois termes et par deux prémis-

---

[1] Savoir, que *homo citius addis-
cat* (St THOMAS, 207).
[2] Nous lisons, l. 37, avec
WAITZ, II, 368, $\varkappa\alpha\theta\acute{o}\lambda o\upsilon$ $\tilde{\omega}\delta\varepsilon$,
et, l *b* 2, $\delta\acute{\eta}$ au lieu de $\delta\acute{\varepsilon}$. —
L'argument qui suit est, en ef-
fet, d'ordre général ; il sera ap-
pliqué aux démonstrations affirmative et négative, l *b* 7.
Le raisonnement des l. 35-*b* 5
est celui-ci.Que la démonstration

se fasse par un petit nombre de
propositions ou par un plus grand
nombre ($\acute{o}\mu o\acute{\iota}\omega\varsigma$, l. 38), nous
pouvons admettre que les moyens
sont connus et que les moyens
antérieurs sont plus connus que
les postérieurs. Ceci admis, la
conclusion AE peut être prouvée par deux raisonnements dont
le premier a trois moyens, et le
second deux :

ses, mais tandis que la première assume seulement que quelque chose est, la seconde assume à la fois que quelque chose est et que quelque chose n'est pas ; elle opère donc par un plus grand nombre de prémisses [1] ; par conséquent, elle est inférieure.

10   De plus, il a été démontré [2] que deux prémisses toutes deux négatives ne peuvent produire aucun syllogisme, mais qu'il faut que l'une soit négative et l'autre affirmative. Nous sommes ainsi amenés à ajouter la règle suivante : à mesure que la démonstration s'étend [3], les propositions affirmatives deviennent nécessairement plus nombreuses, tandis qu'il est impossible qu'il y ait plus d'une proposition négative dans chaque raisonnement [4]. Admettons, en effet,

---

(1) AB (2) AZ
     $B\Gamma$ ZH
     $A\Gamma$ AH

     $\Gamma\Delta$ HE
     $A\Delta$ AE.

     ΔE
     AE.

La seconde démonstration donne une conclusion plus certaine que la première. En effet, $A\Delta$ (1ᵉ dém.) a la même valeur (ὁμοίως, l. 2) que AE (2ᵉ dém.), puisque *utrobique inveniantur duo media* (Sᵗ Thomas, 208). Mais $A\Delta$ étant antérieur à AE (du 1ᵉ raisonnement) et plus connu que lui, il est aussi plus certain que lui, car la prémisse est plus certaine que la conclusion. Par conséquent, AE (2ᵉ dém.) ayant la valeur de $A\Delta$, est plus certain que AE (1ᵉ dém.). Cf. Waitz, II, 367.
¹ Par un plus grand nombre

specie non numero. Dans un cas comme dans l'autre, le nombre des prémisses est le même *secundum materiam* mais non *secundum qualitatem* : la démonstration négative procède, en effet, par deux espèces de prémisses (l'une affirmative, l'autre négative), tandis que la démonstration affirmative ne procède que par une seule espèce (prémisses négatives). — Une pareille démonstration est évidemment spécieuse.
² *Anal. pr.*, I, 7. — Second argument.
³ Par des prosyllogismes destinés à prouver les prémisses du syllogisme initial.
⁴ Textuellement « dans chaque syllogisme ». En fait, il s'agit du raisonnement complet, comprenant le syllogisme principal et les deux prosyllogismes.

que A n'appartienne à aucune des choses auxquelles est B, et que B appartienne à tout Γ [1]. S'il faut qu'à leur tour les deux prémisses soient développées, on doit intercaler un moyen : soit $\varDelta$, moyen de AB, et E, moyen de $B\Gamma$. Il est clair que E est posé affirmativement <par rapport à B et à Γ>, et $\varDelta$ affirmativement 20 par rapport à B, mais négativement par rapport à A : car $\varDelta$ appartient à tout B, tandis que A ne doit appartenir à aucun $\varDelta$. On obtient ainsi une seule prémisse négative, savoir $A\varDelta$. --- Même façon de procéder encore pour les autres syllogismes [2], parce que toujours, dans les termes d'un syllogisme affirmatif, le moyen est affirmatif par rapport aux deux extrêmes [3], tandis que, dans un syllogisme négatif, il faut nécessairement que le moyen soit négatif seulement 25 par rapport à l'un d'eux, de sorte qu'il n'y a que cette seule prémisse qui soit négative, et que les autres sont affirmatives [4]. — Si donc ce par quoi on démontre est plus connu et plus certain que ce qui est démontré, et si la proposition négative est prouvée par l'af-

---

[1] Le syllogisme principal est en *Celarent* :
Nul B n'est A ;
Tout Γ est B ;
Tout Γ est A.
Le prosyllogisme de la mineure (moyen *E*) sera :
Tout E est B ;
Tout Γ est E ;
Tout Γ est B (*Barbara*).
Le prosyllogisme de la majeure (moyen *Δ*) est :
Nul Δ n'est A (seule proposition négative supplémentaire) ;

Tout B est Δ ;
Nul B n'est A (*Celarent*).
On a donc bien trois propositions affirmatives contre une négative.
[2] Les syllogismes des autres figures.
[3] Puisque les deux prémisses sont affirmatives.
[4] Dans un système complet comprenant le syllogisme principal et les deux prosyllogismes, on aura trois affirmatives et une négative.

firmative, et non l'affirmative par la négative [1], la démonstration affirmative, étant antérieure, mieux connue et plus certaine, sera la meilleure.

30   En outre [2], si le principe du syllogisme est la prémisse universelle immédiate, et si la prémisse universelle est affirmative dans la démonstration affirmative, et négative dans la démonstration négative ; si, en outre, l'affirmative est antérieure à la négative et plus connue qu'elle (puisque la négation est connue par l'affirmation, et que l'affirmation

35   est antérieure, exactement comme l'être l'est au non-être) [3], il en résulte que le principe de la démonstration affirmative est supérieur à celui de la démonstration négative : or la démonstration qui emploie des principes supérieurs est elle-même supérieure.

Enfin [4], la nature de la démonstration affirmative se rapproche davantage de celle du principe, car sans démonstration affirmative il n'y a pas de démonstration négative.

---

[1] *Proposito negans ut demonstretur, indiget affirmante, affirmans negante non indiget* (WAITZ, II, 369).

[2] Troisième argument. — La majeure est le principe du syllogisme en ce qu'elle embrasse la mineure et la conclusion (cf. *supra*, 24, 86 *a* 24), que nous connaissons dès lors en puissance.

Sur la fin de ce § , cf. le commentaire de TRENDEL., *Elem.*, 129-130.

[3] Cf. PHILOP., 290, 16 : $\tau o \upsilon \tau$-$\acute{\epsilon} \sigma \tau \iota \ \tau \grave{\eta} \nu \ \acute{\epsilon} \xi \iota \nu \ \tau \tilde{\eta} \varsigma \ \sigma \tau \epsilon \rho \acute{\eta} \sigma \epsilon \omega \varsigma$.

[4] Quatrième argument.— THEMIST., 37, 1-2, résume bien ce dernier paragraphe : la démonstration affirmative n'a pas besoin de la démonstration négative, tandis que la démonstration négative ne peut conclure que par la démonstration affirmative ; et l'affirmation est antérieure à la négation. et plus simple qu'elle.

26.

<Supériorité de la démonstration directe sur la réduction à l'absurde>.

La démonstration affirmative étant supérieure à **87** *a* la démonstration négative est évidemment, par là même, supérieure aussi à la réduction à l'impossible [1].

Mais il faut d'abord bien connaître quelle est la différence entre la démonstration négative et la réduction à l'impossible. Supposons que *A* n'appartienne à nul *B*, et que *B* appartienne à tout *Γ* : il suit nécessairement que *A* n'appartient à nul *Γ*. Avec des prémisses de cette nature, la démonstration négative **5** que *A* n'appartient pas à *Γ* sera directe [2]. — Quant à la réduction à l'impossible, voici comment elle procède [3]. Admettons que nous ayons à prouver que *A*

---

[1] Car, comme nous le verrons, la démonstration négative est elle-même supérieure à la réduction à l'absurde.

[2] *Celarent* :
Nul B n'est A ;
Tout Γ est B ;
Nul Γ n'est A.

[3] Sur ce texte, cf. TRENDEL., *Elem.*, 130-133. Pour le mécanisme général de la réduction à l'absurde, cf. *Anal. pr.*, I, 5, 27 *a* 15, et note p. 22 et 23 de notre traduction.

Dans les lignes qui suivent, AR. va prouver par l'absurde la majeure du précédent syllogisme en *Celarent*. On aura :
Tout B est A ;
Tout Γ est B ;
Tout Γ est A.
Si cette dernière proposition est absurde par hypothèse, l'une des deux prémisses doit être fausse : ce ne peut être que la majeure *Tout B est A*, d'où il suit que *Nul B n'est A*.
L'interprétation de PHÍLOPON,

n'appartient pas à *B*. Nous devons poser qu'il lui
appartient, et en outre que *B* est à *Γ*, de sorte que le
résultat est que *A* appartient à *Γ*. Mais admettons
comme connu et accordé que c'est là une impossibili-
10 té. Nous en déduisons alors que *A* ne peut appartenir
à *B*. Si donc on accorde que *B* appartient à *Γ*, il
est impossible que *A* appartienne à *B*.

L'ordre des termes est le même dans les deux preuves. Elles diffèrent dans leur application, suivant que
c'est l'une ou l'autre proposition négative qui est la
plus connue, celle qui nie l'attribution de *A* à *B*, ou
celle qui nie l'attribution de *A* à *Γ* [1]. Quand c'est la
conclusion que *A* n'est pas à *Γ* qui est la plus connue,
15 c'est la démonstration par l'impossible qui joue ; quand,
au contraire, c'est la prémisse du syllogisme, on a
affaire à la démonstration directe. Mais, dans l'ordre
naturel, la proposition que *A* n'appartient pas à *B*
est antérieure à celle que *A* n'appartient pas à *Γ*,

290, 32 à 295, 25, n'est pas conforme au texte d'Ar., qui se
contente de donner, dans ce passage, une esquisse générale de la
réduction à l'absurde (cf. Waitz,
II, 369-370).
[1] On se sert des mêmes termes
dans les deux sortes de démonstration. Toute la différence consiste dans la proposition négative à prouver : la réduction à
l'absurde prouve *nul B n'est
A*, et la démonstration directe
nul Γ n'est A. Et comme ce
qui est pour nous moins évident doit se prouver par ce qui
l'est plus, si la conclusion *nul*

Γ n'est A est plus connue que
nul B n'est A, on emploiera la
réduction à l'absurde ; si, au contraire, la proposition *nul B n'est
A* est plus connue que *nul Γ
n'est A*, on emploiera la démonstration directe. La démonstration
directe est donc préférable, car,
puisque *nul Γ n'est A* est la
conclusion de *nul B n'est A* et
de *tout Γ est B*, la proposition
nul B n'est A (τὸ ἐξ οὗ τὸ
συμπέρασμα, 1. 20) doit être
plus évidente pour nous que la
conclusion *nul Γ n'est A* (Waitz,
II. 370).

parce que les prémisses d'où est tirée la conclusion sont antérieures à la conclusion même, et que *A n'appartient pas à Γ* est la conclusion, et *A n'appartient pas à B* une des prémisses d'où se tire la conclusion. 20 Car le résultat négatif auquel aboutit la réduction à l'impossible n'est pas une conclusion à proprement parler, ni ses antécédents, des prémisses. Bien au contraire : les éléments constitutifs du syllogisme sont des prémisses qui sont entre elles comme le tout à la partie, ou la partie au tout, tandis que les prémisses *A Γ* et *AB* ne sont pas dans un rapport de ce genre l'une à l'égard de l'autre[1].

Si donc la démonstration qui procède de prémisses 25 mieux connues et antérieures est supérieure, et, bien que les deux démonstrations[2] engendrent l'une et l'autre la conviction en partant de ce que quelque chose n'est pas[3], si cependant le point de départ de l'une[4] est antérieur à celui de l'autre[5], il en résulte que

---

[1] Waitz, II, 370, supprime avec raison les virgules, mises par Bekker, après οὔ et ἐστιν, l. 22. — Dans *Anal. pr.*, I, 4, 25 *b* 32-35, Ar. définit la première figure comme celle dans laquelle le moyen est contenu dans le majeur, pris comme un tout, et le mineur dans le moyen, pris comme un tout. Par suite, la majeure est à la mineure comme le tout à la partie. La première figure est parfaite en ce qu'elle exprime le mouvement naturel de l'esprit du mineur au majeur par le moyen. Dans la réduction à l'absurde, au contraire, le mouvement de l'esprit est renversé, et ses prétendues prémisses ne sont pas dans une relation mutuelle conforme à la nature.

[2] La démonstration directe et la réduction à l'absurde (Philop., 298, 28).

[3] C'est-à-dire διά τινος ἀποφάσεως ou διὰ τινος ἀναιρέσως. (Philop., 298, 29 et 299, 1).

[4] La démonstration directe.

[5] La réduction à l'absurde.

la démonstration négative [1] aura une supériorité
absolue sur la réduction à l'impossible, et la démonstration affirmative étant elle-même supérieure à la
démonstration négative, sera par suite évidemment
30 supérieure aussi à la réduction à l'impossible.

27.

<Conditions de la supériorité d'une science.>

Une science est plus exacte et antérieure, quand
elle connaît à la fois le fait et le pourquoi, et non le
fait lui-même séparé du pourquoi [2]. — De plus, la
science qui ne s'occupe pas du substrat est plus exacte
que celle qui s'occupe du substrat [3] : par exemple,
l'Arithmétique est plus exacte que l'Harmonique. De
même, une science qui est constituée à partir de

---

[1] La démonstration négative directe.

[2] PACIUS, I, 464, traduit : *Est autem scientia exquisitior et prior quam alia scientia : nempe ea qua percipitur quod sit et cur sit, quam qua cognoscitur solum quod sit, sine cognitione cur sit.*—L. 32, ἀλλὰ μὴ χωρὶς τοῦ ὅτι τῆς τοῦ διότι = ἀλλὰ μὴ τοῦ ὅτι χωρὶς τῆς τοῦ διότι : celui qui sait seulement le ὅτι, à part du διότι, ne connaît pas ἀκριβῶς (PHILOP., 299, 27-28).

[3] Cf. PHILOP., 300, 3 et ss. :

Une science est μὴ καθ' ὑποκείμενον quand elle a pour objet les νοητά et les ἄυλα (l'Arithmétique) ; elle est καθ' ὑποκείμενον quand elle s'applique aux αἰσθητά καὶ ὑλικά (l'Harmonique, par exemple, qui considère les rapports numériques ἐν ταῖς χορδαῖς). — Sur la distinction entre la *matière sensible* (ὕλη αἰσθητή) et la *matière intelligible* (ὕλη νοητή), cf. *Metaph.*, Z, 10, 1036 a 9-12. Voir aussi MANSION, *Introd. à la Phys. arist.*, p. 80 et ss.

principes moins nombreux est plus exacte que celle
qui repose sur des principes résultant de l'addition [1] :
c'est le cas de l'Arithmétique, qui est plus exacte que
la Géométrie. Par *résultat de l'addition,* je veux dire 35
que, par exemple, l'unité est une substance sans
position, tandis que le point est une substance ayant
position : cette dernière, je l'appelle un résultat de
l'addition.

28.

<*L'unité et la diversité des sciences.*>

Une science une est celle qui embrasse un seul
genre, c'est-à-dire tous les sujets constitués à partir
des premiers principes du genre [2] (autrement dit, les
parties de ce sujet total), et leurs propriétés essentielles.

Une science diffère d'une autre quand leurs prin- 40
cipes, ou bien n'ont pas une origine commune, ou
bien ne dérivent pas les uns des autres. La preuve **87 b**

---

[1] Cf. *supra,* 18, 81 *b* 3, et note. — AR. oppose les sciences
qui partent de principes moins
nombreux ($\dot{\varepsilon}\xi$ $\dot{\varepsilon}\lambda\alpha\tau\tau\acute{o}\nu\omega\nu$), c'est-
à-dire plus simples, plus abstraits
($\dot{\varepsilon}\xi$ $\dot{\alpha}\varphi\alpha\iota\varrho\acute{\varepsilon}\sigma\varepsilon\omega\varsigma$), et par suite
sont plus exactes, aux sciences
qui reposent sur des principes
résultant de l'addition ($\dot{\varepsilon}\varkappa$ $\pi\varrho\sigma$-
$\theta\acute{\varepsilon}\sigma\varepsilon\omega\varsigma$), c'est-à-dire plus com-
plexes : l'Arithmétique, par exem-
ple, est antérieure à la Géométrie,
qui *ajoute* aux principes du nombre les principes de l'étendue.

[2] Cf. THEMIST., 37, 21 : $\mu\acute{\iota}\alpha$
δ' $\dot{\varepsilon}\pi\iota\sigma\tau\acute{\eta}\mu\eta$ $\dot{\varepsilon}\sigma\tau\grave{\iota}\nu$ $\dot{\eta}$ $\pi\varepsilon\varrho\grave{\iota}$ $\dot{\varepsilon}\nu$
$\gamma\acute{\varepsilon}\nu\sigma\varsigma$ $\sigma\check{v}$ $\alpha\grave{\iota}$ $\pi\varrho\tilde{\omega}\tau\alpha\iota$ $\dot{\alpha}\varrho\chi\alpha\grave{\iota}$ $\alpha\grave{\iota}$
$\alpha\dot{v}\tau\alpha\acute{\iota}$. Tout le résumé de THE-
MIST. est d'ailleurs excellent.

en est, c'est que, quand on arrive aux prémisses indémontrables d'une science, elles doivent être contenues dans le même genre que les conclusions qui en sont démontrées [1] ; et la preuve de ceci, à son tour, c'est que les conclusions démontrées par ces prémisses rentrent dans le même genre, autrement dit sont homogènes.

29.

< De la multiplicité des démonstrations.>

5　　Il peut y avoir plusieurs démonstrations d'une même conclusion, non seulement en empruntant à la même série [2] un moyen non-continu, par exemple *Γ*, *Δ* ou *Z*, séparément, moyens de *A* et *B*, mais encore en l'empruntant à une autre série. Admettons, par exem-

---

[1] Sous-entendu : s'il s'agit d'une seule et même science.

[2] Les moyens appartenant à une même συστοιχία sont ceux qui rentrent dans une même catégorie et sont subordonnés les uns aux autres (cf. PHILOP., 304, 23). — Sur συστοιχία, cf. *supra*, I, 15, 79 *b* 6, et la note avec les renvois.

D'autre part, le moyen est μὴ συνεχές quand il n'est pas la cause immédiate de l'attribut qui suit.

Le raisonnement d'AR. est le suivant. Si *B* rentre dans le genre *Z*, *Z* dans *Δ*, *Δ* dans *Γ*, et *Γ* dans *A*, la proposition *A B* pourra être démontrée soit par *Γ*, soit par *Δ*, soit par *Z*. Par exemple (PACIUS, I, 465), admettons que *A* signifie *être dans un lieu*, *Γ* *corps*, *Δ* *vivant*, *Z* *animal*, *B* *homme*. On peut prouver *A B* par les trois syllogismes ci-dessous :

Tout corps est dans un lieu ;
Tout homme est un corps ;
Tout homme est en un lieu.

Tout vivant est dans un lieu ;
Tout homme est vivant ;
Tout homme est dans un lieu.

ple [1], que *A* signifie *changer*, *Δ* *subir une altération*, *B* *avoir du plaisir*, et *H* *se reposer*. On peut avec vérité attribuer *Δ* à *B*, et *A* à *Δ*, car celui qui a du plaisir subit une altération, et ce qui subit une altération change. A son tour, *A* peut être attribué avec vérité à *H*, et *H* à *B*, car tout homme qui a du plaisir se re- 10 pose, et celui qui se repose change. Par conséquent, le syllogisme peut avoir lieu par des moyens termes qui soient différents [2], autrement dit qui n'appartiennent pas à la même série ; mais non pas cependant au point qu'aucun de ces moyens ne soit prédicable de l'autre, car il faut nécessairement que tous deux 15 appartiennent à un seul et même sujet [3].

Un autre point mériterait aussi d'être examiné : c'est, dans les autres figures, de combien de façons on peut obtenir une même conclusion par syllogis‑ me.

Tout animal est dans un lieu ;
Tout homme est animal ;
Tout homme est dans un lieu.
[1] Seconde hypothèse : les moyens n'appartiennent pas à une même σνστοιχία. On a deux syllogismes :
Ce qui subit une altération (Δ) change (A) ;
Ce qui a du plaisir (B) subit une altération (Δ) ;
Ce qui a du plaisir (B) chan‑
ge *(A)*.
Ce qui se repose (H) change (A) ;
Ce qui a du plaisir (B) se repose (H) ;
Ce qui a du plaisir (B) change (A).
[2] *Δ* et *H*.
[3] C'est-à-dire à *B*. — Cf. *Anal. pr.,* I, 20, 29 *a* 14-19, et 34, 48 *a* 21.

30.

<Les faits de hasard ne sont pas objet de démonstration.>

De ce qui relève du hasard [1] il n'y a pas de science par démonstration. En effet, ce qui dépend du hasard n'arrive ni par nécessité, ni le plus souvent, mais se produit en dehors de ces deux ordres de faits. Or la démonstration s'applique seulement à l'un ou à l'autre d'entre eux, car tout syllogisme procède par des prémisses nécessaires ou simplement constantes, la conclusion étant nécessaire si les prémisses sont nécessaires, et seulement constante si les prémisses sont constantes. Par conséquent, puisque le fait de hasard n'est ni constant ni nécessaire, la démonstration. ne s'y appliquera pas.

31.

<Impossibilité d'une démonstration par les sens.>

Il n'est pas possible non plus d'acquérir par la sensation une connaissance scientifique [2]. En effet,

---

[1] Sur τυχή (*fortuna*) et sa différence avec αὐτόματον, cf. *de Interpr.*, 9, 18 *b* 5, et la note de notre traduction, p. 97.

[2] Cf. *supra*, 8, 75 *b* 24, et *Metaph.*, B, 4, 999 *a* 26.

même si la sensation a pour objet une chose de telle
qualité [1], et non seulement une chose individuelle,
on doit du moins nécessairement percevoir telle cho- 30
se déterminée dans un lieu et à un moment déterminés. Mais l'universel, ce qui s'applique à tous les
cas, est impossible à percevoir, car ce n'est ni une
chose déterminée, ni un moment déterminé, sinon
ce ne serait pas un universel [2], puisque nous appelons
universel ce qui est toujours et partout. Puis donc
que les démonstrations sont universelles, et que les
notions universelles ne peuvent être perçues, il est
clair qu'il n'y a pas de science par la sensation. Mais
il est évident encore que, même s'il était possible de 35
percevoir que le triangle a ses angles égaux à deux
droits, nous en chercherions encore une démonstration, et que nous n'en aurions pas (comme certains [3]
le prétendent) une connaissance scientifique : car la
sensation porte nécessairement sur l'individuel, tandis que la science consiste dans la connaissance universelle. Aussi, si nous étions sur la Lune, et que
nous voyions la Terre s'interposer sur le trajet de la 40
lumière solaire, nous ne saurions pas la cause de l'éclipse : nous percevrions qu'en ce moment il y a éclipse, 88 a
mais nullement le pourquoi, puisque la sensation,

---

[1] τὸ τοιόνδε, quale quid sit,
par conséquent, en un certain
sens, un universel (une couleur,
une odeur...), et non pas seulement τοδέ τυ, le singulier, hoc
aliquid (TRENDEL., Elem., p.
134-135).

[2] Universale si arto temporis
et locis spatio circumscriberetur,
plane suam ipsius naturam tol-
leret (TRENDEL., Elem., p. 135).
[3] Peut-être PROTAGORAS (Cf.
Metaph., B, 2, 997 b 35).

avons-nous dit, ne porte pas sur l'universel [1]. Ce qui ne veut pas dire que par l'observation répétée de cet évènement, nous ne puissions, en poursuivant l'universel, arriver à une démonstration, car c'est d'une pluralité de cas particuliers que se dégage l'universel [2].

5   Mais le grand mérite de l'universel, c'est qu'il fait connaître la cause ; de sorte que, pour ces faits qui ont une cause autre qu'eux-mêmes, la connaissance universelle est fort au-dessus des sensations et de l'intuition (en ce qui concerne les principes premiers, la raison est toute différente) [3]. Il en résulte clairement qu'il est impossible d'acquérir par la sensation la science de ce qui est démontrable, à moins d'ap-

10   peler perception le fait d'avoir la science par démonstration. — Pourtant [4] certains problèmes ne peuvent se ramener pour leur explication, qu'à une imperfection de la sensation. Il y a, en effet, des cas où un acte de vision mettrait fin à toute recherche ultérieure, non pas que nous connaîtrions par le seul fait de voir [5], mais parce que nous aurions, de l'acte de la

---

[1] La cause n'est connue que par une démonstration rationnelle, qui s'appuie sur des notions universelles.

[2] Par un acte intuitif de l'esprit, qui saisit l'universel dans le particulier.

[3] Pour les principes qui ne sont pas prouvés *aliunde*, cf. *infra*, II, 19, 100 *b* 12.

[4] Cf. PHILOP., 311, 3 et ss. — AR. donne ici quelques explications, à cause de ce qu'il a dit précédemment, ch. 18, sur la perte d'un sens qui entraîne la disparition de la science correspondante. Certains problèmes ne se posent qu'en raison de l'imperfection de nos sens. Le problème de la transparence du verre, par exemple, serait vite résolu, si nous pouvions voir la lumière et les pores du verre.

[5] *Non quidem eo quod scientia*

vision, dégagé l'universel. Si, par exemple, nous voyions les pores du verre et la lumière passer au travers, il est évident que nous aurions la raison de 15 la transparence [1], parce que, voyant ce phénomène se répéter séparément pour chaque verre, nous comprendrions en même temps que dans tous les cas il en est ainsi.

32.

< De la diversité des principes. >

Les principes ne peuvent pas être les mêmes pour tous les syllogismes.

On peut le montrer d'abord par des considérations purement dialectiques [2]. — Certains syllogismes sont vrais, et d'autres faux [3]. En effet, bien qu'on puisse 20

---

consistit in videndo ; sed inquantum ex rebus veris per viam experimenti accipitur universale, de quo est scientia (St THOMAS, 218).

[1] καίει = φαίνει (PHILOP., 311, 16).

[2] Deux arguments λογικῶς, auxquels s'opposent plus loin, l. 30, les raisonnements ἐκ τῶν κειμένων (= ἀναλυτικῶς).

[3] Premier argument dialectique. Tous les syllogismes ne peuvent pas avoir les mêmes principes, alors que certains syllogismes sont vrais, et d'autres faux. On

pourrait croire que le principe du vrai et du faux est identique, puisqu'on peut conclure le vrai du faux. Sans doute, mais cela ne se fait qu'une fois, dans un raisonnement général comprenant syllogisme principal et prosyllogismes. Admettons, par exemple, que, dans le syllogisme suivant, les prémisses soient fausses et la conclusion vraie :

Tout *B* est *A* ;
Tout *Γ* est *B* ;
Tout *Γ* est *A*.

Si nous voulons prouver la fausseté des deux prémisses nous

conclure le vrai de prémisses fausses, pourtant cela n'arrive qu'une fois. Je veux dire que si *A*, par exemple, est vrai de *Γ*, et si le moyen *B* est faux (l'attribution de *A* à *B*, et celle de *B* à *Γ* étant fausses l'une et l'autre), pourtant si des moyens sont pris pour prouver ces prémisses, elles seront fausses, parce que 25 toute conclusion fausse a des prémisses fausses, tandis que des conclusions vraies ont des prémisses vraies et que le faux et le vrai diffèrent en réalité. — En outre, les conclusions fausses ne dérivent même pas toujours de principes identiques entre eux, puisque sont fausses et les choses qui sont contraires les unes aux autres et celles qui ne peuvent pas coexister[1] : par exemple, *la justice est injustice* et *la justice est lâcheté* ; *l'homme est cheval* et *l'homme est bœuf* ; *l'égal est plus grand* et *l'égal est plus petit*.

30 Mais en partant des principes que nous avons établis[2], on peut tirer la preuve suivante. Les conclusions vraies ne reposent même pas toutes sur les mêmes principes ; pour beaucoup d'entre elles, les principes diffèrent génériquement et ne sont pas

---

ne pourrons le faire que par des prosyllogismes à prémisses fausses. Les principes des conclusions fausses sont donc faux, alors que les principes des conclusions vraies doivent être vrais. Les principes du vrai et du faux diffèrent donc.

[1] Second argument dialectique. Le faux est πλεοναχῶς, il y a des différences dans la fausseté même. Il y a des choses fausses qui posent une contrariété (*la justice est l'injustice*, *l'égal est plus grand* ou *plus petit*) ; d'autres qui unissent seulement des éléments inconciliables en fait (*l'homme est un cheval* ou *un bœuf*). Par suite, leurs principes quoique faux, sont différents (Cf. Philop., 313, 2, et Waitz, II, 375. St Thomas, 220, soutient une interprétation différente).

[2] Preuve analytique.

interchangeables entre eux : par exemple, les unités
ne peuvent pas prendre la place des points, car les
premières n'ont pas de position, et les derniers en ont
une [1]. Il faudrait au moins que les termes s'adaptas- 35
sent soit comme moyens, soit vers le haut, soit vers
le bas, ou bien les uns à l'intérieur et les autres à
l'extérieur des extrêmes [2]. — Mais certains des principes communs ne sont pas susceptibles non plus de
servir comme prémisses pour démontrer toutes conclusions (j'appelle *principes communs*, par exemple
le principe suivant lequel il faut, en toute chose, af- 88 *b*
firmer ou nier) : c'est que les genres des êtres sont
différents, et certains attributs appartiennent aux
quantités, tandis que d'autres appartiennent aux qualités seulement [3], déterminations par lesquelles s'ac-
complit la démonstration avec l'aide des principes
communs.

En outre, les principes ne sont pas beaucoup moins

---

[1] Ce sont donc des principes différents.

[2] Les termes, dont les ἀρχαί sont formés, doivent, dans la seconde science (si on supposait le passage des principes d'une science à une autre), apparaître soit toujours comme moyens (εἰς
μέσα), soit toujours comme ma-
jeurs (ἄνωθεν, relation du genre à l'espèce), soit toujours comme
mineurs (κάτωθεν, l. 35), soit enfin tantôt comme moyens termes entre les termes originaires de la seconde science, tantôt comme extrêmes liés par les moyens termes originaires de la seconde

science. Par suite, la seconde science contiendrait une démonstration dont les termes ne se-
raient pas dans un seul et même genre, et par suite ne seraient
pas prédicables καθ'αὐτό l'un de l'autre, comme Ar. l'a montré
supra, 7, 75 *b* 10-12.

[3] Chaque science a pour ob-
jet un genre déterminé d'êtres, auxquels certains attributs appartiennent en propre. La dé-
monstration requiert des prémis-
ses contenant le genre et ses propriétés, ainsi que les axiomes
qui jouent le rôle de principes régulateurs (l. 3, διά et non ἐκ).

nombreux que les conclusions[1], car les principes ce
5   sont les prémisses, et les prémisses sont formées soit
par l'apposition, soit par l'interposition d'un terme.
De plus, les conclusions sont en nombre infini, bien
que les termes soient en nombre fini. Enfin, certains
principes sont nécessaires, et d'autres contingents.

En considérant donc les choses de cette façon, il
apparaîtra qu'il est impossible que les principes soient
10 identiques ou limités en nombre [2], puisque le nombre
des conclusions est infini. Si, d'autre part, employant
en quelque sorte l'identité en un autre sens, on dit,
par exemple, que ces principes-ci sont ceux de la Géométrie, tels autres du Calcul, tels autres encore de la
Médecine, cela veut-il dire autre chose que le fait
qu'il y a des principes divers pour les diverses sciences?[3] Les appeler identiques parce qu'ils sont iden-

---

[1] L'argumentation de ce paragraphe est la suivante. En fait,
les conclusions sont nombreuses ;
et si les principes de toute démonstration étaient les mêmes, il
n'y aurait qu'un petit nombre de
conclusions. Or il n'est pas vrai
que les ἀρχαί soient en petit
nombre par rapport aux conclusions, car ce sont des prémisses,
et les prémisses se forment soit
par l'apposition de nouveaux termes extrêmes, soit par l'interposition de nouveaux moyens termes (par suite, dans le premier
cas, on obtient un nouveau principe pour chaque nouvelle conclusion, l'autre prémisse étant
une conclusion précédemment
obtenue : cf. *supra*, 12, 78 *a* 14, et
note ; dans le second cas, les pré-

misses deviennent, chacune à leur
tour, une conclusion). En outre,
le nombre des conclusions est
indéfini (ce qui montre bien encore que le nombre des ἀρχαί ne
peut pas être petit), bien que
naturellement (si on procède par
πύκνωσις d'un διάστημα exi-
geant une médiation) les moyens
termes, nécessaires pour atteindre
les prémisses immédiates, ne
soient pas infinis en nombre. Enfin les principes sont aussi bien
contingents que nécessaires, et
par suite encore leur nombre ne
peut être petit, car le nombre des
propositions contingentes est indéfini.

[2] Nous lisons, l. 9-10, ἢ πε-
περασμένας.

[3] Nous comprenons le texte

tiques à eux-mêmes serait ridicule, car toute chose
peut-être identifiée avec toute chose de cette façon-
là [1]. Pas davantage, soutenir que n'importe quelle 15
conclusion se démontre à partir de tous les principes
possibles, n'est rechercher si les principes sont les mêmes pour toutes choses [2] : ce serait par trop simpliste,
car cela n'arrive pas dans les sciences de l'évidence,
et n'est pas non plus possible dans l'analyse syllogistique, puisque ce sont les prémisses immédiates qui
sont les principes, et qu'une conclusion différente
s'obtient seulement en ajoutant une nouvelle prémisse immédiate. Et si on dit que ce sont ces premiè- 20
res prémisses immédiates qui sont principes, c'est
qu'il y en a une dans chaque genre [3]. — Si cependant
on ne prétend pas que de toutes les prémisses possibles n'importe quelle conclusion puisse être prouvée,
et qu'on n'admette pourtant pas que les principes

---

comme le fait PACIUS, I, 469 :
id est, esse diversa principia et
singularum scientiarum propria.
[1] Quand on pose que les principes sont les mêmes, on ne veut
évidemment pas dire que tous
les principes eadem sunt quae sint
(cf. PHILOP., 318, 29 et ss. ;
WAITZ, II, 376, dont tout le résumé est excellent).
[2] Poser que les principes sont
les mêmes ne peut pas vouloir
dire non plus que l'on peut démontrer une conclusion quelconque à partir de prémisses quel-
conques : ce n'est vrai ni dans
les sciences mathématiques (sur
φανεροῖς, l. 17, cf. WAITZ, II
376 [= BONITZ, Ind. arist., 810 b,

52] : in iis disciplinis quae... cer-
tam quamdam viam et rationem
sequuntur et quarum aditus patet
omnibus), où il est clair que les
démonstrations ne partent pas
toutes des mêmes principes, ni
dans l'analyse d'une conclusion en
ses prémisses, car les prémisses
auxquelles on aboutit ne sont pas
toujours les mêmes et une nouvelle conclusion ne peut être
obtenue que par le secours d'une
nouvelle prémisse.
[3] Chaque genre ne fournira
qu'un principe : sa propre définition. C'est donc que les principes sont différents dans chaque
genre.

sont différents au point d'être différents pour chaque science, il reste alors [1] à examiner si, tandis que les principes de toutes les conclusions sont dans un même genre, telles conclusions spéciales ne seraient pas prouvées par telles prémisses spéciales, et telles 25 autres par telles autres. Mais il est clair que, là encore, cela n'est pas possible, puisqu'il a été démontré [2] que les principes des choses génériquement différentes sont eux-mêmes génériquement différents. Les principes sont, en effet, de deux sortes : ceux à l'aide desquels se fait la démonstration, et le genre qui est son sujet [3]. Et bien que les principes à l'aide desquels on démontre soient communs, les autres, les genres-sujets, sont propres, tels, par exemple, le nombre et la grandeur.

33.

<Science et Opinion.>

30   La science et son objet diffèrent de l'opinion et de son objet, en ce que la science est universelle et

---

[1] On pourrait encore dire que les principes ne sont ni tout-à-fait les mêmes, ni tout-à-fait différents, mais qu'ils ont entre eux une parenté telle que les uns puissent être démontrés des autres, autrement dit qu'ils soient les mêmes *genere* et différents *specie*.

[2] Cf. *supra*, 7, 75 *a* 39 et ss.

[3] Il n'y a pas que les axiomes (qui, seuls, sont vraiment des principes communs) : il y a d'autres principes, qui sont propres à chaque sujet.

procède par des propositions nécessaires, et que le nécessaire ne peut pas être autrement qu'il n'est. Ainsi,
quoiqu'il y ait des choses qui soient vraies et qui
existent réellement, mais qui peuvent être autrement,
il est clair que la science ne s'occupe pas d'elles :
sinon, les choses qui peuvent être autrement ne pourraient pas être autrement. Ces choses-là ne sont pas 35
non plus objet d'intuition [1] (j'entends par *intuition*
un principe de science), ni de science non-démonstra-
tive [2], qui consiste dans l'appréhension de la prémisse immédiate. Puis donc que la raison, la science
et l'opinion, et ce qu'elles expriment [3], peuvent être 39 *a*
vraies, il reste, par conséquent, que l'opinion s'applique à ce qui, étant vrai ou faux, peut être autrement
qu'il n'est : en fait, l'opinion est l'appréhension d'une
prémisse immédiate et non-nécessaire [4]. Cette manière
de voir est d'ailleurs en accord avec les faits observés,
car l'opinion est chose instable, et telle est la nature 5
que nous avons reconnue à son objet [5]. En outre,
jamais on ne pense avoir une simple opinion quand

---

[1] Après οὐδὲ νοῦς, il faut sous-
entendre ἐστὶ περὶ τὰ ἐνδεχό-
μενα ἄλλως ἔχειν. — Le νοῦς
a seulement pour objet les principes premiers et nécessaires d'où
découlent toutes les démonstrations (St Thomas, 225). Voir aussi *infra*, II, 19.
[2] Cf. Philop., 323, 33, et Themist., 40, 2. La science non-dé-
monstrative, c'est l'appréhension
des prémisses immédiates et en
outre la connaissance des notions communes, prémisses et

notions d'où partent les syllogismes démonstratifs.
[3] C'est-à-dire ὅσα ἂν ἐκ τούτων διὰ συλλογισμοῦ δειχθείη
(Philop., 324, 27).
[4] Les dites prémisses, tout en
étant immédiates, peuvent ne pas
être apodictiques, mais seulement
διαλεκτικαί καὶ ἔνδοξοι (Philop., 325, 6.).
[5] Cf. Themist., 40, 5 : la δόξα
est ἀβέβαιον parce que ὑπόκει-
ται καὶ φύσις αὐτῇ τοιαύτη.

on pense que la chose ne peut être autrement [1] : tout
au contraire, on pense alors qu'on a la science. Mais
c'est quand on pense que la chose est seulement ainsi
mais que rien n'empêche qu'elle ne puisse être autrement, qu'alors on pense avoir une simple opinion,
car on croit que tel est l'objet propre de l'opinion,
10 tandis que le nécessaire est l'objet de la science.

En quel sens alors la même chose peut-elle être
objet à la fois d'opinion et de science ? [2] Et pourquoi
l'opinion n'est-elle pas science, si on pose que tout
ce qu'on sait peut aussi être objet d'opinion ? En
effet, celui qui sait et celui qui a l'opinion poursuivent
le même chemin par les mêmes moyens termes jusqu'à ce qu'ils parviennent aux prémisses immédiates,
de sorte que s'il est vrai que le premier possède la
15 science, le second, tout en n'ayant qu'une opinion,
possède aussi la science ; il est possible, en effet,
d'avoir une opinion non seulement sur le fait, mais
encore sur le pourquoi : or le pourquoi, c'est le moyen.

Ne serait-ce pas [3] que si on appréhende les vérités

---

[1] Autre preuve tirée de l'expérience commune.
[2] La difficulté est la suivante.
S'il y a science du nécessaire et
opinion du contingent, ou bien la
science et l'opinion ne semblent
pas avoir pour objet la même
chose, ou bien il n'y aura aucune
distinction entre la science et
l'opinion. En effet la marche du
raisonnement est la même dans
les deux cas, quand on pousse
ἐπὶ τὸ ἄνω jusqu'aux propositions immédiates. D'autre part,
il est vain de prétendre que la
science porte sur le διότι, et
l'opinion sur le ὅτι : l'opinion
comme la science peut porter
aussi bien sur l'un que sur l'autre. — L. 13, ἀκολουθήσει =
ἀναλύσει τὸν συλλογισμόν (Philop., 326, 28).
[3] Ar. répond à la difficulté
soulevée dans le paragraphe précédent.

qui ne peuvent pas être autrement, de la façon [1] dont
on saisit les définitions par lesquelles ont lieu les
démonstrations, on n'aura pas une opinion mais une
science ; mais que, si tout en les appréhendant comme
vraies ce ne soit pas cependant comme liées substantiellement et essentiellement au sujet, on possèdera 20
une opinion et non pas une science véritable, cette
opinion, au surplus, portant et sur le fait et sur le
pourquoi, quand elle est obtenue par des prémisses
immédiates, tandis que si elle n'est pas obtenue
par des prémisses immédiates elle ne portera que sur
le fait? [2] — Mais l'objet de l'opinion et de la science
n'est pas absolument identique : de même que l'objet de l'opinion fausse et celui de l'opinion vraie peuvent être le même en un certain sens [3], c'est de cette
même façon que l'objet de la science et celui de l'opi- 25
nion peuvent aussi être le même [4]. Prétendre, en
effet, que l'opinion vraie et l'opinion fausse ont le
même objet au sens où certains [5] l'entendent, cela

---

[1] C'est-à-dire qu'on tient ces
vérités pour aussi certaines que
les définitions par lesquelles commence toute véritable démonstration. — L. 16 et ss., contrairement
à Waitz, II, 378, nous rétablis-
sons la forme interrogative.
[2] Dans l'opinion et dans la
science, l'attitude mentale est
donc différente. Dans la science,
l'esprit considère les prémisses
dont il part comme établissant
l'essence et la définition du sujet ; dans l'opinion, il les considère
comme posant un fait qui se trouve simplement être vrai du sujet.

[3] *Quodammodo*, et non *simpliciter*. Il y a identité *quodammodo*, parce que, dans les deux
cas, l'ὑποκείμενον est le même.
[4] Parce que l'opinion et la science se rapportent à la même chose.
[5] Protagoras, qui soutenait
que le vrai réside dans l'opinion,
et que tout ce qui apparaît est
vrai (cf. Metaph., Γ, 5). L'opinion fausse ne peut exister dans
ce système, puisque, s'il y a une
opinion, elle est vraie (Cf. St
Thomas, 227, dont les développements sont excellents).

conduit entre autres absurdités à admettre que n'a pas d'opinion celui qui a une opinion fausse. En réalité, le terme *identique* a plusieurs sens : en un sens, l'objet de l'opinion vraie et de l'opinion fausse peut être le même, mais en un autre sens il ne peut l'être [1]. Ainsi, avoir l'opinion vraie que la diagonale est

30 commensurable est absurde ; mais, étant donné que la diagonale à laquelle les deux opinions s'appliquent est la même, les deux opinions [2] ont, en ce sens, un seul et même objet : seulement, la quiddité exprimée dans la définition n'est pas la même dans chaque cas [3]. Il en est de même pour l'identité de l'objet de la science et de l'opinion. La science appréhende l'attribut *animal*, par exemple, de telle sorte qu'il ne peut pas ne pas être animal ; pour l'opinion, au contraire, l'attribut aurait pu être autre qu'il n'est. C'est, par

35 exemple, dans le premier cas, l'appréhension d'animal comme un élément essentiel de l'homme ; dans le second, l'appréhension d'animal comme un attribut de l'homme, mais non comme un élément essentiel de l'homme. De part et d'autre le sujet est le même,

---

[1] *De eodem subjecto, sed diversis modis accepto* (Pacius, II, 322).

[2] L'opinion vraie et l'opinion fausse.

[3] Cf. Philip., 329, 19 : ἕτερος γὰρ δῆλον ὅτι ὁ ὁρισμὸς τῆς ἀληθοῦς δόξης καὶ τῆς ψευδοῦς καὶ ἔτι δόξης καὶ ἐπιστήμης. *Res ipsa*, explique bien Waitz, II, 378, *de qua aliquid opinamur, eadem manet, sive veram sive falsam opinionem habemus, id vero quod res est quatenus cogitatione comprehenditur* (τὸ τί ἦν εἶναι κατὰ τὸν λόγον) *et ratio cognoscendi differt.* Dans l'exemple d'Ar. il y a ainsi deux essences ou quiddités : la diagonale commensurable, la diagonale incommensurable. La diagonale est donc prise d'une certaine façon dans l'opinion vraie, et d'une autre façon dans l'opinion fausse.

puisque c'est l'homme, mais le mode de connaissance n'est pas le même [1].

Il résulte manifestement de ceci que la même chose ne peut pas simultanément être objet d'opinion et objet de science : car alors, on saisirait la même chose à la fois comme pouvant et ne pouvant pas être autrement qu'elle n'est, ce qui n'est pas possible. La science et l'opinion d'une même chose peuvent bien coexister dans des esprits différents au sens que nous avons indiqué, mais non simultanément dans la même personne : en effet, on appréhenderait simultanément, par exemple, d'une part que l'homme est essentiellement animal (c'était là ce qu'on entendait en disant qu'il ne peut être autre qu'animal), et d'autre part que l'homme n'est pas essentiellement animal, car c'est là ce que signifierait pouvoir être autre qu'animal [2].

Pour le reste, à savoir les distinctions qu'il convient d'établir dans la pensée discursive, l'intuition, la science, l'art, la prudence, la sagesse, ce sont là des questions qui relèvent de préférence, les unes de la Physique, les autres de l'Éthique.

89 *b*

5

---

[1] WAITZ, II, 378.
[2] L. 6, contrairement à WAITZ, II, 379, nous conservons ἔσται, avec BEKKER.

34.

<La vivacité d'esprit.>

10   La vivacité d'esprit est la faculté de découvrir instantanément le moyen terme. C'est le cas, par exemple, si en voyant que la Lune a son côté brillant toujours tourné vers le Soleil, on comprend aussitôt la cause de ce phénomène, savoir qu'elle reçoit sa lumière du Soleil ; ou si, en observant quelqu'un en train de parler avec un homme riche, on devine qu'il lui emprunte de l'argent ; c'est encore le fait de deviner que ce qui rend deux personnes amies c'est qu'elles ont un ennemi commun. Dans tous ces exemples, il a suffi de voir les extrêmes pour con-
15   naître aussi les moyens termes, qui sont les causes.

On peut désigner par *A le côté brillant est tourné vers le Soleil*, par *B tirer sa lumière du Soleil*, et par *Γ* la *Lune*. Alors *B, tirer sa lumière du Soleil*, appartient à *Γ*, la *Lune*, et *A avoir son côté brillant tourné vers la source de sa lumière*, à *B*. Ainsi *A* est attribué à *Γ*
20   par *B*.

LIVRE II.

<Théorie de la définition et de la cause.>

1.

<Les différentes sortes de recherches.>

Les questions que l'on se pose sont précisément en nombre égal aux choses que nous connaissons [1]. Or nous nous posons quatre sortes de questions [2] : le *fait*, le *pourquoi, si* la chose existe, et enfin *ce* qu'elle est [3].

---

[1] Nous traduisons littéralement (cf.Pacius, I, 477 : *Quae quaeruntur, tot numero sunt, quot sunt ea quae scimus*), mais il faut comprendre, avec Philop., 336, 4, que, sous le rapport de la forme, il y a autant de sortes de problèmes que de différentes façons de savoir (ὅσα εἰσὶ τὰ ζητούμενα προβλήματα, τοσοῦτοί εἰσι καὶ οἱ τρόποι καθ' οὓς ἐπιστάμεθα καὶ γιγνώσκομεν). Nous cherchons pour savoir, et nous chercherions en vain si nous ne pouvions pas acquérir la science. Sur ce texte, cf. aussi Trendel., *Elem.*, 80.

[2] Il y a donc quatre façons de connaître (Philop., 336, 5-6).

[3] Ar., s'exprime avec concision. Sa pensée doit être rétablie comme suit. Les quatre sortes de recherches portent : 1º sur le ὅτι (*quod sit*) : y a-t-il attribution de tel prédicat à tel sujet (*l'homme est-il blanc ?*) ; 2º sur le διότι (*cur sit*) : quelle est la raison de l'attribution (*pourquoi l'homme est-il blanc ?*) ; 3º sur le εἰ ἔστι (*an sit*) : le sujet existe-t-il (*l'homme existe-t-il ?*) ; 4º sur le τί ἔστι (*quid sit*) : quelle est la nature de *l'homme ?* — Les deux premières questions

25 Ainsi, quand, embrassant une pluralité de termes [1], nous nous demandons si la chose est telle ou telle [2], si, par exemple, le Soleil subit ou non une éclipse, c'est alors le fait que nous recherchons. La preuve en est [3], c'est que, dès que nous avons découvert que le Soleil subit une éclipse, nous n'allons pas plus loin ; et si, dès le début, nous savions que le Soleil subit une éclipse, nous ne chercherions pas à savoir s'il la subit. Mais, quand nous connaissons le fait, nous cherchons 30 le pourquoi : par exemple, sachant que le Soleil subit une éclipse et que la Terre tremble, nous cherchons le pourquoi de l'éclipse ou le pourquoi du tremblement de terre.

Telles sont donc les questions que nous nous posons quand nous embrassons une pluralité de termes [4]. Mais il y a des cas où nous nous posons la question d'une autre façon [5] : par exemple, s'il *est* ou non un Centaure

---

font un groupe à part des deux dernières : quand le ὅτι est connu, nous voulons connaître le διότι ; quand le εἰ ἔστι est connu, nous voulons connaître le τί ἔστι.

[1] εἰς ἀριθμὸν θέντες. — Pour l'interprétation de cette expression obscure, nous acceptons la solution traditionnelle (PHILOP., 336, 28 ; EUSTRATE, 12, 25 ; St-THOMAS, 231 ; PACIUS, I, 477, II, 324 ; G. R. G. MURE, *ad loc.*), et nous traduisons, avec PACIUS, *plura complectentes*, savoir le sujet et l'attribut (le Soleil et l'éclipse, par exemple). WAITZ, II, 380, propose une interprétation différen-

te : *quum singulas propositae quaestionis partes, quippe quae se invicem excludant, enumeramus : debent enim numerari, quia, si quid praetermissum est, proposita quaestio non pertractatur.*

[2] Blanche ou noire, par exemple.

[3] La preuve que nous cherchons le ὅτι (PHILOP., 336, 35).

[4] Tel est le sens de οὕτως, l. 31 (EUSTR., 14, 25 ; PACIUS, II, 324).

[5] Dans le cas de l'existence ἁπλῶς, le problème n'embrasse plus l'ensemble du sujet et de l'attribut, mais seulement le sujet, *unam rem in quaestione ponentes* (PACIUS, I, 477).

ou un Dieu (Je prends l'expression *s'il est ou non* au
sens absolu [1], et non pas comme quand on dit *s'il est*
ou n'est pas blanc). Et quand nous avons connu que la
chose est, nous recherchons ce qu'elle est : par exemple,
qu'est-ce donc que Dieu, ou *qu'est-ce que l'homme?*   35

2.

<*Toute recherche se ramène à la recherche du moyen terme.*>

Telles sont donc les sortes de questions que nous
nous posons, et c'est dans les réponses à ces questions
que consiste notre savoir.

Quand nous cherchons le fait ou quand nous cherchons si une chose *est* au sens absolu, nous cherchons
en réalité s'il y a de cela un moyen terme ou s'il n'y
en a pas [2] ; et une fois que nous savons le fait ou que

---

[1] Jugement existentiel et non attributif (EUSTR. 15, 10).

[2] Les quatre sortes de recherches se ramènent à la recherche du moyen terme, identifié avec la *cause*. Le ὅτι = l'attribution du prédicat au sujet a-t-elle une cause? Le διότι = quelle est la cause de l'attribution? Le εἰ ἔστι = le sujet a-t-il une cause? Et le τί ἔστι = quelle est la cause du sujet? Il convient de remarquer (cf. Ross, *Aristote*, trad. franç., p. 74) que la *cause* signifie en fait tout autre chose que le μέσον, quand il s'agit du εἰ ἔστι (existence ἁπλῶς) : la cause d'une substance possédant l'être au sens absolu n'est pas autre chose que cette substance même, c'est son λόγος, sa définition par le genre et la différence, et ce ne peut être le moyen terme d'un syllogisme, puisque, nous le verrons (*infra*, 4), une telle définition n'est pas démontrable.

L. 38. αὐτοῦ se rapporte à la

la chose est (autrement dit, quand nous savons qu'elle est soit en partie [1], soit absolument), et qu'en outre **90 a** nous recherchons le pourquoi, ou la nature de la chose, alors nous recherchons quel est le moyen terme (quand la recherche porte sur le fait, je parle d'*existence partielle* de la chose, et si elle porte sur l'existence même, je parle d'*existence au sens absolu*. Il y a existence partielle, quand, par exemple, je demande : *la Lune subit-elle une éclipse*? ou encore : *la Lune s'accroît-elle*? car, dans des questions de ce genre, nous recherchons si une chose est une chose ou n'est pas cette chose [2]. Quant à l'existence d'une chose au sens absolu, c'est quand nous demandons, par exemple, si la Lune ou la **5** Nuit existe). Le résultat c'est que dans toutes ces recherches [3], nous nous demandons soit s'il y a un moyen terme, soit quel est le moyen terme. En effet, le moyen c'est la cause [4], et c'est lui l'objet de toutes nos recherches. Par exemple, *est-ce que la Lune subit une éclipse*? signifie : *y a-t-il ou n'y a-t-il pas une cause à l'éclipse*? Après cela, quand nous savons qu'il y en a une, nous passons à la question : *quelle est*

---

fois à ὅτι et à εἰ ἔστι qui précèdent.

[1] Ainsi qu'AR. l'explique quelques lignes plus bas, la recherche du ὅτι s'applique τὸ ἐπὶ μέρους, *quia non. re universa, h. e. non de existentia rei quaestio, sed de aliqua parte eorum quae cum ea conjuncta sint* ; au contraire, dans la recherche du εἰ ἔστι, *res universa* (ἁπλῶς) *in dubium vocalur* (WAITZ, II, 380).

[2] C'est-à-dire, a ou n'a pas tel attribut. L. 3, ἐν τοῖς τοιούτοις, c'est-à-d. προβλήμασι (EUSTRATE, 19, 23).

[3] Dans les deux ordres de questions il y a un point commun : la recherche du moyen comme cause.

[4] Cf. TRENDEL., *Elem.*, 153, et notre *Traité de Logique formelle*, p. 191.

donc cette cause? Car la cause [1] par laquelle une chose
est, non pas ceci ou cela, mais d'une façon absolue et
substantiellement [2], aussi bien que la cause par la-   10
quelle une chose est, non plus d'une façon absolue
mais ceci ou cela, en tant qu'elle possède quelque attribut essentiel ou accidentel, c'est, dans les deux cas,
le moyen terme. Par ce qui *est* au sens absolu, j'entends le sujet lui-même, par exemple la Lune, la
Terre, le Soleil, le triangle ; par la qualité affirmée
du sujet, j'entends l'éclipse, l'égalité, l'inégalité,
l'interposition ou la non-interposition de la Terre [3].
Dans tous ces exemples, il est clair qu'il y a identité
entre la nature de la chose et pourquoi elle est. La
question : *qu'est-ce que l'éclipse?* et sa réponse : *la*   15
privation de la lumière de la Lune par l'interposition
de la Terre, sont identiques à la question : *pourquoi y*
a-t-il éclipse? ou *pourquoi la Lune subit-elle une éclip-*
se? et sa réponse : *en raison du manque de lumière*
quand la Terre vient à s'interposer. De même à :
qu'est-ce qu'un accord musical? C'est le rapport numé-
rique dans l'aigu et dans le grave, nous pouvons sub-

---

[1] Le moyen terme est cause de
deux façons : il est cause prochaine de l'existence ἁπλῶς du sujet
lui-même (τὸ ὑποκείμενον, l.
12), et aussi de l'attribution (τὸ
τί, l. 13) essentielle (καθ' αὐτό)
ou accidentelle (κατὰ συμβεβηκός, l. 11) d'un prédicat à son
sujet.

[2] L. 10, l'expression ἁπλῶς
τὴν οὐσίαν est une redondance.
Cf. Eustr. 23, 31 : τῶν ἁπλῶς

ὄντων, ταὐτὸν δὲ εἰπεῖν τῶν
οὐσιῶν.

[3] Dans ce dernier exemple, Ar.
a évidemment l'éclipse en vue.
Les commentateurs anciens ne
paraissent pas l'avoir compris.
Eustrate, 24, 21, interprète :
ἐν μέσῳ εἶναι τοῦ παντός,
et Pacius, I, 478, *haec quaestio*
pertinet ad terram, quae medium
mundi locum obtinet.

20 stituer : *pourquoi l'aigu s'accorde-t-il avec le grave?*
Parce qu'il existe un rapport numérique entre l'aigu et
le grave. Enfin : *est-ce que l'aigu et le grave font un*
accord? revient à : *est-ce que leur rapport est numéri-*
que? Et quand nous l'avons reconnu, nous demandons : *quel est donc ce rapport?*

Que la recherche porte toujours sur le moyen, cela résulte manifestement des cas où le moyen terme tom-
25 be sous les sens. Nous ne le cherchons, en effet, que
parce que nous ne le percevons pas [1] : nous cherchons s'il y a, ou non, un moyen, causant, par exemple, une éclipse. Mais si nous étions sur la Lune, nous
ne rechercherions ni si l'éclipse a lieu, ni pourquoi
elle a lieu, mais le fait et le pourquoi seraient en même
temps évidents. En effet, c'est de l'acte de perception que nous viendrait aussi la connaissance de l'universel : car la sensation nous apprend qu'il y a présentement interposition de la Terre parce qu'il est
30 évident qu'actuellement la Lune subit une éclipse, et
c'est de là que viendrait l'universel.

Ainsi donc que nous l'avons dit, connaître ce qu'est
une chose revient à connaître pourquoi elle est ; et
cela est également vrai des choses en tant qu'elles
sont au sens absolu et non pas seulement comme qua-
lifiées par quelque attribut, et aussi en tant qu'elles
sont dites posséder quelque attribut, tel que *égal à*
deux droits, ou *plus grand* ou *plus petit*.

---

[1] Cf. Eustrate, 29, 24-27.

3.

<Différence entre la Définition et la Démonstration.>

Qu'ainsi tous les problèmes consistent dans la re-   35
cherche du moyen terme, c'est évident.

Disons donc comment on montre ce qu'est une
chose, et de quelle façon la définition [1] peut se ramener à la démonstration [2], ce qu'est la définition et de
quoi il y a définition. Développons d'abord certaines
difficultés que ces questions soulèvent [3], et commençons ce que nous avons à dire par l'examen d'un point
qui se rapproche le plus de nos remarques qui précèdent immédiatement. On pourrait, en effet, se de-   **90 b**
mander s'il est possible de connaître la même chose,
selon le même procédé [4], à la fois par définition et par
démonstration [5] ; ou bien, est-ce impossible ? Car la
définition semble bien porter sur ce qu'est la chose,
et tout ce qui explique ce qu'est une chose est universel et affirmatif, alors que les syllogismes peuvent

---

[1] Sur la différence de λόγος et
de ὁρισμός, cf. BONITZ, *Ind.
arist.*, 434 *b* 6, et la dissertation
de WAITZ, II, 398-400.
[2] Cf. *infra*, 10, 94 *a* 11-14. —
Sur le sens de ἀναγωγῆς, l. 37,
cf. WAITZ, II, 381. Toute définition est ou un principe, ou
la conclusion d'une définition,
ou diffère seulement de la démonstration par la position des

termes (voir sur ce point, I, 8,
75 *b* 30).
[3] διαπορῆσαι, c'est développer une ἀπορία.
[4] Pour l'explication de cette
expression, cf. *infra* 90 *b*38 et ss.
[5] De telle sorte que τὸ αὐτὸ
ἅμα καὶ ὁριστὸν καὶ ἐποδεικ-
τικόν (PHILOP., 341, 26). La
définition se confondrait ainsi
avec la démonstration.

5 être les uns négatifs, et d'autres non-universels [1] : par
exemple, tous ceux de la seconde figure sont négatifs,
et ceux de la troisième non-universels. Bien plus,
les conclusions affirmatives de la première figure ne
sont même pas toutes définissables : par exemple,
tout triangle a ses angles égaux à deux droits [2]. La raison [3] en est que savoir ce qui est démontrable, c'est
10 en avoir la démonstration ; par suite, si de conclusions
de cette nature il peut y avoir démonstration, il est
évident qu'il ne peut pas y en avoir aussi définition [4] :
autrement, on pourrait connaître une telle conclusion
aussi, en vertu de sa définition sans en avoir la démonstration, car rien ne s'oppose à ce qu'on puisse avoir
l'une sans l'autre [5].

Une conviction suffisante peut aussi nous être
fournie par l'induction [6], car jamais encore nous n'avons

---

[1] Tout ce qui peut être démontré ne peut être défini : la
définition, ayant pour objet l'essence, s'exprime toujours par une
proposition affirmative et universelle. Or les conclusions des
syllogismes peuvent être négatives (seconde figure) ou particulières (troisième figure). Cf.
EUSTR., 39, 5 et ss.

[2] Cette proposition est, en effet, la conclusion d'un syllogisme
qui démontre que telle qualité appartient à un sujet, tandis que
la définition (celle du triangle,
par exemple, à savoir une figure
limitée par trois côtés) donne
l'essence du sujet (PHILOP., 342,
12 et ss.).

[3] La raison de la différence en-

tre la définition et la démonstration (PHILOP., 342, 23). — L.
10, il faut lire, avec WAITZ, II,
383, τὸ ἀποδεικτόν, et non pas,
τὸ ἀποδεικτικόν, ni (BEKKER)
τὸ ἀποδεικτικῶς.

[4] Les choses démontrables ne
sont connues que par la démonstration, de sorte que si elles ad-
mettaient la définition, nous les
connaîtrions aussi bien par la
définition que par la démonstration. (Un argument de même nature est employé *Metaph.*, A, 9,
993 *a* 7).

[5] Cf. EUSTR., 41, 6 : ἐνδέχεται
γὰρ τὸν ὁρισμὸν ἔχοντα τινα
μόνον εἰδέναι τοῦτο διὰ μόνον αὐτοῦ χωρὶς ἀποδείξεως.

[6] L'expérience montre aussi

connu par définition rien de ce qui est affirmé d'une
autre chose, soit à titre d'attribut essentiel, soit com- 15
me accident [1]. En outre [2], si la définition nous fait acquérir la connaissance d'une substance, de toute façon de telles déterminations ne sont manifestement
pas des substances.

Qu'ainsi il n'y ait pas définition de tout ce dont il
y a démonstration, c'est là une chose évidente. Mais
alors, est-ce qu'il y a démonstration de tout ce dont
il y a définition [3], ou bien n'est-ce pas possible? Il y a
une raison, la même que précédemment, qui s'appli- 20
que encore ici. Une seule et même chose, en tant
qu'une, ne peut être connue que d'une seule façon [4] :
d'où, puisque savoir la chose démontrable est en
posséder la démonstration, on arrivera à cette impossibilité que la possession de la définition, sans la
démonstration, donnera la connaissance de la chose
démontrable [5].

En outre, les principes des démonstrations sont des
définitions, pour lesquelles il n'y aura pas de démonstrations possibles, ainsi qu'on l'a prouvé antérieu- 25

---

qu'on ne peut connaître par définition une chose démontrable
(PHILOP., 343, 19).
  [1] Par exemple, la sphéricité de
la Lune (attribut essentiel) ou
l'éclipse (attribut accidentel).
  [2] *Vice versa, si definitione facta ipsius rei naturam cognosci-
mus, ea quae demonstrationem
admittant non per se consistere,
sed de aliis praedicari apparet*

, (WAITZ, II, 383).
  [3] Question inverse de la précédente, qui va être résolue négativement de la même façon.
  [4] Ou par définition, ou par démonstration.
  [5] On connaîtra une chose démontrable sans en avoir la démonstration, ce qui est une absurdité.

rement [1] : car, ou bien les principes seront démontrables, ainsi que les principes des principes, et ainsi de
suite à l'infini, ou bien les vérités premières seront des
définitions indémontrables [2].

Mais si, pris dans leur totalité, les objets de la définition et ceux de la démonstration ne peuvent être les
mêmes, n'y en a-t-il pas du moins certains qui peuvent
l'être? [3] Ou bien cela n'est-il pas possible, puisqu'il
ne peut pas y avoir démonstration de ce dont il y a dé-
30 finition? C'est qu'en effet, la définition porte sur l'essence et la substance, tandis qu'il est manifeste que
toutes les démonstrations posent et assument l'essence [4] : par exemple, les démonstrations mathématiques
posent l'essence de l'unité et l'essence de l'impair ; et,
dans les autres sciences, il en est de même. En outre,
toute démonstration prouve un prédicat d'un sujet
comme lui appartenant ou ne lui appartenant pas,
mais, dans la définition, un élément n'est en rien at-
35 tribué à l'autre : nous n'affirmons, par exemple [5], ni

---

[1] I, 3, 72 *b* 18-25 ; 22, 84 *a* 30-
*b*2.

[2] Par suite, il n'y a pas démonstration de ce dont il y a définition. Cf. PHILOP., 344, 6 ‹ αἱ δὲ
ἀρχαὶ ἀναπόδεικτοι, λοιπὸν καὶ
οἱ ὁρισμοὶ ἀναπόδεικτοι ἔσονται. Voir aussi EUSTR., 44, 32.

[3] Cf. EUSTR., 45, 35. AR. va
maintenant établir qu'en aucun
cas on ne pourra définir ce qui
est démontrable, ni démontrer
ce qui est définissable.

[4] La définition donne l'essence ; le démontrable ne prouve

pas l'essence, mais pose seulement
l'essence pour prouver une proposition attributive.

[5] L'unité de la définition ne
peut s'expliquer comme celle de
l'attribution. Dans la définition
de l'homme, par exemple (ὁ
ἄνθρωπός ἐστι ζῷον δίπουν),
ni la différence spécifique (τὸ
δίπουν) n'est affirmée du genre,
ni le genre de la différence, car
une même chose participerait
alors des contraires dans le même
temps (cf. *Top.*, IV, 1, 121 *a* 13 ;
2, 122 *b* 20, et surtout VI, 6

l'animal du bipède, ni le bipède de l'animal ; nous n'affirmons pas non plus[1] la figure de la surface, car la surface n'est pas figure, ni la figure surface. De plus, il y a une différence[2] entre démontrer ce qu'est une chose et démontrer le fait d'une attribution. La définition fait connaître ce qu'est la chose[3], et la démonstration, que tel attribut appartient ou n'appartient pas à tel sujet ; or des choses différentes requièrent des démonstrations différentes, à moins que l'une des démonstrations ne soit à l'autre comme la partie au tout. J'ajoute cette restriction, parce que, si on a prouvé que tout triangle a ses angles égaux à deux droits, on a prouvé par là même que cette propriété appartient à l'isocèle, car l'isocèle est une partie du triangle pris comme un tout, tandis que, dans le cas qui nous occupe, le fait de l'attribution et l'essence de la chose n'entretiennent pas des rapports mutuels de ce genre, puisque l'un n'est pas une partie de l'autre[4].

91 *a*

5

On voit ainsi qu'il n'y a pas démonstration de tout ce dont il y a définition, ni définition de tout ce dont

---

143 *a* 36, et *b* 11-12 ; *Metaph.*, Z, 12, 1037 *b* 18-21). En réalité le genre et la différence sont enfermés également dans l'unité de la notion.
[1] Dans la définition du triangle, τὸ ἐπίπεδον est la différence du genre σχήματος.
[2] Et une différence telle que la définition ne peut être ramenée à la démonstration, ni réciproquement.

[3] Son essence, l'οὐσία (PHILOP., 345, 1).
[4] En admettant même que la définition soit une espèce de la démonstration, ce n'en est pas du moins une espèce ordinaire qui rentre dans le genre comme dans son tout. Si donc le ὅτι et le τί ἐστι sont « démontrables » l'un et l'autre, ils sont l'objet de démonstrations qui n'ont aucun rapport entre elles.

il y a démonstration. La conclusion générale à tirer,
c'est qu'on ne peut jamais d'une même chose avoir à
10 la fois définition et démonstration. Il en résulte évidemment que la définition et la démonstration ne
peuvent être ni identiques, ni contenues l'une dans
l'autre, car autrement leurs sujets seraient dans les
mêmes relations [1].

4.

<*Il n'y a pas de démonstration de l'essence.*>

Arrêtons là notre exposé des difficultés préliminaires.

Est-ce que de l'essence, le syllogisme, autrement dit
la démonstration, est possible, ou, comme la présente
discussion le supposait, impossible? C'est qu'en effet [2] le syllogisme prouve un attribut d'un sujet par
le moyen terme, et, d'autre part, la quiddité est à la
fois propre au défini et lui est attribuée comme appar-
15 tenant à son essence [3]. Mais, dans ce cas, le sujet, sa

---

[1] Autrement dit, les choses définies et les choses démontrées
seraient soit identiques, soit
contenues l'une dans l'autre comme la partie dans le tout.
[2] Ar. va établir l'impossibilité
de toute démonstration de l'essence.
[3] Nous traduisons comme Pacius, I, 482 : *quidditas autem*

est propria et attribuitur in quaes-
tione quid est. — Dans ce passage, Ar. veut établir que le syllogisme ne peut prouver l'essence
que si les prémisses sont, comme
la conclusion elle-même, des propositions essentielles dont le
prédicat soit propre au sujet.
Par exemple, pour que, dans la
conclusion, *A* soit affirmé comme

définition et le moyen terme sont nécessairement réciprocables : car si A est propre à Γ, il est évident que A est propre à B, et B à Γ, de sorte que tous ces termes sont propres l'un à l'autre ; et, en outre, si A est contenu dans l'essence de tout B, et si B est affirmé universellement de tout Γ comme appartenant à l'essence de Γ, A doit aussi nécessairement être affirmé 20 de Γ comme appartenant à son essence. Mais s'il n'en est pas ainsi dans les deux prémisses [1], autrement dit si A est affirmé comme appartenant à l'essence de B, mais si B n'appartient pas à l'essence des sujets dont il est affirmé, A ne sera pas nécessairement affirmé de Γ comme appartenant à son essence. Ainsi les deux prémisses affirmeront l'une et l'autre l'essence, et par suite B aussi sera affirmé de Γ [2] comme son essence. Puis donc que les prémisses affirment l'une 25 et l'autre l'essence, autrement dit la quiddité, la quiddité de Γ sera dans le moyen terme avant que la conclusion soit tirée [3].

---

appartenant en propre à Γ par le moyen B, il faut que, dans la majeure, A soit propre à B, et, dans la mineure, B propre à Γ.

L. 16, ταῦτα, et l. 18, πάντα signifient le sujet A, sa définition ou quiddité Γ, et le moyen terme B : ces trois termes sont évidemment réciprocables et propres l'un à l'autre.

[1] Si, dans la majeure seule (AB), le prédicat exprime l'essence du sujet, tandis que la mineure ($B\Gamma$) n'exprime qu'une relation accidentelle, la conclusion ne pourra pas être une proposition essentielle.

[2] La mineure.

[3] La quiddité ou définition de Γ, savoir B, sera affirmée dans la mineure $B\Gamma$, avant de l'être (A) dans la conclusion $A\Gamma$. Dire $B\Gamma$ c'est donc dire BA, en raison de la réciprocité des termes B et A. On n'a donc pas besoin de pousser le raisonnement jusqu'à la conclusion. La démonstration syllogistique de l'essence

Pour généraliser, supposons qu'on ait à prouver l'essence de l'homme. Admettons que Γ soit *homme*, et A l'*essence* de l'homme, c'est-à-dire animal-bipède ou quelque autre chose. Alors, si nous voulons faire un syllogisme, il est nécessaire que A soit attribué à tout B. Mais cette prémisse aura un nouveau moyen ter-
30 me [1], qui par suite sera aussi l'essence de l'homme [2]. L'argument pose donc ce qu'il faut prouver, puisque B aussi est l'essence de l'homme.

Mais c'est le cas où il y a seulement les deux prémis-ses, c'est-à-dire quand les prémisses sont premières et immédiates [3], qu'il faut considérer, car c'est ainsi qu'on pourra élucider le mieux ce que nous disons [4].
35 Ainsi, ceux qui prouvent l'essence de l'âme, ou l'es-sence de l'homme, ou quelque autre réalité par des

---

est donc absurde, et implique, com-me nous le verrons, une pétition de principe.

En somme, si le majeur doit exprimer tout le contenu du mi-neur dans la définition soi-disant obtenue comme conclusion, il faut déjà que, dans la mineure, le moyen exprime aussi tout le con-tenu du mineur. La mineure et la conclusion ne feront ainsi qu'une seule proposition sous deux formes ; le majeur et le moyen ne seront que deux noms différents de l'essence du mineur.

Ar. distingue τὸ τί ἐστι, qui, parmi les éléments de la défini-tion, désigne le genre (*Top.*, VI, 5, 142 *b* 27 et ss.), et τὸ τί ἦν εἶναι, qui est le total unifié des éléments de la définition, et est le propre du défini, ayant la même extension que lui (Cf.

infra, 6, 92 *a* 7).
[1] Par lequel elle sera elle-même démontrée.
[2] Et ainsi de suite à l'infini. — Cet argument est un corollaire de l'argument précédent, l. 15-26. *At si demonstratur* τὸ τί ἐστιν, *propositiones ipsae, ex quibus con-clusum est, demonstrari debent : quae quum non possint demonstra-ri nisi ex aliis propositionibus quae alterum de altero* ἐν τῷ τί ἐστι *praedicari sumant, pro concesso sumi patet quod demons-trari debebat* (WAITZ, II, 385).
[3] Dans le syllogisme sans pro-syllogismes, avec prémisses elles-mêmes indémontrables. On verra alors que la conclusion est déjà dans la mineure, ce qui constitue une *petitio principii*.
[4] Savoir, la pétition de princi-pe (PHILOP., 347, 30-31).

termes réciprocables, font une pétition de principe [1] :
si, par exemple, on prétendait que l'âme a en soi-même
la cause de sa propre existence, et que ce qui a en
soi-même la cause de sa propre existence est un
nombre se mouvant soi-même ; car il faut alors postuler que l'âme est dans son essence un nombre qui se
meut soi-même, en ce sens qu'il y a identité par-
faite de l'âme et de ce nombre [2]. En effet, si A est un **91** b
simple conséquent de B, et B de Γ, A ne sera pas la
quiddité de Γ, mais il sera seulement ce qu'il était
vrai de dire de Γ [3]. Il en est de même si A affirmé de

---

[1] Sur l'expression τὸ ἐξ ἀρχῆς
αἰτεῖσθαι, cf. *Anal. pr.*, I, 24,
41 b 9, note, p. 123 de notre traduction.
[2] La théorie de l'âme-nombre se
mouvant soi-même est celle de
Xénocrate (cf. Philop., 347, 33
à 348, 16 ; Eustr., 61, 27 à 62,
20. — Voir aussi *de An.*, I, 2,
404 b 27-30 ; 4, 408 b 32 et la fin
du chapitre, p. 47 et ss. de notre
traduction et les notes). Le syllogisme tendant à « démontrer »
que l'âme est un nombre automo-
teur est le suivant :
*Ce qui est à soi-même la cause
de sa propre existence est un nombre qui se meut soi-même ;*
*L'âme est ce qui est à soi-même
la cause de sa propre existence ;*
*L'âme est un nombre qui se
meut soi-même.*
Or c'est là une pétition de
principe en raison de la convertibilité parfaite des termes. Le
majeur (*un nombre qui se meut
soi-même*) et le moyen (*ce qui
est à soi-même la cause de sa
propre existence*) expriment l'un

et l'autre, sous deux formes différentes, l'essence du mineur
(*l'âme*).
[3] Ar. précise que, pour obtenir
une définition par conclusion, il
est nécessaire que les prédicats
des prémisses expriment la quiddité des sujets, autrement dit se
réciproquent avec eux. Si on
prend le terme A (le majeur)
comme un simple conséquent,
c'est-à-dire un prédicat, du terme B (moyen), et le terme B
comme un simple conséquent
de Γ (le mineur), on n'obtiendra
pas une définition, mais seulement une attribution. Pas davantage (l. 2-7), on ne peut se
contenter d'affirmer A de B comme le genre de l'espèce, car, mal-
gré la communauté de nature, le
genre ne définit pas l'espèce, puisqu'il n'y a pas identité entre
eux. Or la définition et son objet
doivent être une seule et même
chose. — L. 5-7, ἀληθὲς γὰρ
... ζῷον doit être traité comme
une parenthèse.

tout *B*, en tant que *B*, est identique à une espèce de
5 *A* : l'essence de l'animal est affirmée de l'essence de
l'homme (puisqu'il est vrai que, dans tous les cas,
l'essence de l'homme est l'essence de l'animal, de
même qu'il est vrai aussi que tout homme est animal), mais non pas comme identique à l'essence de
l'homme.

Nous concluons donc que, à moins de prendre les
deux prémisses comme nous l'avons dit [1], on ne peut
pas conclure que *A* est la quiddité et la substance
de *Γ*. Seulement, si on les prend de cette façon, en
assumant *B* on aura assumé, antérieurement à la
10 conclusion, que *B* est la quiddité de *Γ* [2]. Il en résulte
qu'il n'y a pas eu de démonstration : on n'aura fait
qu'une pétition de principe.

5.

<*L'essence ne peut être prouvée par la division.*>

La méthode de division n'arrive pas non plus à
conclure, ainsi que nous l'avons dit dans l'analyse
relative aux figures [3]. En effet, on n'obtient jamais

---

[1] L. 7 et 9, *οὕτω* : c'est-à-d.
que les prémisses doivent exprimer l'essence.
[2] L. 10, nous lisons *ὅτι ἐστὶ*
τὸ τί ἦν εἶναι, avec Bywater
et G. R. G. Mure (*contra* Waitz,
II, 386).

[3] Renvoi à *Anal. pr.*, I, 31, où
Ar. a déjà critiqué la *division*
platonicienne telle qu'elle est exposée notamment dans le *Sophis-*
te et le *Politique*. — L. 13, *ἐν τῇ*
ἀναλύσει τῇ περὶ τὰ σχήματα
signifie, d'une façon précise :

d'une façon nécessaire que telle chose soit parce que telles autres choses sont [1] : la division ne démontre 15 pas plus que l'induction [2]. C'est qu'il ne faut pas [3] que la conclusion soit une interrogation, ni qu'elle dépende d'une concession de l'adversaire [4] ; mais il est nécessaire qu'elle soit, quand les prémisses sont données, même si celui qui répond la nie. <On demande, par exemple> [5] : *l'homme est-il animal ou être inanimé* ? On pose ensuite, mais on ne conclut pas, qu'il est animal. On ajoute qu'à son tour, tout animal, sans exception, est ou pédestre ou aquatique, et on pose [6] que l'homme est pédestre. — En outre, que l'homme 20 soit l'ensemble de ces deux notions, autrement dit *animal-pédestre*, ne résulte pas nécessairement de ce qu'on a dit, mais c'est là encore un nouveau postulat. Peu importe, du reste, que la division se fasse par un grand nombre ou par un petit nombre de différences [7] : dans les deux cas, c'est le même raisonnement [8]. Pour ceux qui procèdent par cette méthode,

---

«dans cette partie de la résolution logique des conclusions en leurs prémisses, qui concerne les figures du syllogisme ».

[1] Cf. Pacius, I, 484, qui traduit : *numquam enim necesse est ut cum haec* (= *quae ponuntur in divisione*) *sint, res illa* (= *definitio probanda*) *sit.* Voir aussi la définition du syllogisme, *Anal. pr.*, I, 1, 24 b 18-20.

[2] En partant du particulier, on ne peut démontrer l'universel (Philop., 349, 25).

[3] Sous-entendu : dans une dé-

monstration proprement dite.

[4] Cf. *Anal. pr.*, I, 1, 24 a 22.

[5] Interrogation de celui qui emploie la division pour aboutir à la définition cherchée.

[6] Et on ne démontre pas non plus.

[7] Cf. Philop., 350, 9 : dans l'exemple qui précède, il n'y a que deux différences (τὸ πεζόν, τὸ δίπουν), mais il pourrait y en avoir un plus grand nombre.

[8] De toute façon, tout est posé sans être démontré (πάντα λαμβάνεται, Eustr., 72, 22).

l'emploi de la division est à ce point inutile qu'ils ne peuvent même pas conclure les vérités qui pourraient être démontrées par syllogisme [1]. Car, qu'est-ce qui empêche que cet ensemble [2] ne soit vrai de l'homme, et cependant n'en indique ni l'essence, ni la quiddité ? Qu'est-ce qui garantit qu'on n'ajoute pas quelque chose à l'essence, ou qu'on n'en retranche pas quelque chose, ou enfin qu'on ne passe pas par dessus un caractère essentiel ?

Ce sont là assurément des défauts, <dira-t-on>, mais on peut les éviter si on prend tous les éléments contenus dans l'essence, et si, après avoir postulé l'élément premier, on continue par la division la série ininterrompue des termes, sans en omettre aucun [3]. Et ces conditions doivent être forcément remplies, puisque la division doit aboutir à ce qui est spécifiquement

---

[1] Nous traduisons comme PA-
CIUS, I, 484, qui a bien compris
ce passage. Cf. PHILOP., 350, 15 :
l'emploi de la division est ἀσυλ-
λόγιστος ..., non seulement οὐ
συλλογίσεται τὰς ἀμέσους προ-
τάσεις τὰς μὴ πεφυκυίας δείκ-
νυσθαι, ἀλλ' οὐδὲ τὰς ἐνδε-
χομένας καὶ δυνατὰς διὰ συλλογισμοῦ δεικνύσθαι συλλογίσεται (voir aussi ANONYME, 556,
2, et EUSTR., 72, 26). La division est donc bien un syllogisme impuissant (*Anal. pr.*, I, 31,
46 *a* 32).
[2] L. 25, τὸ πᾶν a la même
signification que τὸ ὅλον, l. 20 :
animal-pédestre. — Même si on
admet qu'on puisse attribuer *animal-pédestre* à l'homme, rien n'indique que ce soit là son essence :

on a pu se tromper dans l'énumération des éléments de l'essence,
soit en plus, soit en moins.
[3] La division complète d'un
genre, posé et non démontré
(αἰτούμενον τὸ πρῶτον, l. 30),
par exemple *animal*, doit se faire en une série de termes ininter-
rompus (τὸ ἐφεξῆς, l. 29. Sur
la notion de *consécutif*, cf. *supra*,
I, 20, 82 *a* 31, note), qui n'admettent aucun terme intermédiaire de même espèce. Par exemple, si le genre *A* est divisé en
B et *Γ*, *B* et *Γ* doivent être ἐφεξῆς ; si, à leur tour, *B* et *Γ* sont
divisés respectivement en B^1 B^2
et $Γ^1$ $Γ^2$, chacun de ces couples
doit être aussi ἐφεξῆς, ainsi
que les couples *AB*, BB^1, B^1 B^2
et *AΓ*, $ΓΓ^1$, $Γ^1Γ^2$.

indivisible [1]. — Mais pourtant, <répondrons-nous>, il n'y a pas en cela syllogisme [2] et si la division nous fait connaître quelque chose, c'est d'une autre façon. Et il n'y a là rien d'étonnant, car sans doute l'induction n'est pas davantage une démonstration, et cependant elle montre quelque chose. Mais on ne fait pas de syllogisme quand on tire de la division la définition. Car, de même que dans les conclusions obtenues sans leurs moyens termes [3], si on dit que telles prémisses étant données il faut nécessairement que telle chose soit, on peut demander pourquoi : ainsi en est-il aussi dans les définitions qui s'appuient sur la division. Par exemple : *quelle est l'essence de l'homme? Animal, mortel, qui a des pieds, bipède, sans ailes.* Mais *pourquoi*? peut-on demander à chaque addition d'un nouvel attribut. On dira, et on démontrera même (du moins on le croit) [4] par la division, que tout

35

92 *a*

---

[1] Le texte est douteux. Avec WAITZ, nous supprimons, l. 30-32, τοῦτο δ' ἀναγκαῖον, εἰ ἅπαν εἰς τὴν διαίρεσιν ἐμπίπτει καὶ μηδὲν ἐλλείπει, et nous lisons, l. 32, τοῦτο δ'ἀναγκαῖον, ἄτομον γὰρ εἴδει (et non ἤδη) δεῖ εἶναι. Nous comprenons, en conséquence, avec WAITZ, II, 388 : *necesse est ut singulae species et natura cum genere conjunctae sint et deinceps sumantur neque ulla praetermittatur, quia, nisi hoc ita fieret, divisio non desineret in species quae ipsae divisionem non admitterent : debet enim divisio procedere usque ad i d quod ipsum dividi nequeat.*

[2] C'est-à-dire, *divisio non ha-*

bet vim syllogisticam (PACIUS, I, 485).

[3] Dans les syllogismes où la mineure est passée sous silence, et où par conséquent le moyen terme fait défaut, la cause pour laquelle la conclusion suit nécessairement n'est pas apparente, et il est légitime de demander de quel droit on conclut. Il en est de même de la définition obtenue par division : à chaque élément de la définition qu'on ajoute (παρ' ἑκάστην πρόσθεσιν, l. 2) on peut demander pourquoi (WAITZ, II, 389).

[4] Car, en réalité on ne fait que postuler.

animal est ou mortel ou immortel. Mais une telle formule, dans sa totalité [1], n'est pas une définition. De telle sorte que, même en supposant qu'on puisse la démontrer par la division, de toute façon la défi-
5 nition ne devient pas conclusion.

6.

<L'essence ne peut être prouvée par le syllogisme hypothétique.>

Mais est-ce qu'il est encore possible de démontrer la définition qui exprime l'essence d'une chose [2], en procédant cette fois par hypothèse [3], c'est-à-dire en posant, d'une part [4], que la quiddité d'une chose [5] est constituée par les éléments propres de son essence, et, d'autre part [6], que ces éléments sont les seuls contenus dans l'essence et que leur ensemble [7] est propre à la chose? Car c'est en quoi consiste l'essence de la chose [8]. — Ne serait-ce pas plutôt que, là encore, la

---

[1] *Animal, mortel, qui a des pieds, bipède, sans ailes.*
[2] L. 6, τὸ τί ἐστι κατ' οὐσίαν veut dire τὸν εἰδικὸν ὁρισμόν · οὖτος γὰρ μόνος παριστᾷ τὸ εἶδος καὶ τὴν οὐσίαν τοῦ ὁριστοῦ ὡς ἔχων τὰς οὐσιώδεις διαφοράς (PHILOP., 353, 31).
[3] Sur le syllogisme hypothétique, au sens où AR. l'entend, cf. *Anal. pr.*, I, 23, 40 *b* 25, note, p. 117 de notre traduction.

[4] Comme majeure : définition de la définition.
[5] Autrement dit, sa définition (PHILOP., 354, 12).
[6] Comme mineure.
[7] *Animal-pédestre-bipède*, etc.
[8] C'est dans la synthèse des attributs essentiels que consiste la définition ou essence de la chose à définir (cf. ANONYME, 557, 20). — Le syllogisme est le suivant (EUSTR., 78, 19) :

quiddité est postulée dans cette prémisse [1], puisque la preuve doit se faire nécessairement par le moyen [10] terme ?

En outre, de même que dans le syllogisme on ne pose pas comme prémisse ce qu'est le syllogisme lui-même [2] (puisque toujours l'une des prémisses dont le syllogisme est constitué, est à l'égard de l'autre comme le tout à la partie) [3], ainsi la quiddité [4] ne doit pas non plus être contenue dans le syllogisme, mais elle doit être en dehors des prémisses posées. C'est seulement à celui qui doute si la conclusion est ou [15] non syllogistique, qu'il faut répondre qu'elle l'est parce qu'elle est conforme à la définition que nous avions posée du syllogisme ; et c'est seulement à celui qui doute que la conclusion soit la quiddité, qu'il faut répondre qu'assurément elle l'est parce qu'elle est conforme à la définition de la quiddité que nous avions posée [5]. Par suite, on doit pouvoir, même sans la

---

L'énoncé de tous les attributs appartenant en propre à l'essence est une définition ;

Animal-bipède... est l'énoncé de tous les attributs appartenant en propre à l'essence de l'homme ;

Donc animal-bipède... est la définition de l'homme (conclusion sous-entendue).

[1] Dans la mineure. Le moyen, posé dans la mineure, est l'essence même de la chose : on pose ainsi la quiddité pour prouver la quiddité. La pétition de principe est certaine.

[2] Dans un syllogisme, la majeure n'est pas la définition du syllogisme lui-même ; ainsi, pour démontrer la définition, il ne faut pas se servir de la définition de la définition.

[3] La majeure contient la mineure, comme le tout la partie. Si on posait comme majeure la définition du syllogisme, on devrait trouver dans la conclusion quelque affirmation sur la nature même du syllogisme.

[4] La définition de la définition (ou de l'essence).

[5] Cf. WAITZ, II, 390 : *Syllogismi definitione autem non utendum est nisi contra eum qui recte conclusum, et definitionis defini-*

définition du syllogisme ou sans celle de la quiddité [1], obtenir une conclusion.

20   Il en est de même [2] dans la preuve par hypothèse
du type suivant. Si l'essence du Mal consiste dans la
divisibilité, et si l'essence du contraire d'une chose
(dans le cas des choses qui ont un contraire) est le
contraire de l'essence de la chose [3], alors, si le Bien
est le contraire du Mal, et l'indivisible du divisible,
il en résulte que l'essence du Bien consiste dans l'indi-
visibilité. <C'est là une pétition de principe>, car on
ne démontre encore ici qu'en posant la quiddité comme prémisse, et comme une prémisse posée en vue de
25   démontrer la quiddité. — Pourtant, <dira-t-on>, c'est
une autre quiddité? — Je l'admets [4], car, dans les
démonstrations aussi, nous posons comme prémisse [5] que telle chose est attribuée à telle autre ; seulement, le terme attribué n'est ni le même que le majeur, ni identique à lui par la définition ou converti-
ble avec lui.

---

*tione non nisi contra eum qui
recte definitum esse neget.*
  [1] La définition de la définition.
  [2] Il y a aussi pétition de principe quand, faisant un détour en
quelque sorte, on prend le contraire de la chose à définir : là
encore, pour prouver l'essence,
on pose l'essence.
  [3] Nous acceptons la leçon de
Waitz, qui doit être comprise
comme s'il y avait : εἰ τὸ
κακῷ <εἶναι> ἐστὶ τὸ διαιρε-
τῷ εἶναι, τῷ δ' ἐναντίῳ <εἶ-
ναι> τὸ τῷ ἐναντίῳ εἶναι.

  [4] Nous ponctuons, l. 25, ἕτε
ϱον μέντοι ; ἔστω. — La quiddité du Mal, postulée, est autre que
celle du Bien, prouvée.
  [5] Comme mineure. — Dans le
syllogisme, le moyen est bien
affirmé du mineur, mais il n'est
pas, comme dans le présent raisonnement, la chose même qui
doit être démontrée (on pose τι
dit Philop., 357, 11, πλὴν οὐκ
αὐτὸ τὸ ζητούμενον), ou tout
au moins répondant à la même
définition, ou réciprocable avec
elle. Cf. aussi Eustr., 86, 31.

En outre, à l'égard des deux sortes de preuves, la preuve par division et la preuve par un syllogisme tel que nous venons de le décrire, on est en présence de la même difficulté [1] : pourquoi l'homme serait-il animal-bipède-pédestre, et non animal *et* pédestre ? 30 En effet, des prémisses adoptées il ne résulte aucune nécessité que le prédicat forme une unité : il peut en être comme dans le cas où *musicien* et *grammairien* sont attribués au même homme [2].

7.

<La Définition ne peut pas prouver l'essence.>

Comment donc [3], en définissant, prouvera-t-on la substance ou quiddité ? [4] On ne peut pas, comme quand on démontre en partant de propositions dont la vé- 35 rité est concédée, montrer que, telles choses étant, quelque autre chose est nécessairement, car c'est là une démonstration [5] ; on ne pourra pas montrer non

---

[1] La question de l'unité de la définition (cf., outre les précédents chapitres, *de Interpr.*, 5, 17 *a* 10, et ch. 11 ; *Metaph.*, *Z*, 12) n'est résolue ni dans la preuve par division, ni dans la preuve par hypothèse.

[2] Car ces attributs accidentels ne sont pas nécessairement joints l'un à l'autre, et peuvent appartenir séparément à un seul et même sujet.

[3] La marche générale du rai-sonnement, dans le présent chapitre, sera celle-ci. La définition n'a pas pour objet l'existence de la chose ; la démonstration, au contraire, établit l'existence. Il en résulte que la définition ne peut pas démontrer.

[4] Cf. *Metaph.*, E, 1, 1025 *b* 8 ; K, 7, 1064 *a* 5.

[5] La définition ne procède pas comme la démonstration : elle ne fait pas découler l'essence de premisses données.

plus, comme dans l'induction, en s'appuyant sur l'évidence des cas particuliers, que le tout [1] est ainsi parce que aucun des cas particuliers n'est autrement : car l'induction ne prouve pas ce qu'est la chose, mais **92 b** qu'elle a ou n'a pas quelque attribut. Quelle autre méthode nous reste-t-il donc ? Car, à coup sûr, on ne peut pas prouver l'essence par la sensation ou en la montrant du doigt [2].

De plus, comment par la définition prouvera-t-on l'essence ? [3] Nécessairement, en effet, quand on sait 5 ce qu'est l'homme, ou tout autre chose, on sait aussi qu'il est, car pour ce qui n'est pas, personne ne sait ce qu'il est : on peut seulement savoir ce que signifie le discours ou le nom [4], comme lorsque je dis *bouc-cerf*, mais ce qu'est un bouc-cerf, il est impossible de le savoir. Mais, en outre, si la définition peut prouver ce qu'est une chose, peut-elle aussi prouver qu'elle existe ? [5] Et comment prouvera-t-elle à la fois essence et existence par le même raisonnement, puisque la définition, de même que la démonstration, fait con-

---

[1] L. 38, τὸ πᾶν est synonyme de τὸ καθόλου. C'est la proposition universelle obtenue par induction. Elle est οὕτως, en ce que le prédicat appartient à tous les sujets qu'elle embrasse, sans exception : c'est la condition de sa vérité (cf. EUSTR., 94, 14). Or l'induction n'établit qu'une proposition existentielle.

[2] Il n'y a donc aucun moyen de prouver l'essence.

[3] L. 92 a 34 (début du chapi-

tre), il faut mettre l'accent sur δείξει : comment *prouvera-t-on* l'essence ? Dans le présent passage, l. b 4, on doit mettre l'accent sur τὸ τί ἔστι : comment prouvera-t-on l'*essence* ?

[4] D'un être fictif on ne peut donner qu'une définition nominale.

[5] L. 8 et 9, il faut lire, avec WAITZ : τί ἐστι, καὶ ὅτι ἔστι ; καὶ πῶς τῷ αὐτῷ λόγῳ δείξει :

naître une seule et unique chose ? Or ce qu'est l'homme 10
est une chose, et le fait que l'homme existe en est
une autre.

Ensuite nous soutenons que c'est nécessairement
par une démonstration qu'on montre qu'une chose
quelconque est, à l'exception de la seule substance [1].
Or l'être n'est jamais la substance de quoi que ce soit,
puisqu'il n'est pas un genre [2]. La démonstration [3]
aura donc pour objet que la chose est. Et c'est bien
là ce que font actuellement les sciences : le géomètre 15
pose la signification du terme *triangle*, mais il *prouve*
qu'il a tel attribut [4]. Qu'est-ce alors qu'on prouvera
en définissant l'essence ? Sera-ce le triangle ? Alors, en
connaissant par définition ce qu'est une chose, on ne
saura pas si elle existe, ce qui est impossible [5].

Il est clair encore, si nous considérons les méthodes
actuelles de définition, que la définition ne prouve
pas que la chose définie existe, puisque, même s'il 20
y a quelque chose qui soit équidistant d'un centre [6],

---

[1] Il n'y a donc que les substances dont l'existence soit connue sans démonstration. Pour elles, on connaît immédiatement le τi, le $\delta\iota\grave{\alpha}$ τi et le $\ddot{o}\tau\iota$. Cf. Robin, *Archiv f. Gesch. d. Phil.*, t. XXIII, 1910, p. 184 et ss.

[2] Sur ce point, cf. *Top.*, IV, 1, 121 *a* 10-19, et *Metaph.*, B, 3, 998 *b* 17-28, et la note de notre traduction, tome I, p. 86.

[3] Et non la définition.

[4] Le triangle est pour le géomètre un sujet donné. — L. 16, les mots $\ddot{o}\tau\iota$ δ' $\ddot{\epsilon}\sigma\tau\iota$ signifient non pas que le triangle existe, mais qu'il a tel attribut ($\dot{\epsilon}\sigma\tau\grave{\iota}$ $\tau\iota$). Sur ce texte, cf. Trendel., *Elem.*, 142.

[5] *Quare quid est quod definienti ad demonstrandum relinquitur? At demonstrabit quid res sit. Ad quae Aristoteles : intelligens igitur definitione facta quid res sit, num sit ignorabit (nam ut patefiat num sit, demonstratione opus esse modo probavimus), quod absurdum esse supra demonstratum est* (Waitz, II, 392-393).

[6] Définition abrégée du cercle

cependant pourquoi la chose définie existerait-elle?
Pourquoi, en d'autres termes, serait-ce là la définition
du cercle? On pourrait aussi bien dire que c'est celle
de l'orichalque [1]. Car les définitions ne vont pas
jusqu'à démontrer que la chose définie puisse exister,
ni qu'elle est ce qu'on prétend définir [2] : il est toujours
25 possible de demander le pourquoi [3].

Puis donc que définir c'est montrer soit ce qu'est
la chose, soit ce que signifie son nom, nous pouvons
en conclure que la définition, si elle ne prouve absolument pas ce qu'est la chose, ne sera qu'un discours
ayant la même signification que le nom [4]. Mais
c'est là une absurdité. D'abord, en effet, il y aurait
définition et de ce qui n'est pas substance et de ce
qui n'existe pas du tout, puisqu'on peut exprimer
30 par un nom, même des choses qui n'existent pas. En
outre, tous les discours seraient des définitions, puis-

(cf. EUCLIDE, I, def. xv et xvi).
La notion de cercle n'entraîne
pas l'existence du cercle.
[1] L'orichalque, dont parlent
déjà HÉSIODE, Bouclier, 122 (voir
la note de l'éd. MAZON, p. 137,
éd. Guillaume Budé) et PLATON,
Critias, 114 e (voir la notice de
A. RIVAUD, p. 243, de son édition) est peut-être le cuivre de
montagne, alliage de cuivre et
de zinc, ou laiton (cf. PHILOP.,
362, 8, et EUSTR., 99, 13). AR.
fait encore mention de l'orichalque, de Mirabil. Auscult., 58,
834 b 25.
[2] Cf. PACIUS, I, 488. Definitio nec docet rem propositam cujus
essentia quaeritur esse in rerum
natura; nec docet eam esse id
cujus essentiam ipsa definitio de-
clarat. — L. 23, τὸ λεγόμενον =
τὸ ὁριζόμενον (PHILOP., 362,
13).
[3] EUSTR., 99, 28, précise : διὰ
τί τοῦτ' ἔστι καὶ οὐκ ἄλλο τὸ
ὑπὸ τοῦ ὁρισμοῦ δηλούμενον ;
ἢ διὰ τί ὅλως ἐστίν.
[4] Si, comme nous l'avons montré, dit AR., la définition ne
peut prouver l'essence, il reste
qu'elle est purement nominale.
Mais alors elle serait vaine et ne
ferait que développer la signification du nom. Or, pour les trois
raisons qui suivent, c'est là une
impossibilité.

qu'on pourrait toujours imposer un nom à un discours quelconque, de sorte que tout ce que nous di-
rions ne serait que définition et que l'*Iliade* même
serait une définition [1]. Enfin, aucune démonstration
ne pouvant prouver que tel nom signifie telle chose [2],
les définitions par suite ne nous font pas connaître
cela non plus.

En vertu de ces considérations, il ne semble donc 35
pas que ni la définition et le syllogisme soient une
seule et même chose, ni que l'objet de la définition
et celui du syllogisme soient identiques ; il résulte
en outre que la définition ne démontre ni ne prouve
rien, et que l'essence ne peut être connue ni par définition, ni par démonstration.

8.

<*Relation de la Définition et de la Démonstration.*>

Nous devons examiner à nouveau quelles sont cel- 93 *a*
les de ces conclusions qui sont fondées et quelles
sont celles qui ne le sont pas, quelle est la nature de
la définition, et si l'essence peut en un certain sens

---

[1] Le poème tout entier serait
une définition du titre. Cf. *Metaph.*, Z, 4, 1030 *a* 7.
[2] Avec WAITZ, II, 393, nous
supprimons, l. 3, ἐπιστήμη, et
sous-entendons ἀπόδειξις. —

*Quum nulla demonstratione pro-
bari possit, quae nominum quibus
utamur sit significatio, neque per
definitionem hoc demonstrari poterit* (WAITZ, II, 393). Cf. aussi
PHILOP., 363, 16.

être objet de démonstration, ou si c'est absolument impossible.

Ainsi que nous l'avons dit [1], connaître ce qu'est une chose revient à connaître la cause de son existen-
5 ce, et la raison de ceci, c'est qu'une chose doit avoir une cause. En outre, cette cause est soit identique à l'essence, soit autre qu'elle, et c'est dans le cas seulement où sa cause est distincte d'elle que l'essence peut être soit démontrable, soit indémontrable [2]. Par conséquent, si la cause est autre que l'essence, et la démonstration possible, la cause est nécessairement le moyen terme, et la preuve se fait dans la première figure, attendu que la conclusion prouvée est à la fois universelle et affirmative. Ainsi la méthode que nous venons d'exposer serait la première façon d'arriver au
10 but que nous poursuivons [3] : c'est de démontrer l'es-

---

[1] II, 2. — L. 4, nous lisons avec Waitz, II, 393-394, qui suit Zabarella, τὸ αἴτιον τοῦ εἰ (et non τι) ἐστι.

[2] Connaître l'essence d'une chose, c'est connaître sa cause,ce qui ne peut se faire que si en réalité elle en a une (λόγος, l. 5, signifie *non tam rationem propter quam aliquid fiat quam conditionem sine qua fieri omnino non possit* (Waitz, II, 394). Quand cette cause vient *aliunde* (autrement dit, quand on est en présence d'attributs, dont l'être consiste dans leur inhérence à une substance autre qu'eux-mêmes, par l'intermédiaire d'un moyen terme), on obtiendra une démonstration de la définition par un

syllogisme en *Barbara* (toute définition étant une proposition universelle et affirmative) à l'aide d'une autre définition de la même chose prise comme mineure (par exemple, la cause matérielle sera démontrée par la cause formelle. Philop., 365, 24), mineure qui exprimera la cause (le moyen terme) par laquelle la définition qui est démontrée est vraie. C'est donc là, en un certain sens, une démonstration de la définition de l'essence : on démontre l'essence par une autre de ses définitions, mais, comme l'indique Ar. plus loin, l. 14, c'est plutôt une preuve dialectique.

[3] Savoir, prouver l'essence.

sence par une autre [1]. En effet, des conclusions contenant des essences doivent être nécessairement obtenues par un moyen qui soit lui-même une essence, comme les attributs propres le sont par un moyen propre ; de sorte que des deux quiddités de la même chose, on prouvera l'une et on ne prouvera pas l'autre [2].

Nous avons dit plus haut [3] que cette méthode ne peut pas constituer une démonstration, mais qu'il s'agit là seulement d'un syllogisme dialectique de 15 l'essence. Reprenons donc la question à son point de départ, et expliquons de quelle façon on peut démontrer l'essence. Quand nous avons connaissance du fait, nous recherchons le pourquoi, et, bien que parfois le fait et le pourquoi nous soient connus simultanément, il n'est cependant pas possible de savoir le pourquoi avant le fait ; de même, il est évident que la quiddité d'une chose ne va pas sans son existence, car il est impossible de connaître ce qu'est une chose 20 quand on ignore si elle existe.

---

[1] Autrement dit, de démontrer la définition d'une chose par une autre de ses définitions.

[2] On pourra, par exemple, prouver la cause matérielle par la cause formelle insérée dans une mineure qui, étant elle-même immédiate, ne sera pas prouvée.

Toute l'argumentation d'AR. revient en somme à ceci. Si la conclusion contient la quiddité entière de la chose, il y a pétition de principe, puisque les prémisses l'expriment déjà (cf. II, 4). Le syllo-gisme, même dialectique, n'est donc possible que si les prémisses et la conclusion contiennent chacune une partie seulement de la définition : le défaut de lumière de la Lune, par exemple, est prouvé par l'interposition de la terre.

[3] II, 4. — L. 15, λογικός est synonyme de διαλεκτικός. Ce ne peut-être une démonstration proprement dite, en raison de la pétition de principe qu'elle implique (II, 4, 91 a 31 et 36).

En outre, nous avons la connaissance qu'une chose existe ou non [1], tantôt en appréhendant un élément essentiel de la chose, tantôt par accident, comme, par exemple, quand nous savons seulement que le tonnerre est un bruit des nuages, l'éclipse une privation de lumière, l'homme une espèce d'animal, et l'âme ce qui se meut soi-même. Toutes les fois que c'est par accident que nous savons que la chose existe, nous sommes nécessairement dans une complète ignorance en ce qui concerne l'essence, puisque nous ne savons même pas véritablement [2] que la chose existe, et chercher ce qu'est une chose sans savoir qu'elle existe, c'est assurément ne rien chercher du tout. Par contre, dans les cas où nous appréhendons un élément de la chose, la recherche de l'essence est plus aisée. Il en résulte que mieux nous connaissons qu'une chose existe, mieux aussi nous sommes aptes à connaître son essence. — Parlons donc des choses dont nous connaissons un élément de l'essence, et commençons par l'exemple suivant. Admettons que

---

[1] La connaissance de l'existence d'une chose a lieu, soit par la cause, qui lui est liée nécessairement (cf. PHILOP., 367, 31 : ἔχομεν γνῶσιν, τοῦ πράγματος ἀπό τινος τῶν οὐσιωδῶς ὑπαρχόντων αὐτῷ), soit par l'un de ses caractères qui ne lui appartiennent pas nécessairement. A ce dernier cas se rattachent les exemples qui suivent (et nous avons dû intervertir l'ordre des deux membres de phrase, l. 21 et 22) : pour le tonnerre, l'éclip-se, l'homme et l'âme, nous ignorons la cause des attributs qui en sont affirmés, le pourquoi de ces attributions. Ainsi, l'âme c'est ce qui se meut soi-même ; mais qu'est-ce que se mouvoir soi-même ? nous l'ignorons. Il en serait différemment si nous admettions, avec XÉNOCRATE, que l'âme est un nombre.

[2] Nous ajoutons ce mot pour éclairer le sens. *Non vere novimus, sed per accidens* (PACIUS, I, 390).

A signifie *éclipse*, *Γ* la *Lune*, et *B interposition de la* 30
Terre. Rechercher s'il y a éclipse ou non, c'est chercher si *B* se produit ou non, ce qui ne diffère en rien
de rechercher s'il y a une raison pour *A* [1]. Et si cette
raison existe, nous disons que *A* aussi existe. Autre
exemple : on peut rechercher lequel des deux membres d'une contradiction la raison détermine : rend-
elle les angles d'un triangle égaux ou non égaux à
deux droits ? [2] Quand nous avons trouvé, nous savons 35
simultanément le fait et le pourquoi, à la condition
que les prémisses soient immédiates [3] ; si elles ne le
sont pas, nous connaissons le fait, mais non le pourquoi <comme dans l'exemple suivant>. Soit *Γ* la
Lune, A éclipse, et *B l'incapacité, à l'époque de la*
pleine Lune, de projeter une ombre, bien qu'aucun corps
apparent ne soit interposé entre nous et la Lune. Si
donc *B, l'incapacité de projeter une ombre, bien qu'au-*

---

[1] Le syllogisme est facile à construire. *A* est le grand terme, *B* le moyen, et *Γ* le mineur. — L. 33, Aʀ. joue en quelque sorte sur le mot λόγος, qui signifie à la fois *définition* (discours exprimant τὸ τι ἦν εἶναι), et aussi, comme dans le présent passage, *cause prochaine.* L'identification de la cause et de la définition en est ainsi facilitée.

[2] La question est de savoir si le λόγος prouve l'affirmation, la thèse (*les trois angles d'un triangle valent deux droits*), ou la négation, l'antithèse (*les trois angles d'un triangle ne valent pas deux droits*), qui sont les deux membres de la contradiction. — L. 34, ποτέρας τῆς ἀντιφάσεως ἐστι ὁ λόγος = πότερόν ἐστι λόγος τῆς καταφάσεως ἢ τῆς ἀποφάσεως (Cf. Pʜɪʟᴏᴘ., 369, 14-20).

[3] En adoptant l'ingénieuse correction de Wᴀɪᴛᴢ, II, 396, et en lisant, l. 36, δι' ἀμέσων, au lieu de διὰ μέσων, le sens est très clair. On connaît à la fois la chose et la cause par laquelle elle est, si les propositions, à partir desquelles se fait la démonstration, ne peuvent pas elles-mêmes être prouvées *aliunde* ; si elles sont médiates, on connaît le fait, mais on ignore le pourquoi.

93 *b*   *cun corps ne soit interposé entre nous et la Lune,* appartient à *Γ,* et *A, subir une éclipse,* à *B,* il est évident
que la Lune subit une éclipse, mais on ne voit pas
encore pourquoi ; et que l'éclipse existe, nous le savons,
mais ce qu'elle est, nous ne le savons pas [1]. Mais une
fois qu'il est clair que *A* appartient à *Γ,* chercher le
pourquoi de cette attribution c'est chercher ce qu'est
5   *B* : est-ce l'interposition de la Terre, ou la rotation
de la Lune, ou l'extinction de sa lumière? Mais ce
nouveau moyen terme est la définition même de l'autre extrême, c'est-à-dire, dans ces exemples, de *A* :
car l'éclipse n'est autre chose que l'interposition produite par la Terre [2]. <Ainsi encore> [3] : *Qu'est-ce que*
le tonnerre? C'est l'extinction du feu dans un nuage,
revient à : *Pourquoi tonne-t-il? Du fait que le feu*
s'éteint dans le nuage. Soit *Γ nuage, A tonnerre,* et *B*
10   *extinction du feu.* Alors, *B* appartient à *Γ, nuage,*
parce que le feu s'éteint en lui ; et *A, bruit,* appartient
à *B* ; et *B* est assurément la définition de *A,* le grand
extrême. S'il faut encore un autre moyen terme comme

---

[1] Dans le syllogisme ainsi cons-
truit (*A B, BΓ,* donc *A Γ*), le
moyen *B* n'est véritablement pas
cause ; il demande lui-même une
explication, il n'est pas *ἄμεσον* ;
la conclusion est une simple proposition d'existence. Il reste donc
à trouver un nouveau moyen terme, qui rende raison de *B* et soit
ainsi la cause réelle de l'éclipse :
on devra se demander si cette

cause est l'interposition de la
terre, la rotation de la Lune sur
elle-même, ou l'extinction de sa
lumière. — L. 37-38, après *σκιὰν*
μὴ δύνασθαι ποιεῖν, il faut sous-
entendre *τὴν σελήνην.*
[2] On a ainsi l'explication causale de *B,* et par suite de *A.*
[3] Même raisonnement que pour
l'exemple précédent. Cf. Eustr.,
123, 2 et ss.

cause de B [1], ce sera l'une des définitions restantes de A.

Nous avons donc établi comment on atteint l'essen- 15 ce et comment on parvient à la connaître ; et nous voyons que, bien qu'il n'y ait pas de syllogisme, autrement dit de démonstration, de l'essence, pourtant c'est par syllogisme, c'est-à-dire par démonstration, que l'essence est connue. Nous concluons que, sans démonstration, il n'est pas possible de connaître l'essence d'une chose qui a une cause autre qu'elle-même, et qu'elle ne peut pas non plus être démontrée, ainsi que nous l'avons indiqué [2] dans nos discussions pré- 20 liminaires.

9

<On ne peut démontrer ni l'existence, ni l'essence des principes. >

Certaines choses [3] ont une cause autre qu'elles-mêmes, tandis que, pour d'autres choses, leur cause n'est pas distincte d'elles-mêmes. D'où il est évident que, parmi les essences aussi [4], il y en a qui sont im-

---

[1] Pour prouver AB. — Cf. WAITZ, II, 397 : *Sin autem etiam alius terminus inveniri potest, per quem cogatur propositio AB, is quoque una ex reliquis definitionibus notionis A non esse non poterit.*

[2] II, 3.

[3] Sur ce chapitre, cf. le résumé de THÉMIST., 50, 19 et ss., et le commentaire de TRENDEL., *Elem.*, 157.

[4] La différence dans les choses, doit se retrouver dans leurs quiddités.

médiates, autrement dit sont principes, et ces essences on doit supposer non seulement qu'elles sont, mais
encore ce qu'elles sont, ou les faire connaître d'une
autre façon [1]. C'est précisément ce que fait l'arithmé-
ticien, puisqu'il suppose [2] à la fois et ce qu'est l'unité
25 et que l'unité est. D'autre part, pour les choses qui
ont un moyen terme, c'est-à-dire une cause autre
que leur substance, il est possible, de la façon que
nous avons expliquée, de montrer leur essence par
démonstration, sans pourtant la démontrer.

10.

<Les différentes sortes de définitions.>

Puisque la définition est regardée comme le discours qui explique ce qu'est une chose [3], il est clair
30 que l'une de ses espèces sera un discours expliquant
ce que signifie le nom, autrement dit un discours
purement nominal différent de celui qui exprime
l'essence [4] : ce sera, par exemple, ce que signifie le

---

[1] *Velut exemplis et usu* ; φανε-
ρὰ *enim, quae oculis subjiciuntur*
(Trendel., *Elem.*, 157).
[2] Ou, si l'on veut, *postule*.
[3] C'est là une définition générale, πλεοναχῶς, qui enferme,
comme l'une de ses espèces, la
définition *quid nominis* (λόγος
ὀνοματώδης) l'autre espèce étant
aussi un λόγος τοῦ τί ἐστιν

(Philop., 372, 8-10 ; Anonyme,
566, 9).
[4] L. 30-31, ἢ λόγος ἕτερος
ὀνοματώδης ne fait que développer l'expression qui précède (Cf.
Philop., 372, 15 ; Anon., 566,
15 : τουτέστι ταὐτὸν τῷ ὀνό-
ματι σημαίνων λόγος καὶ ἕτερος τοῦ τὴν οὐσίαν δηλοῦντος.
Voir aussi Pacius. I, 492 : *oratio*

terme *triangle* [1], ce qu'est une figure en tant que nommée triangle. Quand nous savons que le triangle est, nous cherchons pourquoi il est. Or il est difficile ainsi [2] d'appréhender la définition de choses dont nous ne savons pas l'existence, la cause de cette difficulté étant, comme nous l'avons dit plus haut [3], que nous ne connaissons que par accident si la chose existe 35 ou non. En outre, un discours est un de dsux façons : soit en vertu d'un simple lien, comme l'*Iliade*, ou parce qu'il exprime un seul prédicat d'un seul sujet autrement que par accident [4].

Voilà donc une première définition de la définition : c'est celle que nous venons de donner. Une autre espèce de définition est le discours qui montre pourquoi la chose est [5]. Ainsi, la première donne une signification, mais ne prouve pas, tandis que la seconde **94** *a* sera évidemment une quasi-démonstration de l'essence, ne différant de la démonstration que par la position de ses termes [6]. Car il y a une différence

---

diversa a sequentibus definitionibus realibus).

[1] Tel que l'envisage la Géométrie, abstraction faite de sa matière sensible et considéré comme sujet. — L. 31-32, nous ponctuons : οἷον τὸ τί σημαίνει, τί ἐστιν ἢ τρίγωνον, et comprenons, avec Philop., 372, 17, τι σημαίνει τὸ ὄνομα τοῦ τριγώνου καθὸ τρίγωνον (cf. Pacius, I, 492 : *veluti quid significat, seu quid est, qua triangulum vocatur).*

[2] C'est-à-dire, quand nous ne connaissons que la définition nominale (Philop., 372, 24 : ἀπὸ τοῦ ὀνοματώδους).

[3] II, 8, 93 *a* 16-27.

[4] Et c'est là une raison pour qu'il y ait une définition autre que la définition nominale. Ar. renvoie implicitement à II, 7, 92 *b* 32.

[5] Seconde espèce de définition : la définition *quid rei*, par la cause.

[6] La définition par la cause est une sorte (οἷον) de démonstration de ce qu'est la chose, et

entre dire pourquoi il tonne et dire ce qu'est le tonnerre : dans le premier cas, on dira que c'est parce
que le feu s'éteint dans les nuages, tandis que, pour
5 établir ce qu'est le tonnerre, on dira que c'est le
bruit du feu s'éteignant dans les nuages. Ainsi, c'est
le même discours qui prend une forme différente :
dans l'une, c'est une démonstration continue [1], dans
l'autre une définition. — On peut encore définir le
tonnerre comme du bruit dans les nuages, ce qui
est la conclusion de la démonstration de l'essence [2].
— Enfin, la définition des termes immédiats est une
10 donnée indémontrable de l'essence [3].

---

elle ne diffère de la démonstration
proprement dite que par la position (θέσει) des termes. On démontre, en effet, que A (τὸ
βροντᾶν) est une propriété de $Γ$
ὑπάρχει τῷ νέφει) par B (τὴν
ἀπόσβεσιν πυρός) ; on dit ainsi
A est par B. La définition dit la
même chose d'une autre façon :
*qu'est-ce que le tonnerre ? C'est
l'extinction du feu dans les nuages.*
Le moyen-cause (la forme ou différence : *extinction dans les nuages*) y est énoncé après le majeur-
effet (la matière ou genre : *bruit*),
tandis que, dans la démonstration, il est posé d'abord. C'est
pourquoi (Waitz, II, 398) *qui
definit, is conclusionem, quam co-
git qui definitionem demonstrat,
non demonstratam pronuntiat.* On
trouvera un exemple mathématique analogue, *de An.*, II, 2, 413 *a*
13 (p. 72 et 73 de notre trad. avec
les notes).

[1] La démonstration est συνε-
χής en ce que ses parties (la majeure et la mineure) sont liées par
un terme commun (le moyen),
et qu'il y a un mouvement sans
interruption des prémisses à la
conclusion, comme en ligne droite (καθ᾽ εὐθεῖαν, Philop., 374,
23), tout au moins dans la première figure. La définition res-
semble plutôt, par son unité essentielle, à l'indivisible simplici-
té du point (Cf. Pacius, II, 330).

[2] Autre sorte de définition réelle : la définition purement matérielle, qui est comme la conclusion du syllogisme du τί ἐστι.
Mais, en pareil cas, on omet la
cause et la forme.

[3] Dernière espèce de définition.
C'est la définition des choses qui
n'ont pas de causes, τῶν ἀμέσων
καὶ πρώτων (Thémist., 51, 20) :
elle est le principe de la démonstration.

Nous concluons que la définition est [1], en un premier sens, un discours indémontrable de l'essence ; en un second sens, un syllogisme de l'essence ne différant de la démonstration que par la position des termes [2] ; et, en un troisième sens, la conclusion de la démonstration de l'essence.

On voit donc [3], d'après ce que nous avons dit : en premier lieu, en quel sens il y a, et en quel sens il n'y a pas démonstration de l'essence, à quelles choses elle s'applique et à quelles choses elle ne s'applique pas ; en second lieu, en combien de sens est prise la définition, en quel sens elle montre l'essence et en quel sens elle ne la montre pas, à quelles choses elle s'applique et à quelles choses elle ne s'applique pas ; enfin, quel est le rapport de la définition à la démonstration, et comment elle peut s'appliquer au même objet qu'elle et comment elle ne le peut pas.

11.

<Les différentes causes prises comme moyens termes.>

Nous pensons connaître quand nous savons la cause [4]. Or les causes sont au nombre de quatre : en

---

[1] Conclusion : trois espèces de définitions (AR. omet la définition nominale. Cf. THEMIST., 51, 23-24).

[2] L. 12, πτώσει = θέσει (PHILOP., 375, 5).

[3] Résumé des chapitres 3-10.

[4] Cf. supra, I, 2 init. — Qua-

premier lieu, la quiddité ; en second lieu, que certaines choses étant données, une autre suit nécessairement ; en troisième lieu, le principe du mouvement de la chose ; et, en quatrième lieu, la fin en vue de laquelle la chose a lieu. D'où toutes ces causes peuvent servir de moyen terme à la preuve [1]. — En effet, que telle chose étant donnée, il en résulte nécessairement que ceci est [2], c'est ce qu'on ne peut démontrer à l'aide d'une seule prémisse, mais il en faut

25 au moins deux [3] ; c'est-à-dire que ces deux propositions doivent avoir un seul moyen terme. Ainsi, cet unique moyen terme une fois posé, la conclusion suit nécessairement. On peut encore le montrer [4] par l'exemple suivant : pourquoi l'angle inscrit dans le demi-cercle est-il droit ? ou bien : de quelle donnée suit-il que

---

tre espèces de causes : la cause formelle, la cause matérielle (la matière, τὸ ἐξ οὗ, la *causa sine qua non* des SCOLASTIQUES, est assimilée par AR., *Phys.*, II, 3, 195 *a* 18-19, aux prémisses du syllogisme, qui sont la cause matérielle de la conclusion), la cause efficiente (*quae primum movit*) et la cause finale. La théorie des quatre causes envisagées comme moyens termes est exposée, dans le présent chapitre, d'une manière confuse ; elle peut être éclairée par la *Metaph.*, notamment dans les passages (H, 4, 1044 *b* 1 ; *Λ*, 4, 1070 *b* 26, etc...) où AR. enseigne que cause formelle, cause efficiente et cause finale ne font en réalité qu'une seule et même cause, la cause

formelle ou quiddité, à laquelle s'oppose la cause matérielle (Cf. aussi la longue dissertation de WAITZ, II, 401-408, avec les nombreuses références à l'œuvre d'AR.)

[1] AR. dit textuellement : « Toutes ces causes sont prouvées par un moyen terme », mais sa pensée n'est pas douteuse.

[2] Examen de la cause matérielle. — Cf. PHYS., passage cité *supra* : αἱ ὑποθέσεις τοῦ συμπεράσματος ὡς τὸ ἐξ οὗ αἰτιά ἐστιν, et aussi *Metaph.*, *passim*, notamment *Δ*, 2, 1013 *b* 17. Les prémisses sont ainsi la cause matérielle de l'unité du moyen terme.

[3] Cf. *Anal. pr.*, I, 15, 34 *a* 17.

[4] Savoir, que la cause matérielle peut servir de moyen.

c'est un angle droit [1]? Ainsi, admettons que *A* soit
angle droit, B moitié de deux angles droits, et *Γ*
angle inscrit dans le demi-cercle. Alors *B* est la cause
en vertu de laquelle *A, angle droit*, appartient à *Γ*, 30
angle inscrit dans le demi-cercle, puisque *B* est égal
à *A*, et *Γ* à *B*, car *Γ* est la moitié de deux angles
droits. Donc *B, moitié de deux angles droits*, est la
donnée de laquelle il suit que *A* appartient à *Γ*, c'est-
à-dire, avons-nous dit, que l'angle inscrit dans le demi-
cercle est droit. En outre, *B* est identique à la quiddité de *A*, puisqu'il est ce que la définition de *A* signifie ; or nous avons déjà montré que le moyen est 35
la quiddité comme cause [2].

D'autre part [3], *pourquoi les Mèdes ont-ils fait la guerre aux Athéniens*? signifie : *quelle est la cause de*

---

[1] On a le syllogisme en *Barba-ra* suivant, dans lequel *B*, moyen terme, est cause de la conclusion :
Tout angle qui est la moitié de deux droits (B) est un angle droit (A) ;
Tout angle inscrit dans le demi-cercle (Γ) est la moitié de deux angles droits (B) ;
Tout angle inscrit dans le demi-cercle (Γ) est un angle droit (A).
Sur la démonstration de ce théorème, cf. EUCLIDE. *Elem.*, I, def. X, mais AR. se réfère peut-être à une définition plus ancienne. En tout cas, ce n'est pas celle de III, 31 (Cf. HEATH, *Greek Mathematics*, I, p. 339-340)
[2] Cf. *supra*, II, 8, 93 *a* 3, et d'autres passages tels que 10, 94 *a* 5 et ss., où AR. a montré que le moyen définit le majeur. — Sur la portée des l. 34-36, cf. WAITZ, II, 408 : le moyen étant la définition du majeur, l'exemple ci-dessus prouve que la cause matérielle et la cause formelle peuvent s'exprimer par le moyen terme, bien que (ἀλλὰ μὴν, l. 35) ce ne fût pas nécessaire, en raison de ce que nous avons dit sur l'identité du moyen et de la quid-dité ; il eût suffi de montrer comment la cause matérielle est con-tenue dans le moyen terme.
[3] AR. passe à l'étude de la cau-se *efficiente*. Il faut compren-dre : « C'est chercher la cause efficiente que de demander », etc. Le syllogisme qui suit est facile à construire : le moyen terme *B* est la cause efficiente de la con-clusion.

la guerre faite aux Athéniens ? et la réponse est :
94 b *parce que les Athéniens avaient attaqué Sardes avec les
Eréthriens*, puisque c'est ce fait qui a déclenché la
guerre. Admettons que *A* signifie *guerre*, *B avoir attaqué en agresseurs*, et *Γ les Athéniens*. Alors *B*, *avoir
attaqué en agresseurs*, appartient à *Γ*, *les Athéniens*,
et *A* à *B*, puisqu'on fait la guerre à l'injuste agres-
5 seur. Ainsi *A*, *faire la guerre*, appartient à *B*, *ceux qui
ont commencé les premiers*, et *B* à *Γ*, *les Athéniens*,
car ce sont eux qui ont commencé d'abord. Donc, ici
aussi, la cause, autrement dit le principe du mouvement, est le moyen terme.

Il en est de même pour les cas où la cause est la
cause finale [1]. Par exemple, *pourquoi se promène-
t-on ? Afin de se bien porter*, et *pourquoi une maison
existe-t-elle ? Afin de préserver les biens*. Dans le
10 premier cas, la cause finale est la santé, dans le
second la préservation des biens. Mais entre demander
pourquoi il faut se promener après dîner, et demander en vue de quelle fin il faut le faire, il n'y a au-

---

[1] Examen de la cause finale.
Le raisonnement d'AR., pour les
l. 8-23, est le suivant. La cause
finale *A* appartient à *Γ* par la
cause efficiente *B*, en vertu du
syllogisme *A-B*, *B-Γ*, donc *A-Γ*.
Mais la cause finale paraît bien
être l'effet de la cause efficiente,
ce qui signifie que *B*, la cause efficiente, définit d'une certaine
façon (et non ἁπλῶς, car *bien
digérer* n'est pas la définition
proprement dite de la santé : cf.
PHILOP., 570, 7) la cause finale *A*.

Et puisque *A* est la cause finale
de *B*, dans la même mesure où
B est la cause efficiente de *A*, *A*
est aussi une sorte de définition
de *B*. D'où il suit que nous pouvons transposer *A* et *B*, et prouver par *A* que *B* appartient à *Γ*
par le syllogisme *B-A*, *A-Γ*, donc
B-Γ. — Ce raisonnement est une
esquisse, assez obscure d'ailleurs,
de la théorie plus élaborée de la
Métaphysique sur l'identité des
causes efficiente, finale et formelle.

cune différence. Soit *Γ* signifiant la *promenade après dîner*, *B* *le fait pour les aliments de ne pas rester sur l'estomac*, et *A* *se bien porter*. Admettons alors que le fait de se promener après dîner possède la propriété d'empêcher les aliments de rester à l'orifice 15 de l'estomac, et que ce soit là une chose bonne pour la santé : car il semble bien que *B*, *le fait pour les aliments de ne pas rester sur l'estomac*, appartient à *Γ*, *le fait de se promener*, et que *A*, *ce qui est sain*, appartient à *B*. Quelle est donc la cause par laquelle *A*, la cause finale, appartient à *Γ* ? C'est *B*, *le fait de ne pas rester sur l'estomac*. Mais *B* est une sorte de définition de *A*, puisque c'est par lui qu'on rendra compte de *A*. Mais pourquoi *B* est-il la cause de l'at- 20 tribution de *A* à *Γ* ? Parce que c'est se bien porter que d'être dans un état tel que *B*. Il faut transposer les définitions, et de cette façon tout deviendra plus clair. Seulement [1], l'ordre du devenir est ici l'inverse de ce qu'il est dans les causes du mouvement : dans l'ordre des causes efficientes, le moyen terme doit se produire le premier, tandis que, dans l'or-

---

[1] Pour l'explication des l. 23-26, cf. PHILOP., 571, 10 : τὰ μὲν ποιητικὰ αἴτια πρῶτα γίνεται τοῦ πράγματος, τὰ δὲ τελικὰ τελευταῖα, et aussi EUSTR., 151, 3-13. Dans l'ordre naturel, les évènements (γενέσεις) se déroulent comme suit : *Γ* (*promenade*), *B* (*digestion*), *A* (*santé*). Le syllogisme par la cause efficiente (ἐκεῖ, l. 24) suit le même or-

dre : mineur *Γ*, moyen *B*, majeur *A*, le moyen se produisant avant le majeur (c'est ce que signifie δεῖ γενέσθαι πρῶτον, l. 24 et 25). Mais le syllogisme par la cause finale (ἐνταῦθα, l. 25) suit un ordre différent : mineur *Γ*, majeur *B*, moyen *A*, *Γ* se produisant toujours en premier lieu et la cause finale *A* en dernier lieu.

dre des causes finales, c'est le mineur Γ qui est le
25 premier, et ce qui vient en dernier lieu c'est la cause finale.

Il peut se faire d'ailleurs que la même chose à la
fois existe en vue d'une fin et qu'elle soit le produit
de la nécessité [1] : par exemple, pourquoi la lumière
traverse la lanterne. C'est, d'abord, parce que ce
qui est composé de particules plus petites passe
nécessairement au travers des pores plus grands,
en supposant bien entendu que la lumière se pro-
30 duise au dehors par pénétration [2] ; et, en second
lieu, c'est en vue d'une fin, à savoir pour que nous
ne nous heurtions pas. Si donc une chose peut *exister* par deux causes, ne peut-elle pas aussi *devenir*
par deux causes : comme, par exemple, si le tonnerre
est un sifflement et un bruit nécessairement produit
par l'extinction du feu dans les nuages, et s'il a
aussi pour fin, comme l'assurent les PYTHAGORICIENS,
de menacer les habitants du Tartare afin de leur
inspirer de la crainte [3] ? Des exemples de ce genre
35 sont du reste très nombreux, et principalement dans
les êtres dont le devenir et la constitution sont na-
turels [4], car la nature produit tantôt en vue d'une

---

[1] Concours de la cause finale
et de la cause matérielle en vue
de produire un même effet, qui
peut être soit une chose (1º exemple) soit un évènement (2e exemple). Cf. PHILOP., 382, 3 et ss.
[2] Ce qu'AR. n'a pas à examiner (PHILOP., 382, 26).

[3] Avec G. R. G. MURE, nous
mettons une virgule après ἐνδέχεται, l. 32, et un point d'interrogation après φοβῶνται, l. 34.
[4] Les συνιστάμενα sont les évé-
nements (γινόμενα), et les συν-
εστῶτα les êtres (ὄντα). Cf.
EUSTR., 153, 30.

fin, tantôt par nécessité [1]. — Or la nécessité est
de deux sortes [2]. L'une est conforme à la tendance
naturelle d'une chose ; l'autre procède par violence **95** *a*
et contrairement à la tendance : par exemple, c'est
par nécessité que la pierre se porte et vers le haut et
vers le bas, mais ce n'est pas par la même nécessité [3].
Quant aux productions de l'intelligence [4], les
unes, comme par exemple une maison ou une statue,
ne sont jamais dues au hasard ni à la nécessité, mais
sont toujours faites en vue d'une fin, les autres, telles 5
que la santé et la conservation, peuvent aussi ré-
sulter de la fortune. C'est surtout dans celles qui
peuvent être ainsi et autrement [5] (mais seulement
dans les cas où la production ne dépend pas de la
fortune, de telle sorte que la fin est bonne) qu'un
résultat est dû à une fin, que ce soit dans la nature
ou dans l'art. D'autre part, rien de ce qui dépend
de la fortune ne se produit en vue d'une fin.

---

[1] *Ex necessitate, subaudi mate-riae* (PACIUS, II, 333).

[2] Cf. *Metaph.*, *Δ*, 5. — Sur le mouvement naturel (*κατὰ φύσιν*) et le mouvement forcé (*βία, παρὰ τὴν ὁρμήν*), cf. *Phys.*, IV, 8, 215 *a* 1.

[3] Le mouvement vers le bas est *κατὰ φύσιν*, et le mouvement vers le haut *παρὰ φύσιν*. Cf. ST-THOMAS, 259 ; PACIUS, II, 333.

[4] Les *artefacta*.

[5] Qui ont une issue indétermi-née (WAITZ, II, 410). — L. 7-8, nous suivons G. R. G. MURE, et mettons *ὅταν ... ἀγαθόν* entre parenthèses.

12.

< De la simultanéité de la cause et de l'effet. >

10   Quand il s'agit de faits [1], soit en train de se produire, soit passés, soit futurs, la cause est exactement la même que dans les êtres (car c'est le moyen
terme qui est cause) [2], avec cette différence que, pour
les êtres, la cause *est*, tandis que pour les faits présents elle devient, pour les faits passés elle est passée,
et pour les faits futurs elle est future. Par exemple,
pourquoi l'éclipse a-t-elle *eu* lieu ? parce que l'interposition de la terre *a eu* lieu ; l'éclipse *a* lieu, parce
15 que l'interposition de la Terre *a* lieu ; l'éclipse *aura*
lieu, parce que l'interposition *aura* lieu ; et l'éclipse
est, parce que l'interposition *est*. <Autre exemple> :
qu'est-ce que la glace ? Admettons que ce soit de
l'eau congelée, et figurons *eau* par Γ, *congelée* par A,
et le moyen, qui est cause, par B, savoir *le défaut
total de chaleur*. Donc B appartient à Γ, et A, la
congélation, à B : la glace se forme quand B se pro-

---

[1] Ar. oppose à l'être proprement dit, à la chose existant actuellement (τὸ ὄν), le fait, l'évé-
nement, soit présent, en train de
se produire (τὸ γινόμενον), soit
passé (τὸ γενόμενον), soit futur (τὸ ἐσόμενον). — Dans ce
premier paragraphe, il s'agit uniquement de la cause formelle.

τὸ τί ἦν εἶναι, qui est con-
temporaine de son effet. A cette
cause formelle s'opposent les causes matérielle, efficiente et finale,
lesquelles ne sont pas contempo-
raines de leur effet.

[2] Le moyen-cause est identique à la forme.

duit, elle est formée quand B s'est produit, elle se 20
formera quand B se produira.

Cette sorte de cause [1] et son effet deviennent simultanément, quand ils sont en train de devenir,
et ils existent simultanément, quand ils existent ; et
s'ils sont passés, et s'ils sont futurs, il en est de même.
Mais dans les cas où il n'y a pas simultanéité de la
cause et de l'effet [2], est-ce que des choses peuvent,
comme il nous le semble bien, être causes d'autres 25
choses, dans un temps continu [3], un effet passé résultant d'une cause passée différente de lui-même,
un effet futur d'une cause future différente, et un
effet en devenir d'une cause différente et antérieure
à lui ? Mais alors, c'est du fait postérieur dans le passé
que part le syllogisme [4], (bien que les évènements
postérieurs aient, en fait, pour origine les évènements
antérieurs, ce qui montre bien encore que, dans le
cas d'évènements en devenir, le raisonnement a le
même point de départ) [5]. Au contraire, à partir du

---

[1] La cause formelle.
[2] Cas des causes matérielle et efficiente.
[3] L'effet suivant immédiatement la cause. Pour Ar., la cause et l'effet, en raison de l'individualité des évènements (se déroulant dans un temps qui est, lui, continu) ne peuvent être continus. Par suite, dans la démonstration, il faudra intercaler un moyen, ce qui rend possible une déduction syllogistique (cf. St Thomas, 262).
[4] Le syllogisme suit une mar-
che inverse de l'ordre naturel : on démontre la cause par l'effet, et non l'effet par la cause. On conclut, par exemple, que les fondations ont été faites parce que la maison a été construite. Cela est vrai pour les faits passés, les faits présents (l. 29) et les faits futurs (l. 31).
[5] C'est-à-dire qu'on part de l'évènement postérieur.— L. 28-29 et l. 30-31, nous mettons des parenthèses, à l'exemple de G. R. G. Mure, pour éclairer le sens.

30 fait antérieur il n'y a pas de syllogisme possible
(nous ne pouvons pas conclure, par exemple, que
parce que tel fait passé est arrivé, tel autre fait passé
est arrivé postérieurement, et, pour les évènements
futurs, il en est de même) : en effet [1], que le temps
intermédiaire <entre la cause et l'effet> soit indéterminé ou déterminé, il ne sera jamais possible de
conclure que, par cela seul qu'il est vrai de dire que
tel évènement passé s'est produit, il soit vrai de dire
que tel autre évènement passé postérieur s'est produit : car, dans l'intervalle de l'un à l'autre, ce dernier énoncé sera faux, bien que le premier évènement
35 se soit déjà produit. Le raisonnement est encore le
même quand il s'agit du futur : on ne peut pas non
plus conclure que, parce que tel évènement s'est produit, un évènement futur se produira ; le moyen doit,
en effet, appartenir au même genre que les extrêmes [2], passé quand les extrêmes sont passés, futur
quand ils sont futurs, en devenir quand ils sont
en devenir, étant quand ils sont ; or, avec des extrêmes respectivement passé et futur, il ne peut pas y
avoir de moyen terme homogène. Une autre raison
40 encore [3], c'est que le temps intermédiaire ne peut

---

[1] Il n'y a pas de syllogisme
possible de la cause à l'effet, car
quel que soit le temps écoulé dans
l'intervalle (entre la construction
des fondations et celle de la maison), *quo tempore causa exsistit,
effectus vero nondum ex ea prove-
nit, eo tempore ex causa effectum
cogere non licebit, quia conclusio-*
*nis veritatem eventus nondum com-
probavit* (WAITZ, II, 411).

[2] Cf. le début du présent chapitre.

[3] Pour montrer qu'on ne peut
conclure *ex praeterito ad futurum.*
Cette raison est la même que
supra, l. 31 : dans l'intervalle de
la cause et de l'effet, le raison-

être ni déterminé, ni indéterminé, puisque l'énoncé sera faux pendant tout ce temps. — Nous avons **95 b** aussi à examiner [1] la nature de ce qui assure la continuité des évènements de telle sorte que, dans les choses mêmes, à l'évènement passé succède l'évènement en devenir. Il est évident, peut-on dire, qu'un évènement présent n'est pas contigu à un évènement passé, puisqu'un évènement passé ne peut même pas l'être à un évènement passé, les évènements passés étant des limites et des indivisibles : 5 de même que les points ne sont pas contigus les uns aux autres, les évènements passés ne le sont pas non plus, car, dans les deux cas, ce sont des indivisibles. Pas davantage un évènement présent ne peut être contigu à un évènement passé, et ce, pour la même raison, car le devenir présent est divisible et l'évènement passé indivisible. Ainsi la relation du devenir présent à l'évènement passé est analogue à celle de la ligne au point, puisqu'une infinité de faits passés se trouve contenue dans ce qui est en train de devenir. Ces questions doivent d'ailleurs 10 être traitées d'une façon plus explicite dans notre théorie générale du Mouvement [2].

Pour rendre compte de quelle manière, en suppo-

---

nement n'est pas valable, puisque l'effet n'existe pas encore.

[1] On ne peut rien conclure de l'antérieur au postérieur. Mais alors qu'est-ce qui assure, dans le monde, le lien et la continuité des évènements, de sorte que l'un provienne de l'autre ? Les évènements étant des touts indivisibles sont comme des points sur la ligne continue du temps, et doivent par suite admettre un vide entre eux (cf. *Phys.*, VI).

[2] *Phys.*, VI.

sant que le devenir soit une série d'évènements consé-
cutifs [1], le moyen est identique à la cause, 'bornons-
nous aux considérations suivantes. Nécessairement,
15 même dans ces syllogismes [2], le moyen et le majeur
doivent former une prémisse immédiate. Par exem-
ple, nous disons que puisque Γ a eu lieu, A a eu lieu :
et Γ a eu lieu le dernier, et A le premier ; mais le
principe du raisonnement est Γ, parce qu'il est le
plus rapproché de ce qui a lieu présentement, et
que le point de départ du temps est le présent. Nous
disons ensuite que Γ est arrivé, si Δ est arrivé. Nous
concluons alors que, puisque Δ a eu lieu, A a nécessairement eu lieu. Et la cause est Γ, car, puisque Δ
20 a eu lieu, Γ doit nécessairement avoir eu lieu, et
si Γ a eu lieu, A doit nécessairement avoir eu lieu
auparavant.

En prenant de cette façon le moyen terme [3],

---

[1] ἐφεξῆς et non ἐχόμενα (Philop., 392, 15).

[2] Dans les syllogismes où ce qui
est antérieur *tempore* est conclu
du postérieur *tempore*. L'exemple qui suit s'applique aux γεγο-
νότα. Le moyen Γ, pivot du raisonnement, est effet de A, le majeur, et, à ce titre, est plus rapproché que A de l'évènement présent Δ, le mineur. Le syllogisme est alors :
Majeure immédiate : *Si Γ (fait
postérieur tempore :* l'établisse-
ment des fondations) *a eu lieu, A*
(fait antérieur *tempore :* la prépa-
ration des pierres) *a eu lieu ;*
Mineure : *si Δ* (fait postérieur :
la construction de la maison) *a eu*

lieu, *A* (fait antérieur) *a eu lieu ;*
Conclusion : *si Δ* (fait postérieur) *a eu lieu, A a eu lieu.*
Nous croyons que, l. 15, πρῶτον indique le majeur A du syllogisme.

[3] Dans le syllogisme précédent,
le moyen Γ est cause de A dans
la majeure, et effet de Δ dans
la mineure. On peut alors se demander, en raison du caractère
discontinu des évènements, si
le nombre des moyens termes qui
peut s'intercaler ne serait pas
infini. Non, répond Ar., il faut
partir ἀπὸ μέσον (et non ἀπ'
ἀμέσον, comme le veut Waitz
II, 412-413) καὶ ἀπὸ τοῦ νῦν
πρώτον, c'est-à-dire d'une pré-

la série s'arrêtera-t-elle, à un moment donné, à une
prémisse immédiate, ou bien un nouveau moyen
terme viendra-t-il toujours s'insérer, parce qu'il y
en a une infinité, étant donné, ainsi que nous l'avons
dit, qu'un évènement passé n'est pas contigu à un
évènement passé? Il faut néanmoins partir d'une
prémisse formée du moyen et du présent majeur. — 25
Il en est de même encore des évènements futurs [1],
puisque s'il est vrai de dire que $\varDelta$ existera, il doit
être antérieurement vrai de dire que A existera,
et la cause de cette conclusion est $\varGamma$; car si $\varDelta$ doit
exister dans le futur, $\varGamma$ existera avant lui, et si $\varGamma$
doit exister dans le futur, A existera avant lui. Et, ici
encore, c'est la même division à l'infini, puisque
les évènements futurs ne sont pas contigus les uns 30
aux autres ; mais, ici encore, il faut prendre comme
principe une prémisse immédiate [2]. — Et il en est
bien ainsi dans la réalité [3] : si une maison a été construite, nécessairement des pierres doivent avoir été
taillées et extraites. Pourquoi cela? Parce que des
fondations ont nécessairement été faites, puisqu'
une maison a été construite ; et, s'il y a eu des fondations, il a fallu nécessairement que des pierres
aient été taillées auparavant. De même, s'il doit 35
y avoir une maison dans le futur, des pierres devront

---

misse immédiate et indémontra-
ble *aliunde* $\varGamma A$, formée par le
moyen $\varGamma$ et la majeur A.
    [1] Application aux ἐσόμενα. Le
syllogisme est, comme ci-dessus

$\varGamma A$, $\varDelta\varGamma$, $\varDelta A$.
    [2] La majeure $\varGamma A$.
    [3] Aussi bien pour les γεγονό-
τα, que pour les ἐσόμενα.

être également taillées auparavant ; et la preuve a lieu par le moyen terme, de la même façon, car les fondations existeront avant la maison.

Mais comme nous observons dans la nature des choses une sorte de génération circulaire, cela aussi se retrouve dans la démonstration, si le moyen et 40 les extrêmes [1] se suivent réciproquement [2], puisque, dans ce cas, la conversion a lieu. Or cela, à savoir, la convertibilité des conclusions et des prémisses, **96 a** a été démontré dans nos précédents chapitres [3], et la génération circulaire en est un exemple. Dans la réalité elle-même, voici comment elle se manifeste. Quand la terre a été mouillée, il s'élève nécessairement une vapeur ; une fois cette vapeur produite, c'est un nuage qui s'est formé ; ce dernier étant formé, c'est la pluie ; et quand la pluie est tombée, 5 la terre est nécessairement mouillée : or c'était là précisément notre point de départ, de sorte qu'on a bouclé le cercle, puisque de l'un quelconque de ces termes une fois donné un autre suit, de ce dernier un autre, et de cet autre le premier.

Il y a certains évènements [4] qui se produisent

---

[1] L. 40, WAITZ, II, 413, lit ὅροι au lieu de ἄκροι, mais le sens est pratiquement le même.

[2] Autrement dit, la conversion est conditionnée par la réciprocité des termes dans la démonstration.

[3] I, 3, et *Anal. pr.*, II, 3-5, 8-10. — Sur la γένεσις κύκλῳ, cf. *de Gen. et Corr.*, II, 4, 331 a 8,

b 2 ; 6, 333 *b* 5 ; 10, 337 *a* 6 ; 11, 338 *a* 6, et les notes de notre traduction. Le rattachement de la théorie physique de la génération circulaire à la théorie logique de la nécessité analytique a fait l'objet d'une étude approfondie de J. CHEVALIER, *la Notion du Nécessaire...*, p. 160 et ss.

[4] Application du principe de

universellement (car toujours et dans tous les cas
ils sont, ou ils deviennent ce qu'ils sont) ; pour d'autres, c'est non pas toujours, mais seulement le plus
souvent : par exemple, le mâle, chez l'homme, n'a 10
pas toujours de la barbe au menton, mais il en a
la plupart du temps. Dans des cas de ce genre, il faut
nécessairement que le moyen terme ait aussi ce
caractère d'être le plus souvent. En effet, si A est
affirmé universellement de B, et B universellement
de Γ, il est nécessaire aussi que A soit toujours et
dans tous les cas affirmé de Γ, puisque c'est la nature de l'universel que d'être attribué dans tous les 15
cas et toujours. Ici, au contraire, nous avons supposé
seulement qu'il s'agissait de ce qui arrive le plus
souvent ; il faut donc nécessairement aussi que le
moyen terme, représenté par B, arrive seulement
le plus souvent. Il y aura donc également pour les
conclusions qui sont le plus souvent, des principes
immédiats : ce sont les conclusions qui sont ou se
produisent le plus souvent de cette façon-là [1].

---

l'homogénéité du moyen et des
extrêmes aux syllogismes de l'ὡς
ἐπὶ τὸ πολύ. Cf. Pacius, II,
334 : *effectum qui plerumque est,
demonstrari per causam quae plerumque est, quemadmodum effec-*
*tus qui semper est, demonstratur
per causam quae semper est.*
[1] Les conclusions qui sont ou
arrivent le plus souvent (τὸ ὄν
ou τὸ γινόμενον) dérivent aussi
de prémisses immédiates.

13.

*<La définition de la substance par la méthode de
composition. — Emploi de la division.>*

20 Nous avons rendu compte antérieurement [1] de
la façon dont l'essence se manifeste dans les termes
d'une démonstration, et de quelle façon il y a ou
non démonstration ou définition de l'essence. In-
diquons à présent par quelle méthode il faut rechercher les prédicats contenus dans l'essence.
    Parmi les attributs qui appartiennent toujours à
une chose, certains ont une extension plus grande
qu'elle, tout en ne s'étendant pas au-delà du genre
25 (par attributs à extension plus grande, j'entends
ceux qui, tout en appartenant universellement à un
sujet, appartiennent cependant aussi à un autre) [2].
Par exemple, tandis qu'il y a un attribut qui appartient à toute triade et qui cependant appartient
aussi à ce qui n'est pas une triade (comme l'être
appartient à la triade, mais aussi à ce qui n'est pas
du tout un nombre), l'impair, par contre, est à la
fois un attribut de toute triade et un attribut à ex-
30 tension plus grande qu'elle (puisqu'il appartient aussi
à la pentade), mais il ne s'étend pas au-delà du

---

[1] *Supra*, II, 4-10.
[2] Les parenthèses, l. 25-27 et
l. 30, que nous empruntons à

G. R. G. MURE, rendent le texte
beaucoup plus clair.

genre, puisque la pentade est un nombre et que rien,
en dehors du nombre, n'est impair. Ce sont des attributs de cette nature que nous devons prendre,
en nous arrêtant au point précis où chacun d'eux
aura une extension plus grande que le sujet, mais
où leur totalité sera coextensive avec lui, car cette
totalité est nécessairement la substance même de la
chose [1]. Par exemple, toute triade a comme attri- 35
buts d'être un nombre, un nombre impair, et aussi
un nombre premier dans les deux sens du terme :
c'est-à-dire, non seulement comme n'étant divisible
par aucun nombre, mais encore comme n'étant pas une
somme de nombres [2]. C'est là précisément ce qu'est
la triade : un nombre impair premier, et premier au
double sens du terme, car ces attributs [3], pris séparément, appartiennent, les deux premiers, à tous
les nombres impairs, et le dernier [4] aussi bien à la
dyade qu'à la triade, tandis que, pris collectivement,
ils n'appartiennent à aucun autre sujet que la triade. 96 b

---

[1] Cf. WAITZ, II, 414 : *Bene ad-
jecit πρῶτον* (l. 33), *ut significet
definitionem neque latius patere
debere quam rem definiendam neque arctioribus quam par sit finibus eam circumscribendam esse :
nam ut primum conjonctio eorum,
quae, si singula sumantur, latius
pateant quam quod definiendum
sit, rem definiendam exaequat, nihil amplius definitioni adjicien-
dum est, quoniam, si quid adjice-
retur, definitio angustior esset, si*
quid demeretur, latius pateret·
Voir aussi EUSTR., 186, 2.
[2] L'unité n'étant pas un nombre, mais seulement le principe
du nombre. Sur la définition du
nombre premier, cf. EUCLIDE,
Elem., VII, def. 11, et X, 29 ;
IX, 22, 23.
[3] *Nombre, impair, premier.* Sur
les l. *a* 33- *b* 1, cf. TRENDEL.,
Elem., p. 144.
[4] C'est-à-d. τὸ κατ' ἀμφότερα
πρῶτον (PHILOP., 399, 11).

Mais puisque nous avons montré plus haut [1] que sont des prédicats nécessaires les prédicats contenus dans l'essence, et que les attributs universels sont nécessaires, et puisque les attributs que nous prenons comme appartenant à la triade, ou à tout autre sujet constitué de cette façon [2], sont affirmés comme appartenant à son essence, la triade possédera ainsi

5 ces attributs d'une manière nécessaire. — En outre, que la substance de la triade soit constituée par la collection de ces attributs, voici qui va le montrer. Si, en effet, ce n'était pas là l'essence de la triade [3], il faudrait nécessairement que ce fût, par rapport à la triade, comme une sorte de genre, soit nommé, soit innomé, qui par suite aurait une extension plus grande que la triade : car il faut admettre que le genre a pour caractère de posséder, tout au moins en puissance [4], une plus grande exten-

10 sion que son contenu. Si donc cet ensemble d'attributs n'appartient à aucun autre sujet que les triades

---

[1] I, 4, 73 b 26.
[2] Renvoi implicite à l. 32 et ss. — Le raisonnement est celui-ci :
Tous les attributs essentiels sont nécessaires ;
Or les attributs affirmés de la triade sont essentiels ;
Donc ils sont nécessaires.
[3] Si la collectivité *nombre-impair-premier* n'est pas la définition de la triade, autrement dit si elle ne se réciproque pas avec elle, ce n'en peut être que

le genre (car, explique Philop., 399, 30, μόνοι οἱ ὁρισμοί καὶ τὰ γένη κατηγοροῦνται ἐν τῷ τί ἐστι καθ᾽ ὧν κατηγοροῦνται), que ce genre ait, en fait, reçu ou non une dénomination distincte (ὠνομασμένον ἢ ἀνώνυμον). Un tel genre est forcément plus extensif que la chose à définir.
[4] Cf. Anon., 581, 23 : εἰ καὶ μὴ ἀεὶ ἐνεργείᾳ, κατὰ γε δύναμιν ἀεί.

individuelles, il sera l'essence même de la triade [1], car nous pouvons admettre encore que la substance de chaque sujet est cette sorte d'attribution dernière qui s'applique aux individus. Il en résulte que tout autre ensemble d'attributs ainsi démontrés [2] sera, semblablement, identique à l'essence même du sujet.

Il faut, quand on veut traiter quelque sujet qui 15 est un tout [3], diviser le genre en ses espèces infimes indivisibles, par exemple le nombre en triade et en dyade, et ensuite essayer d'appréhender, de la fa- çon que nous avons indiquée, la définition de ces espèces infimes, par exemple celle de la ligne droite, du cercle ou de l'angle droit ; après cela, ayant établi ce qu'est leur genre [4], s'il appartient par exemple à la quantité ou à la qualité, on doit considérer les 20 propriétés particulières du genre [5], au moyen des

---

[1] Si l'ensemble des attributs ne peut appartenir qu'aux tria- des individuelles contenues dans l'espèce triade, il reste que nous sommes en présence de la défini- tion de la triade : l'essence et la définition de la triade n'est au- tre que l'attribution dernière qui s'applique aux indiv¹dus com- pris dans l'espèce dont la défi- nition est donnée. Par exemple, ajoute Philop., 400, 15, à qui nous empruntons ces explications, la définition de l'homme (animal- raisonnable-mortel) est celle qui est affirmée ἐσχάτως de tous les hommes individuels et des hommes seuls. Cf. aussi The- mist., 56, 13 et ss.

[2] C'est-à-d. τῶν ἀτόμων. — Ar. généralise ce qu'il vient de dire de la triade. Cf. Eustr., 189, 24.

[3] Autrement dit, quand on veut définir un genre (car une science est une quand elle traite d'un genre un). Cf. Philop., 401, 19, et Trendel., Elem., 146 : Si to- tum aliquod completa scientia complecti volueris, ita quidem ut nulla pars relinquatur. — Sur le sens de πραγματεύεσθαι, l. 15, cf. Trendel., ibid., et Waitz, II, 415, avec leurs références.

Pour tout ce passage difficile, nous suivons en général l'inter- prétation de Waitz.

[4] A quelle catégorie appartient le genre.

[5] Cf. Philop., 402, 2 : τὰ κοι- νῶς θεωρούμενα πάθη ἐν τοῖς εἴδεσιν ἴδια εἰσι τοῦ γένους.

propriétés communes et premières des espèces [1].
En effet, puisque les espèces particulières dont le
genre est composé·ont été définies, on saura par ces
définitions elles-mêmes quels sont les attributs essentiels du genre [2] : en effet, le principe de toutes
ces notions [3] est la définition, c'est-à-dire ce qui
est simple [4], et les attributs appartiennent essentiellement et uniquement à ces espèces simples, tandis
qu'ils n'appartiennent au genre que par leur intermédiaire.

25   Les divisions qui se font par les différences spéci-
fiques sont une aide utile pour procéder comme
on vient de le dire [5]. Quant à leur force probante,
nous l'avons indiquée plus haut [6] ; nous allons montrer ici qu'elles peuvent seulement servir à conclure

---

[1] L. 20-21, διὰ τῶν κοινῶν
πρώτων est interprété par WAITZ,
II, 416, comme signifiant *adhi-
bitis iis propositionibus quae omnibus disciplinis communes sunt,*
et renvoyant implicitement à I,
11, 77 *a* 26, où AR. traite des
axiomes en général. Il est bien
préférable d'admettre avec PHI-
LOP., 402, 2-6, suivi par EUSTR.,
192, 16 et ss., que les propriétés
du genre sont découvertes par
le moyen des propriétés communes déjà considérées dans les espèces et qui sont premières dans
la série ascendante allant vers
le genre.

[2] L. 21, τὰ συντιθέμενα ἐκ
τῶν ἀτόμων signifie les espèces
particulières ; τὰ συμβαίνοντα=
τὰ καθ' αὑτὰ ὑπάρχοντα. On ar-

rive ainsi à la définition du genre.

[3] Les genres et les différences.

[4] *L'infima species,* car au-des-
sous d'elle il n'y a que les individus indifférenciés ; et elle est essentiellement définissable. Le genre n'est pas simple, puisqu'il contient ses espèces (cf. THEMIST.,
56, 22). C'est à l'espèce qu'appartiennent immédiatement les propriétés essentielles, tandis que le
genre ne les possède que par l'intermédiaire des espèces.

[5] C'est-à-dire pour rechercher
la définition. — AR. va exposer
les services que rend la division.

[6] II, 5, 91 *b* 12 et ss., et *Anal.
pr.,* I, 31, 46 *a* 31, où AR. a critiqué la division platonicienne et
montré qu'elle n'avait aucune
force probante.

l'essence [1]. Assurément elles pourraient sembler ne
servir à rien d'autre que de poser toute chose d'une
manière immédiate [2], à la façon dont on pose un
postulat initial sans division. Mais l'ordre des prédi- 30
cats, suivant que l'un est affirmé le premier ou le
dernier, n'est pas indifférent : ce n'est pas la même
chose, par exemple, de dire *animal-apprivoisé-bi-*
pède et de dire *bipède-animal-apprivoisé* [3]. En effet,
si tout ce qui est définissable est composé de deux
éléments, et que *animal-apprivoisé* forme une unité,
et si cette notion à son tour, jointe à une différence,
constitue l'homme (ou une autre chose quelconque
devenant une seule notion), c'est alors que les éléments posés ont nécessairement été atteints par la
division. — En outre, la division est la seule méthode 35
possible pour éviter de ne rien omettre dans l'essence. En effet, le premier genre étant posé, si on prend
l'une des divisions inférieures [4], la chose à diviser
ne tombera pas tout entière sous cette division : par
exemple, ce n'est pas tout animal qui est ou à ailes pleines ou à ailes divisées, mais seulement tout

---

[1] Cf. PHILOP., 403, 4-5 : πρὸς
τὸ συλλογίσασθαι καὶ συνάξαι
τὰ μέρη τὰ ἐν τῷ τί ἐστι.
[2] Sans démontrer (Cf. EUSTR.,
198, 25-28).
[3] La division établit l'ordre véritable des notions composant la
définition. En effet, poursuit AR.,
si toute division est bipartite
(genre et différence), et si le genre joint à la différence forme une
nouvelle notion, qui, à son tour,
en forme une autre par l'adjonction d'une nouvelle différence, il
est clair que ces éléments ont été
obtenus et mis en ordre par la
division.
[4] Au lieu de prendre les différences prochaines. — La division alors ne vaut rien, car elle
doit embrasser la totalité des êtres
à diviser. Cf. WAITZ, II, 417.

animal ailé, car c'est à cette dernière notion que la
97 a différenciation [1] appartient. Mais la première différenciation d'animal doit être celle sous laquelle tout
animal tombe. Il en est de même pour tous les autres genres, aussi bien pour les genres en dehors du
genre animal que pour les genres qui lui sont subordonnés : par exemple, dans ce dernier cas, la première différenciation d'oiseau est celle sous laquelle
tombe tout oiseau, de poisson celle sous laquelle
tombe tout poisson. Ainsi, en procédant de cette
façon, nous pouvons être assurés que rien n'a été
5 oublié [2] ; mais procéder autrement [3] conduit nécessairement à des omissions, sans même qu'on en ait
connaissance.

Il n'est nullement besoin, pour définir et diviser,
de connaître la totalité des êtres [4]. Cependant certains
prétendent qu'il est impossible de connaître les différences distinguant chaque chose de chacune des
autres choses, sans connaître chacune de ces autres
choses ; ils ajoutent qu'on ne peut pas connaître chaque chose sans connaître ses différences, puisque
10 ce dont une chose ne diffère pas est identique à cette
chose, et que ce dont elle diffère est autre qu'elle-
même. — Mais, d'abord, cette dernière assertion est

---

[1] Dans la suite de ce paragraphe, διαφορά a le même sens
que διαίρεσις.
[2] Dans la définition.
[3] C'est-à-dire, sans ordre.
[4] Définir ou diviser revient à
distinguer un sujet de tout ce
qui lui est étranger, ce qui, suivant SPEUSIPPE (Cf. PHILOP.. 405,
27 ; ANON., 584, 17 ; EUSTR., 202,
17) suppose la connaissance. impossible à acquérir, de tout le
reste.

fausse : une chose n'est pas autre qu'une autre selon
toute espèce de différence, car beaucoup de différences appartiennent à des choses spécifiquement
identiques sans pour cela intéresser la substance, ni
être essentielles [1]. Ensuite, quand on a pris des opposés [2] et une différence et qu'on a admis que tout
le contenu du genre tombe sous l'un ou sous l'autre 15
opposé, et que le sujet qu'on cherche à définir est
présent dans l'un d'eux, et qu'on le connaisse véritablement, alors peu importe qu'on connaisse ou
qu'on ne connaisse pas tous les autres sujets dont
les différences sont aussi affirmées. Il est clair, en
effet, que si, en poursuivant ainsi la division, on
arrive aux sujets qui ne sont plus susceptibles de
différenciation, on possédera la définition de l'essence. En outre, poser que tout le contenu du genre
tombe sous la division n'a rien d'un postulat illégi- 20
time [3], s'il s'agit d'opposés qui n'ont pas d'intermédiaire ; car il faut nécessairement que tout ce qui
rentre dans le genre se trouve dans l'une des deux

---

[1] La définition, ne portant que
sur les caractères essentiels, n'est
pas intéressée à la connaissance
des différences accidentelles.

[2] Soit deux espèces opposées
entre elles dans un même genre,
A et non -A, séparées par une
différence connue. On prend un
sujet qui appartient sûrement à
A, par exemple. Il est sans intérêt pour la connaissance de ce
sujet qu'on connaisse ou non
tous les autres sujets contenus

dans l'espèce non-A.
[3] Autrement dit, on ne demande pas que cela soit concédé. Bien
au contraire, puisqu'il n'y a pas
d'intermédiaire possible entre A
et non -A, lesquels s'excluent mutuellement, il est nécessaire, si
on a pris la véritable différence
du genre, que tout le contenu
du genre tombe sous l'une ou
l'autre des espèces opposées (cf.
TRENDEL., Elem., p. 146-147, et
WAITZ, II, 418).

parties de la division, si c'est bien la différence de ce genre qu'on a prise.

Pour constituer une définition par divisions [1], il faut observer trois règles : prendre les prédicats contenus dans l'essence [2] ; ensuite les ranger dans leur 25 ordre, dire quel est le premier ou le second ; et enfin les prendre tous sans exception. — La première de ces conditions est réalisable, parce que, de même que pour l'accident nous pouvons conclure qu'il appartient à la chose, on peut de la même façon établir le genre et la différence par le genre [3]. — D'autre part, les attributs seront rangés dans l'ordre convenable si on prend comme premier le terme qu'il faut, et ce sera le cas si le terme adopté est le conséquent de tous les autres et qu'aucun des autres ne le soit 30 de lui, puisqu'il faut nécessairement un terme de cette sorte [4]. Ce terme une fois posé, on procédera dès lors de la même façon pour les termes inférieurs,

---

[1] ANON., 586, 9, remarque qu'AR. dit *construire*, et non *démontrer*, car la définition n'est pas démontrable.

[2] Le genre et la différence (ANON., 586, 17).

[3] Cf. EUSTR., 210, 10 et ss., WAITZ, II, 418 : *sicut ea quae* κατὰ συμβεβηκός *de aliqua re praedicantur ex eis colligimus quae non necessario cum rei natura conjuncta sunt* (autrement dit, au moyen des *lieux* relatifs aux accidents : cf. *Top.*, II), *ita quae necessario cum ea conjuncta sunt e genere ipso elicienda et derivan-* *da sunt* (au moyen des *lieux* relatifs au genre : *Top.*, IV).

[4] Ce premier terme est le genre, antérieur par sa nature à tous ceux qui viennent après lui, et qui est le prédicat le plus universel des éléments de l'essence, ce qu'AR. exprime en disant qu'il est le conséquent (ἀκολουθεῖ) des autres termes, et non réciproquement (cf. EUSTR., 210, 24). Un terme de cette sorte est nécessaire, autrement, ajoute EUSTR., l. 33, πῶς ἔσται ἡ ἐκ τοῦ γένους διὰ τῶν διαφορῶν εἰς τὰ εἴδη διαίρεσις ;

car le second terme sera le premier des termes res-
tants, et le troisième le premier des termes suivants,
puisque, une fois retranché le terme le plus élevé,
le terme restant qui vient après sera le premier.
Et ainsi de suite. — Quant à l'énumération complète
de tous les attributs, elle résulte clairement de notre 35
façon de procéder : nous avons pris la différence
qui vient en premier lieu dans la division [1], de sorte
que tout animal, par exemple, est ou ceci ou cela,
et que l'un de ces attributs lui appartient. Ensuite,
de ce tout [2] nous avons pris la différence, et montré
que, pour le dernier tout [3], il n'y a plus de différence,
c'est-à-dire que, aussitôt que nous avons pris la
dernière différence pour former le composé, ce composé [4] n'admet plus aucune division en espèces. Il
est évident, en effet, d'une part, qu'on n'a rien ajouté **97 b**
en trop, puisque tous ces termes que nous avons
pris font partie de l'essence ; d'autre part, qu'on n'a
rien omis non plus, puisque le terme manquant
serait ou un genre ou une différence [5] : or ce qui a

---

[1] Le genre *animal*, par exemple, qui est, dans sa totalité, ou
raisonnable ou *irraisonnable*.

[2] Le couple *animal-raisonna-
ble*, qui donne lieu à la nouvelle
différence *mortel*.

[3] *Animal-raisonnable-mortel*, définition de l'homme. L. 39, τὸ
σύνολον signifie le *composé* du
genre et des différences.

[4] *Animal-raisonnable-mortel*.

[5] Cf. Eustr., 213, 1 et ss. La
définition n'a omis aucun élément de l'essence, lequel ne pourrait être que le genre ou une différence. Or ce ne peut être le
genre, puisque c'est lui que nous
avons pris comme premier terme avec toutes ses différences
(que ce composé en puissance soit
ὠνομασμένον ου ἀνώνυμον,
comme Ar. l'a dit plus haut, 96 *b*
7) ; ce n'est pas non plus une différence, car il n'y a plus aucune
différence ultérieure à l'espèce.

été posé en premier lieu et pris avec ses différences, c'est le genre, et, de leur côté, les différences sont 5 toutes comprises, puisqu'il n'y a plus aucune différence ultérieure : sinon, en effet, le composé ultime différerait spécifiquement de la définition, alors que nous avons dit qu'il n'en différait pas [1].

<En résumé>, il faut commencer par prendre en considération [2] un groupe d'individus semblables entre eux et indifférenciés, et rechercher quel élément tous ces êtres peuvent avoir d'identique. On doit ensuite en faire autant pour un autre groupe d'individus qui, tout en rentrant dans le même genre que les premiers, sont spécifiquement identi- 10 ques entre eux, mais spécifiquement différents des premiers. Une fois que, pour les êtres du second groupe, on a établi quel est leur élément identique à tous, et qu'on en a fait autant pour les autres, il faut considérer si, à leur tour, les deux groupes possèdent un élément identique, jusqu'à ce qu'on atteigne une seule et unique expression, car ce sera là la définition de la chose. Si, par contre, au lieu d'aboutir à une seule expression, on arrive à deux ou à plusieurs, il est évident que ce qu'on cherche à défi-

---

[1] Le composé formé à partir du genre et de la différence ultime prétendue manquante (*noir*, par exemple, pour la définition de l'homme, de sorte qu'on ait *animal-raisonnable-mortel-noir*) différerait spécifiquement du composé constituant la définition de l'homme (*animal-raisonnable-mor-* *tel*), ce qui est contraire à ce que nous avons dit. — Pour tout ce passage, l'exposé de Pacius, II, 340, est excellent.

[2] Ar. résume la discussion, interrompue 96 *b* 25 par la digression sur la διαίρεσις. — L. 9, nous lisons αὐτοῖς et non αὐτοῖς.

nir ne peut pas être unique mais qu'il est multiple. 15
Je prends un exemple. Si nous avons à chercher
l'essençe de la fierté [1], il faut porter notre attention
sur quelques hommes fiers, bien connus de nous,
et considérer quel élément ils ont tous en commun,
en tant que tels ; par exemple, si Alcibiade était
fier, ou Achille et Ajax, on se demandera quel élément leur est commun à tous : c'est de ne pouvoir
supporter un affront ; et, en effet, c'est là ce qui a
conduit le premier à la guerre, le second à la colère, 20
et le dernier au suicide. Nous examinerons à leur
tour d'autres cas, Lysandre, par exemple, ou Socrate. Et alors, s'ils ont en commun l'indifférence
à la bonne et à la mauvaise fortune, on prend ces
deux éléments communs et on considère quel élément ont en commun l'égalité d'âme à l'égard des
vicissitudes de la fortune et l'impatience à supporter
le déshonneur. S'il n'y en a aucun, c'est qu'il y aura 25
deux espèces de fierté [2]. — En outre, toute définition est toujours universelle [3] : le médecin ne dit

---

[1] Sur la μεγαλοψυχία, cf. *Eth.
Nic.*, IV, 2, 1123 *a* 34. — Pour
toute cette fin du chapitre, qui
ne présente pas de difficulté sé-
rieuse, cf. le commentaire de
Trendel., *Elem.*, p. 143.

[2] Ou plus exactement : deux
genres de fierté, εἴδη signifiant
ici γένη. — En réalité, comme
le dit Ar., le terme *fierté* n'a pas
un sens ni une définition unique :
pour le premier groupe, c'est l'in-

capacité de supporter une injure ;
pour le second, c'est l'indifférence
à la fortune bonne ou mauvaise.

[3] Ce passage a pour objet d'expliquer pourquoi l'absence d'un
élément commun entraîne la définition de deux genres au lieu d'un
seul : une définition, étant universelle, ne peut pas embrasser
des sujets qui n'ont entre eux aucun caractère commun.

pas seulement ce qui est sain pour un œil en particulier, mais il l'indique pour tous les yeux, ou du moins pour une espèce d'yeux déterminée [1]. — Il est aussi plus facile [2] de définir l'espèce particulière [3] que l'universel, et voilà pourquoi on doit passer des espèces particulières aux genres universels ; une autre raison encore, c'est que les homonymies échappent davantage à l'attention dans les genres universels que dans les espèces qui n'admettent plus de différences [4]. Or, de même que dans les démonstrations il faut au moins la force concluante, ainsi dans les définitions faut-il de la clarté [5]. Et on y parviendra si, au moyen des groupes particuliers que nous avons constitués, on peut obtenir séparément la définition de chaque espèce (par exemple, la définition du semblable, non pas en général, mais seulement dans les couleurs et les figures ; la définition de l'aigu, mais

30

35

---

[1] Les yeux de l'homme, par exemple.

[2] Par la méthode exposée *supra*, 96 *b* 25 et ss.

[3] Sur le sens de τὸ καθ' ἕκαστον, l. 28, cf. WAITZ, II, 419 : il ne s'agit pas de l'individu sensible, indéfinissable, mais de l'*infima species* indifférenciée.

[4] La notion générale d'*aigu*, par exemple, est équivoque (sur l'homonymie, cf. *Categ.*, 1, *init.*, et la note de notre traduction, p. 1) et par suite obscure (cf. PHILOP.,414, 24), puisqu'elle s'applique à des genres différents, tandis que la notion de *voix aiguë* ou d'*angle aigu*, plus particulière,

ne renferme aucune équivoque, ni aucune obscurité (cf. EUSTR., 219, 35-220, 18).

[5] L. 32, nous lisons, avec WAITZ, II, 420, συλλελογίσθαι, et comprenons : *sicut in demonstratione quod cogitur conspicuum esse debet et facile ad intelligendum ex propositionibus unde colligitur.* — La clarté est la principale vertu de la définition. Une définition d'un genre sera claire quand elle se fera par étapes, si on a soin de définir d'abord chacune des espèces qui la constituent (l. 34, γένει est l'équivalent de εἴδει. — L. 33, nous lisons εἰλημμένων et non εἰρημένων).

seulement dans la voix), et si on s'avance ainsi vers l'élément commun [1], en prenant bien soin de ne pas tomber dans l'homonymie. J'ajoute que si, dans la discussion dialectique, on doit éviter les métaphores [2], il est tout aussi évident qu'on ne doit non plus se servir dans la définition ni de métaphores, ni d'expressions métaphoriques, sinon la dialectique devrait aussi employer des métaphores [3].

14.

<Détermination du Genre.>

Pour bien présenter les problèmes à résoudre [4], 98 *a* il importe de choisir les sections [5] et les divisions.

---

[1] L'élément commun universel.

[2] Qui constituent des ambiguïtés.

[3] Car la dialectique elle-même part souvent de définitions (*Top.*, VI, 2).

[4] Dans ce chapitre, Ar. prévoit trois cas : *a*. Le genre est un, *essentia* et *nomine* (l. 98 *a* 1-12) ; il est *συνώνυμον*.

b. Le genre est un, *nomine* seulement ; il est *ὁμώνυμον* (l. 12-19).

c. Le genre n'est un que *κατ' ἀναλογίαν* (l. 20-23).

[5] Le terme *ἀνατομή* (*parti-tio*) est ici vraisemblablement synonyme de *διαίρεσις* (Pacius, I, 509 ; Bonitz, *Ind. arist.*, 53 *b* 50). On peut aussi comprendre, avec Pacius, II, 341 : *per sectiones, id est a toto ad partes, veluti ab animali ad caput, crura, pedes ; vel per divisiones, id. a genere ad species*. G. R. G. Mure, *ad loc.*, suivant, semble-t-il, Philop., 417, 6, croit qu'il s'agit plutôt d'une analyse des propriétés d'un sujet, préliminaire à la division. — Contrairement à Waitz, II,421, nous lisons, avec Bekker, l. 1 et 2, *ἐκλέγειν*, et non *λέγειν* (l. 1) et *διαλέγειν* (l. 2).

La méthode de sélection consiste à poser le genre
qui est commun à tous les sujets étudiés : par exemple, si ce sont des animaux, quelles sont les propriétés
qui appartiennent à tout animal. Celles-ci une fois
acquises, c'est au tour de la première des classes
restantes [1] : on se demande quels sont les consé-
5 quents [2] qui appartiennent à cette classe tout entière ;
si c'est, par exemple, l'oiseau, quelles sont les propriétés appartenant à tout oiseau ; et ainsi de suite,
en s'attachant toujours aux propriétés de la classe
la plus proche [3]. Il est évident que nous serons dès
lors capables de dire en vertu de quel caractère les
classes qui sont subordonnées au genre commun
possèdent leurs attributs : par exemple, en vertu
de quel caractère l'homme ou le cheval possède ses
attributs [4]. Admettons que *A* soit *animal, B* les
10 *attributs* de chaque animal, et *ΓΔE certaines espèces
d'animal.* On voit alors clairement en vertu de quel
caractère *B* appartient à *Δ* : c'est en vertu de *A* ;
et c'est aussi par *A* qu'il appartient aux autres es-

---

[1] Autrement dit, les *subgenera.*
Cf. le chapitre précédent.
[2] Les attributs nécessaires. —
L. ὅ, nous mettons une virgule
après ὄρνιθι.
[3] Le sous-genre qui vient immédiatement après.
[4] Le but d'AR., dans ce chapitre, est d'expliquer comment on
doit choisir le véritable sujet
premier d'un attribut (cf. *supra,*
I, 4, *ad finem*), et non pas comment trouver le moyen-cause (recherche qui fait l'objet des ch.
15-18, qui suivent). Par suite,
l'expression διὰ τί, l. 7 et suivantes, signifie non pas *propter
quid,* comme paraît le croire
WAITZ, mais *quatenus.* Une propriété, *B,* appartient à une espèce donnée, *Γ, Δ* ou *E,* par le
caractère générique, *A* : c'est *en
tant qu'*animal que le cheval, par
exemple, possède la sensation
(PACIUS, I, 509).

pèces [1]. Et pour les autres classes [2], c'est toujours la même règle qui s'applique.

Nous venons de prendre des exemples parmi les choses qui ont reçu un nom commun, mais nous ne devons pas borner là notre examen [3] : si nous avons observé encore quelque autre attribut commun, il nous faut, après l'avoir pris, voir ensuite 15 de quelles espèces il est l'attribut et quelles propriétés lui appartiennent. Par exemple, dans les animaux qui ont des cornes, nous relevons comme propriétés communes le fait de posséder un troisième estomac et de n'avoir de dents qu'à une mâchoire [4]. La question à se poser ensuite, c'est : de quelles espèces la possession des cornes est-elle un attribut ? car on voit en vertu de quoi les attributs en question appartiendront à ces animaux : ce sera par le fait d'avoir des cornes.

---

[1] Savoir, Γ et E (Cf. EUSTR., 228, 25-27).

[2] L. 12, $\tau\tilde{\omega}\nu$ $\check{\alpha}\lambda\lambda\omega\nu$ = $\tau\tilde{\omega}\nu$ $\varkappa\acute{\alpha}\tau\omega$, les *subgenera* $\dot{\epsilon}\varphi\epsilon\xi\tilde{\eta}\varsigma$.

[3] AR. précise que ce qu'il vient de dire s'applique non seulement aux genres et sous-genres qui ont reçu un nom, mais encore à tout genre quelconque, même $\dot{\alpha}\nu\acute{\omega}\nu\upsilon$-$\mu o\nu$, qui exprime une nature commune et des attributs communs. Il faut aussi rechercher dans ce cas *de quibus praedicatur* $\tau\grave{o}$ $\dot{\alpha}\nu\acute{\omega}\nu\upsilon$-$\mu o\nu$, *et quae de ipso praedicantur* (WAITZ, II, 421), autrement dit quelles sont les espèces de ce genre innomé et quels sont ses attributs communs.

[4] Le genre innomé, caractérisé par la possession des cornes, a pour attributs essentiels la présence d'un troisième estomac et d'une unique rangée de dents ; d'autre part, la possession des cornes est l'attribut de l'espèce A. Il en résulte que c'est en tant que possédant des cornes (WAITZ, II, 421, a tort de comprendre $\tau\grave{o}$ $\mu\acute{\epsilon}\sigma o\nu$ $\varkappa\alpha\grave{\iota}$ $\alpha\check{\iota}\tau\iota o\nu$, car $\delta\iota\grave{\alpha}$ $\tau\acute{\iota}$ signifie *quatenus*), que la possession d'un troisième estomac ou d'une rangée de dents appartiendra à l'espèce A.— Sur l'exemple même d'AR., cf. *Hist. Anim.*, II, 1, 501 a 12 ; II, 17, 507 b 7 ; *de Part. Anim.*, III, 2, 663 b 11 ; III, 14, 674 b 5.

20   Il y a enfin une autre méthode, c'est le choix
d'après l'analogie [1] : il n'est pas possible, en effet,
de trouver un seul et même nom pour désigner l'os
de la seiche, l'arête et l'os proprement dit, et pourtant toutes ces choses possèdent des attributs qui
leur appartiennent comme si elles étaient d'une seule
et même nature de cette sorte [2].

15

< *De l'identité du moyen terme pour plusieurs*
questions. > [3]

Certains problèmes à résoudre sont identiques,
parce qu'ils possèdent un seul et même moyen [4],
25   par exemple parce que tout ce qui compose le groupe

---

[1] Dernière hypothèse : déter-
mination du genre qui n'est un
ni par l'essence, ni même par le
nom, mais dont les caractères
sont des analogues. — Sur l'exemple d'Ar., cf *Hist. Anim.*, I, 1,
486 *b* 19 : ἡ ακανθα est l'analogue de l'os ; *de Part. Anim.*, II, 8,
654 *a* 20 : τὸ ἀνάλογον ταῖς
τῶν ἰχθύων ἀκάνθαις ... ἐν
ταῖς σηπίαις τὸ καλούμενον
σηπίον (σηπίον ou σήπειον
est proprement l'os de la seiche,
cf. Bonitz, *Ind. arist.*, 678 *b*
38).

[2] C'est-à-d. d'une nature os-
seuse.

[3] Les ch. 15-18 ont pour objet

la découverte du moyen terme
en tant que cause.

[4] Première division : identité
genere et *specie* (l. 24-25). — Sur
l'ἀντιπερίστασις que Simpli-
cius définit ἀνταλλαγὴ τῶν
τόπων (réaction, remplacement
mutuel, retour en contrecoup,
circumstantia rei contrariae dit
Pacius, I, 510), cf. *Phys.*, IV,
8, 215 *a* 15 (mouvement des pro-
jectiles), et VIII, 10, 267 *a* 16
et 18. — Waitz, II, 422-423, donne cet exemple d'identité *genere*
et *specie* : la pluie (*Meteor.*, II,
4, 360 *b* 31), le sommeil (*de Somn.*
I, 1, 458 *a* 25) et la fièvre (*Pro-
blem.*, XIV, 3, 909 *a* 22) provien-

de faits à prouver est un effet de réaction. — Parmi
ces problèmes eux-mêmes, certains sont identiques
seulement par le genre [1] ; ce sont ceux qui ne diffèrent entre eux que parce qu'ils concernent des sujets différents, ou encore par leur mode de manifesta-
tion [2] : c'est le cas, si on demande la cause de l'écho,
ou la cause de la réflexion des images, ou la cause
de l'arc-en-ciel. Tous ces problèmes ne sont, en effet,
génériquement qu'une seule et même question (puisque tous ces phénomènes sont des formes de répercussion) [3] ; mais ils diffèrent spécifiquement [4].

Pour d'autres problèmes [5], leur différence consiste seulement en ce que le moyen terme de l'un est 30
subordonné au moyen terme de l'autre : par exemple, pourquoi le Nil coule-t-il plus abondamment à la
fin du mois ? parce que le mois est plus humide à son
déclin. Mais pourquoi le mois est-il plus humide à
son déclin ? parce que la Lune décroît. Le rapport
mutuel de ces faits est bien celui que nous indi-
quons [6]

---

nent de la même cause, la con-
densation de la chaleur. Voir aussi les exemples de PHILOP., 419,
30 et ss.
[1] Deuxième division : identité
genere, et non *specie* (l. 25-29).
[2] *In eo quod aut quomodo*
(WAITZ, II, 423).
[3] ἀνάκλασις, réflexion de la
lumière ou répercussion du son.

[4] De la façon indiquée *supra*,
l. 26.
[5] Troisième division : subordination des moyens.
[6] C'est-à-d. dans un rapport
de subordination entre les causes,
de telle sorte que les problèmes
s'emboîtent en quelque manière
les uns dans les autres.

16.

< Rapports entre la cause et l'effet.>

35   En ce qui concerne la cause et son effet, on pourrait se demander si, quand l'effet est présent, la
cause aussi est présente : si, par exemple, une plante
perdant ses feuilles ou la Lune s'éclipsant, la cause
de l'éclipse ou de la chute des feuilles se trouvera
aussi présente, à savoir [1], dans le premier cas, le
98 *b* fait de posséder de larges feuilles, et, dans le cas de
l'éclipse, l'interposition de la Terre. — En effet <pour-
rait-on dire>, si cette cause n'est pas présente, quelque autre chose sera la cause de ces phénomènes [2] ;
si la cause est présente, l'effet existera en même
temps : par exemple, quand la Terre s'interpose il
y a éclipse, et quand les feuilles sont larges il y a
chute des feuilles ; mais, s'il en est ainsi, la cause
et l'effet seront simultanés et pourront se démontrer
5 l'un par l'autre. Admettons, en effet, que *perdre
ses feuilles* soit représenté par *A, avoir de larges
feuilles* par *B*, et *vigne* par *Γ*. Si *A* appartient à *B*
(car toute plante à feuilles larges perd ses feuilles),
et si *B* appartient à *Γ* (car toute vigne est une plante
à feuilles larges), alors *A* appartient à *Γ*, autrement

---

[1] Sur la cause de la chute des
feuilles, cf. *de Gen. Anim.*, V, 3,
783 *b* 18. — L.38, nous mettons
une simple virgule après ἔσται.
[2] Car il faut nécessairement une
cause.

dit toute vigne perd ses feuilles, et c'est le moyen
terme *B* qui est cause. Mais on peut aussi démon-   10
trer [1] que la vigne est une plante à feuilles larges
parce qu'elle perd ses feuilles. Admettons que *Δ*
signifie *plante à larges feuilles*, *E perdre ses feuilles*,
et *Z vigne*. Alors *E* appartient à *Z* (car toute vigne
perd ses feuilles), et *Δ* à *E* (puisque toute plante qui
perd ses feuilles est une plante à larges feuilles) ;   15
donc toute vigne est une plante à feuilles larges, et
c'est le fait de perdre ses feuilles qui est cause. — Mais
s'il n'est pas possible [2] que ces termes soient causes
l'un de l'autre (car la cause est antérieure à ce dont
elle est cause, et c'est l'interposition de la Terre qui
est cause de l'éclipse, et non pas l'éclipse cause de
l'interposition de la Terre) [3], si alors la démonstration
par la cause est celle du pourquoi, et la démonstration
qui ne procède pas par la cause celle du simple fait,   20
quand on connaît par l'éclipse on connait seulement

---

[1] Réciproquement : démonstration de la cause par l'effet. La
démonstration paraît être ainsi
circulaire et prêter le flanc aux
objections *supra* I, 3, 72 *b* 25 à
73 *a* 20, et II, 4, 91 *a* 35 à *b* 11.

[2] Réponse d'Ar., qui va prouver
que la démonstration n'est circulaire qu'en apparence, et qu'en
réalité la présence de la cause
peut être inférée de celle de l'effet. La cause et l'effet ont nécessairement même extension.

[3] A l'exemple de G. R. G.
Mure, nous prolongeons la parenthèse jusqu'à ἐκλείπειν, l.

19, et mettons une virgule après
la parenthèse. La construction
de la phrase est d'ailleurs très ir-
régulière.

Ar. répond à l'objection de la
démonstration circulaire : en réalité la démonstration par l'effet n'a pour objet que le ὅτι et
non le διότι. La véritable démonstration est donc celle qui se
fait par la cause, quand bien
même on supposerait la réciprocité de la cause et de l'effet (ou,
si l'on veut, du moyen et de la
conclusion).

le fait de l'interposition, mais on n'en connaît pas le pourquoi. En outre, que l'éclipse ne soit pas la cause de l'interposition, mais bien l'interposition celle de l'éclipse, c'est là une chose évidente, puisque dans la définition même de l'éclipse[1] se trouve contenue l'interposition de la Terre ; il en résulte évidemment que c'est l'éclipse qui est connue par l'interposition de la Terre, et non pas l'interposition de la Terre par l'éclipse.

25 Mais est-il possible que pour un seul effet, il y ait plusieurs causes ?[2] En effet, <pourrait-on dire>, si le même prédicat est affirmé de plusieurs choses prises comme sujets premiers, *B* par exemple étant le sujet premier de l'attribut *A*, et *Γ* un autre sujet premier de *A*, et *Δ* et *E* d'autres sujets premiers de *B* et de *Γ* respectivement, alors *A* appartiendra à *Δ* et à *E*, et *B* sera la cause de l'attribution de *A* à *Δ*, et *Γ* de l'attribution de *A* à *E*[3]. Ainsi, la cause

30 étant présente, il est nécessaire que l'effet soit ; mais l'effet existant, il n'est pas nécessaire que tout ce qui peut en être cause existe ; ce qui est nécessaire c'est qu'une cause existe et non pas toutes les cau-

---

[1] Cf. *supra*, 8, 93 *b* 6.
[2] Contrairement à ce qui a été indiqué, l. 2 *supra*.
[3] Nous avons les syllogismes suivants, pour montrer que le même effet, *A*, peut être affirmé par deux moyens différents, *B* et *Γ* :

B (cause attribuée immédia-

tement : cf. PHILOP., 425, 4, et EUSTR., 239, 12) *est A* (effet) ;
Δ est B ;
Δ est A.

Γ (autre cause) *est A* ;
E est Γ ;
E est A.

Cf. l'exemple de St THOMAS, 282.

ses [1]. — Ne serait-ce pas plutôt [2] que, puisque la question à résoudre est toujours universelle, non seulement la cause sera une totalité, mais encore l'effet sera aussi universel? [3] Par exemple, le fait de perdre ses feuilles appartiendra exclusivement à un sujet qui est un tout, et, même si ce tout a des espèces, universellement à ses espèces aussi, soit à toutes les espèces de plantes, soit à une espèce particulière de plantes [4]. Ainsi, dans ces syllogismes, il doit y avoir adéquation du moyen terme et de ses effets, c'est-à-dire qu'ils doivent être convertibles l'un dans l'autre. Par exemple, pourquoi les arbres perdent-ils leurs feuilles? En supposant que ce soit par la coagulation de l'humidité [5], alors si un arbre perd ses feuilles, la coagulation doit être présente, et si la coagulation est présente, non pas dans n'importe quoi mais dans un arbre [6], l'arbre doit perdre ses feuilles.

35

---

[1] *Existente re, necesse est quidem quod aliqua causarum sit, non tamen necesse est quamlibet causam esse* (St Thomas, 282).
[2] Réponse d'Ar.: un effet n'a jamais qu'une cause qui lui soit adéquate, car il n'y a démonstration que de l'universel, et le moyen terme est universel comme la conclusion.
[3] L. 32, εἰ a manifestement le sens de ἐπεί: il n'y a pas de doute à avoir sur l'universalité de la démonstration, dont tous les termes, étant universels, sont réciproques, *ut neutrum neutro latius pateat, neque angustius*

(Waitz. II, 425). Peu importe que ce à quoi tend la démonstration ait des espèces diverses.
[4] Les plantes à larges feuilles, par exemple.
[5] Le moyen terme.
[6] Cette incidente signifie que ce qui est démontré (τὸ φυλλοῤῥοεῖν) ne doit pas avoir une extension plus grande que le moyen (τὴν πῆξιν), car *alterum ex altero non demonstrabitur, nisi quatenus utrumque refertur ad id ad quod omnis haec demonstratio pertinet* (τὸ δένδρον), Waitz. II. 425.

17.

*<Si des causes différentes peuvent produire
le même effet.>*

99 a   Est-il possible que la cause d'un même effet ne
soit pas la même dans tous les sujets, mais différente ? [1] Ou bien est-ce impossible ? Peut-être est-ce
impossible, si l'effet est démontré comme appartenant essentiellement à la chose, et non pas seulement
comme signe ou comme accident de la chose, puisque
le moyen est alors la définition du majeur [2] ; par
contre, si la démonstration ne porte pas sur l'essence,
la multiplicité des causes est alors possible. On peut
assurément considérer un effet et son sujet en tant
5 que formant une union accidentelle ; pourtant il
semble bien que ce ne soit pas là des problèmes proprement dits [3]. Si cependant une liaison accidentelle
est acceptée comme objet de problème [4], le moyen

---

[1] Si un attribut est affirmé de
plusieurs sujets, peut-il avoir plusieurs causes (plusieurs moyens
termes), différentes selon les sujets, ou bien peut-il n'en avoir
qu'une seule ? Ar. traite ici le
problème posé au chapitre précédent, l. 98 *b* 25-31. Il le résout
par une distinction entre l'attribution essentielle, où une seule
cause produit nécessairement un
seul effet, et l'attribution accidentelle, où cette pluralité de
moyens est possible. — Sur le

signe, cf. *Anal. pr.*, II, 27, 70 *a*
3.
[2] Le moyen terme exprimant
la quiddité du majeur, et chaque
chose ne pouvant avoir qu'une
quiddité, il s'ensuit que le majeur ne peut avoir qu'un seul
moyen, réciprocable avec lui.
[3] La démonstration ne portant
que sur le nécessaire.
[4] Autrement dit, si on tire une
conclusion accidentelle, le moyen
terme sera de même nature que
la conclusion même.

sera semblable aux extrêmes : si ces derniers sont homonymes, le moyen sera homonyme [1], et s'ils sont génériquement uns, le moyen le sera aussi. Par exemple, pourquoi les termes d'une proportion sont-ils convertibles ? [2] La cause est différente pour les lignes et pour les nombres, mais elle est au fond aussi la même : en tant que ce sont des lignes [3], elle est autre, mais en tant qu'impliquant un accroissement 10 déterminé, elle est la même. Il en est ainsi dans toutes les proportions. Par contre [4], la cause de la similitude entre couleur et couleur est autre que celle entre figure et figure ; car la similitude est ici un terme homonyme signifiant sans doute, dans le dernier cas, la proportionnalité des côtés et l'égalité des angles, et, dans le cas des couleurs, l'unité de la sensation qui les perçoit, ou quelque autre chose de ce genre. Mais les choses qui sont les mêmes seule- 15 ment par analogie auront le moyen également analogue [5].

La vérité est que la cause, l'effet et le sujet [6] sont

---

[1] Si la conclusion est équivoque, le moyen est équivoque. — L. 7, nous acceptons la correction de G. R. G. Mure, et lisons ἓν γένει au lieu de ἐν γένει.

[2] Sur la convertibilité des proportions, cf. *supra*, I, 5, 74 *a* 18, et la note. La cause est différente *specie* en raison de la diversité des sujets, mais elle est la même *genere* ἢ ἰσάκις πολλαπλάσιον (Eustr., 242, 30).

[3] En tant que les lignes sont

des lignes et non des nombres.

[4] Exemple d'équivocité.

[5] Par exemple (Philop., 428, 25 ; Eustr., 244, 5), l'homme, le poisson et la seiche sont identiques par analogie en ce qu'ils sont pourvus d'une colonne vertébrale, d'une arête ou d'un os spécial (cf. *supra*, 14, 98 *a* 20).

[6] Autrement dit : respectivement le moyen, le majeur et le mineur. Cf. *supra*, 16, 98 *b* 32, et Eustr., 245, 2 et ss.

réciproquement affirmés l'un de l'autre de la façon
suivante. Si on prend les espèces séparément, l'effet
a une extension plus grande que le sujet [1] (par exemple, avoir les angles externes égaux à quatre angles
droits est un attribut qui s'étend au delà du triangle
ou du carré), mais si on prend les espèces dans leur
20 totalité, l'effet leur est coextensif (l'attribut est coextensif, dans cet exemple, à toutes les figures dont
les angles externes sont égaux à quatre droits). Et
le moyen se réciproque de la même façon [2], car le
moyen est une définition du majeur ; et c'est pourquoi aussi, toute science part d'une définition. —
Par exemple, le fait de perdre ses feuilles [3] est en

---

[1] Question de la réciprocation
du majeur et du mineur.

[2] Réciprocation du moyen et
des extrêmes. Cf. WAITZ, II,
427 : *In vera demonstratione terminus medius majoris definitionem exprimit, quae unam semper
et eandem declarare debet causam
ob quam idem praedicatur de singulis quae termino minori subjecta sint : quare etiam a definitione proficiscitur omnis scientia
quae demonstratione nititur.* —
Sur tout ce paragraphe, cf. PHI-
LOP., 429, 4 et ss.

[3] Le raisonnement qui suit est
fort difficile. Voici comment il
faut le comprendre.

Ar. considère quatre termes :
τὸ φυλλορρεῖν désigné par *A*,
majeur ; *vigne, figuier* et tous arbres à feuilles larges, désigné par
Δ, mineur ; la coagulation de
l'humidité, *B*, moyen ; τὰ πλατύφυλλα, *Γ*, autre moyen.

τό φυλλορρεῖν, majeur, est

l'attribut de la vigne et du figuier ; il est plus étendu que chacune des espèces à feuilles larges,
mais coextensif au genre entier
des plantes à feuilles larges. Si,
alors on prend le moyen πρῶτον
c'est-à-dire la cause première et
prochaine τοῦ φυλλαρρεῖν, savoir la coagulation de l'humidité,
ce moyen sera la définition du
majeur. En effet, en examinant,
au moyen de la méthode exposée au chapitre 13, les vignes,
figuiers..., nous trouverons un caractère commun, la largeur des
feuilles, et en prenant ce caractère (*Γ*, τὰ πλατύφυλλα) comme autre moyen (premier à partir du mineur), nous prouverons
que la vigne, le figuier..., en tant
qu'ayant des feuilles larges perdent leurs feuilles. Ce sera là un
premier syllogisme (*ΓA, ΔΓ, ΔA*).
Mais cette preuve n'est pas démonstrative, parce que le fait
d'avoir des feuilles larges n'est

même temps un attribut de la vigne et un attribut
d'une extension plus grande qu'elle ; c'est aussi un
attribut du figuier, et un attribut d'une extension
plus grande que lui. Mais cet attribut ne dépasse
pas la totalité des espèces, il leur est au contraire
coextensif. Si alors on prend le moyen qui est premier 25
à partir du majeur, c'est là une définition du fait
de perdre ses feuilles. En effet, on aura d'abord un
moyen terme premier [1] à partir du mineur [2], et une
prémisse affirmant ce moyen de la collectivité du
sujet [3], et, après cela, un moyen, à savoir la coagulation de l'humidité, ou quelque autre chose de cette
sorte [4]. Qu'est-ce donc alors que perdre ses feuilles ? C'est la coagulation de la semence génératri-
ce au point de jonction des feuilles à la branche [5].
— Si on demande une représentation schématique 30
de la liaison de la cause et de son effet, voici celle
que nous proposons [6]. Admettons que A appartienne
à tout B, et B à chacune des espèces de Δ, mais de

---

pas la définition du majeur. La
prochaine étape consistera donc
à trouver un moyen (la coagulation, B) unissant, dans la majeure, le moyen au majeur, et
à démontrer que les plantes à
larges feuilles, en tant que pouvant se voir appliquer la notion
de coagulation, perdent leurs
feuilles, ce qui est la démonstration proprement dite, puisque
c'est par la coagulation que se
trouve expliquée la chute des
feuilles. Ce sera le second syllogisme (BA, ΔB, ΔA).
[1] La largeur des feuilles.

[2] Vigne, figuier........
[3] C'est-à-d. τὰ πλατύφυλλα.
[4] Et ce moyen prouvera l'attribution du précédent moyen
au majeur.
[5] Nous adoptons la traduction
de PACIUS, I, 543 : concrescere
succum seminis (id est, explique
PACIUS, in quo inest vis propa-
gandi) qui est in ea parte ubi fo-
lium cum ramo conjungitur.
[6] Le schéma est le suivant :

$$A$$
$$B \quad \Gamma$$
$$\Delta \quad E$$

telle façon que A et B soient d'une. extension ·plus grande que leurs sujets respectifs [1]. Alors B sera un attribut universel de chacune des espèces de Δ (car j'appelle un tel attribut universel [2], même s'il n'est pas réciprocable, et je l'appelle un attribut premier universel s'il est réciprocable, non pas avec 35 chacune des espèces, mais avec leur totalité), et il s'étend en dehors de chacune d'elles prises séparément. Ainsi, B est la cause de l'attribution de A aux espèces de Δ ; en conséquence, A doit être d'extension plus grande que B, sinon [3] pourquoi B serait-il la cause de l'attribution de A à Δ, plutôt que A la cause de l'attribution de B à Δ ? Maintenant, si A appartient à toutes les espèces de E [4], toutes les espèces de E formeront une unité du fait de posséder une cause commune autre que B, sans quoi comment serions-nous capables de dire que A est

---

[1] Mais égaux à leur totalité.

[2] Sur le double sens de $\varkappa\alpha$-$\theta\acute{o}\lambda o\upsilon$, cf. EUSTR., 249, 3. L'universel ne se réciproque qu'avec la totalité des espèces (il est alors premier universel) et non en chacune d'elles séparément. Voir aussi I, 4, 73 b 21 - 74 a 3. —Nous fermons la parenthèse à $\grave{\alpha}\nu\tau\iota$-$\sigma\tau\varrho\acute{\epsilon}\varphi\epsilon\iota$, l. 35.

[3] Si A était égal à B en extension, il aurait autant de titre à être cause que B.

[4] Et il le peut, puisque son extension depasse celle de B. — Pour l'argumentation jusqu'à 37 b 1, cf. PHILOP., 431, 4, et WAITZ, II, 428 : Si A latius patet termino

B, etiam de termino E omni praedicare poterit, quae quidem propositio $A E$, sicut $A \Delta$ demonstrabatur per terminum medium B, ita ipsa demonstrabitur per alium terminum medium, qui ambitu exaequet conjunctas partes termini E ($\check{\epsilon}\sigma\tau\alpha\iota$ $\tau\iota$ $\grave{\epsilon}\varkappa\epsilon\tilde{\iota}\nu\alpha$ $\check{\epsilon}\nu$ $\check{\alpha}\pi\alpha\nu\tau\alpha$) : nam si nihil esset quod terminis A et E commune esset et quo alterum cum altero connecteretur, neque terminum A de eo omni, de quo E, praedicari neque (quod conversa propositione $A E$ consequitur) terminum E de eo aliquo, de quo A, praedicari verum esset.

prédicable de tout ce dont E est prédicable, alors que E n'est pas prédicable de tout ce dont A est **99 b** prédicable? Pourquoi n'y aurait-il pas quelque cause de l'attribution de A à E, comme il y en avait une de l'attribution de A à toutes les espèces de Δ? [1] Mais alors les espèces de E formeront, elles aussi, une unité par la possession d'une cause qui doit être également considérée, et qu'on peut désigner par Γ.

Nous concluons alors que le même effet peut avoir plus d'une cause [2], mais non dans des sujets spécifiquement identiques. Par exemple, la cause de la 5 longévité chez les quadrupèdes est le manque de fiel, et, chez les oiseaux, la sécheresse de leur constitution ou quelque cause différente de celle des quadrupèdes [3].

18.

<La cause prochaine, cause véritable.>

Si on ne parvient pas sur-le-champ à des prémisses

---

[1] Entre A et E il y a un moyen terme Γ, comme il y en avait un, B, entre A et Δ. — L. b 2, nous lisons $\tau o \tilde{v}$ $\tau \grave{o}$ A $\acute{v} \pi \acute{\alpha} \varrho$-$\chi \varepsilon \iota \nu$.

[2] A peut avoir pour cause B et Γ, mais non Δ et E qui diffèrent spécifiquement, *quia eorum quae eadem specie continentur eadem est definitio, ut per eumdem terminum medium demonstrentur* (Waitz, II, 428; cf. aussi Philop.,

431, 18-20).
[3] On a les deux syllogismes suivants:
    Tout ce qui n'a pas de fiel vit longtemps;
Tout quadrupède manque de fiel;
Tout quadrupède vit longtemps.

    Tout ce qui a une nature sèche vit longtemps;
Tout oiseau a une nature sèche;
Tout oiseau vit longtemps.

immédiates [1], et qu'il y ait non pas simplement un seul moyen terme, mais plusieurs, autrement dit si les causes sont multiples, est-ce que, parmi les moyens, la cause de l'attribution de la propriété aux différentes espèces est le moyen qui se rapproche le plus

10 du terme universel et premier [2], ou celui qui se rapproche le plus des espèces? [3] Il est évident que sont causes les moyens les plus rapprochés de chaque espèce prise séparément dont ils sont causes, puisque la cause c'est ce qui fait que le sujet est contenu sous l'universel. Admettons, par exemple [4], que Γ soit la cause de l'attribution de B à $\varDelta$: il s'ensuit que Γ est la cause de l'attribution de A à $\varDelta$, B celle de l'attribution de A à Γ, tandis que la cause de l'attribution de A à B est B lui-même.

---

[1] Avec G. R. G. Mure, nous commençons le chapitre 18 à εi $\delta \dot{\varepsilon}$ $\varepsilon i\varsigma$... l. b 7, et mettons une virgule après $\pi\lambda\varepsilon i\omega$, l. 8. Au surplus, Pacius et Waitz font commencer le chapitre à $\pi \acute{o}\tau\varepsilon\varrho o\nu$ $\delta\acute{\varepsilon}$, l. 9, tandis que Zabarella considère les l. 7-14 comme la conclusion du chapitre 17.

[2] Autrement dit, de l'attribut (majeur).

[3] C'est-à-dire du sujet, du mineur (qu'Ar. appelle, l. 11, $\tau \grave{o}$ $\pi\varrho\tilde{\omega}\tau o\nu$, intell. $\pi\varrho\grave{o}\varsigma$ $\mathring{\eta}\mu\tilde{a}\varsigma$).

[4] La proposition $A\varDelta$ doit-elle être démontrée par B (le moyen le plus proche de l'attribut universel), ou par Γ (le moyen le plus proche du sujet particulier) ? C'est par Γ. Le double syllogisme est le suivant :

B est A (proposition immédiate, n'ayant d'autre cause qu'elle-même);

Γ est B ;
Γ est A.
$\varDelta$ est Γ ;
$\varDelta$ est A.

Cf. aussi Philop., 431, 21, et Themist., 62, 11, qui reprennent l'exemple de la chute des feuilles.

19.

<L'appréhension des Principes.>

En ce qui concerne le syllogisme et la démonstra- 15
tion, on voit clairement l'essence de l'un et de l'autre,
ainsi que la façon dont ils se forment ; on le voit
aussi en même temps pour la science démonstrative,
puisqu'elle est identique à la démonstration même [1]. — Quant aux principes, ce qui nous apprendra
clairement comment nous arrivons à les connaître
et quel est l'*habitus* [2] qui les connaît, c'est la discussion de quelques difficultés préliminaires.

Nous avons précédemment indiqué [3] qu'il n'est 20
pas possible de savoir par la démonstration sans
connaître les premiers principes immédiats. Mais
au sujet de la connaissance de ces principes immédiats, des questions peuvent être soulevées : on peut
se demander non seulement si cette connaissance
est ou n'est pas de même espèce que celle de la science

---

[1] Bref résumé de tout le contenu des *Premiers* et *Seconds
Analytiques* (cf. Eustr., 255, 2
et ss). — Sur l'identité de la
science démonstrative et de la
démonstration, cf. *supra*, I, 2,
71 *b* 17.

[2] Le terme ἕξις n'est pas
rigoureusement synonyme de δύναμις (cf. Trendel., *de Anima*,
comm., p. 253-254 ; Bonitz,

Ind. arist., 251 *a* 51). L'*habitus*
est la forme la plus basse de l'acte et la forme supérieure de la
puissance ; elle est à l'acte ce que
la possession est à l'usage. A la
rigueur, on peut traduire ἕξις
par *faculté*, mais nous avons pré-
féré le terme latin *habitus* (qui
n'est pas exactement rendu par
habitude).

[3] I, 2.

démonstrative [1], mais encore s'il y a ou non science dans chacun de ces cas [2] ; ou encore si c'est seulement pour les conclusions qu'il y a science, tandis que pour les principes il y aurait un genre de connaissance
25 différent ; si enfin les *habitus* qui nous font connaître les principes ne sont pas innés mais acquis, ou bien sont innés mais d'abord latents.

Mais que nous possédions les principes de cette dernière façon [3], c'est là une absurdité, puisqu'il en résulte que tout en ayant des connaissances plus exactes que la démonstration nous ne laissons pas de les ignorer [4]. Si, d'autre part, nous les acquérons sans les posséder antérieurement, comment pourrons-nous les connaître et les apprendre, sans partir d'une connaissance préalable? C'est là une impos-
30 sibilité, comme nous l'avons indiqué également pour la démonstration [5]. Il est donc clair que nous ne pouvons pas posséder une connaissance innée des principes, et que les principes ne peuvent non plus se former en nous alors que nous n'en avons aucune connaissance, ni aucun *habitus* [6]. C'est pourquoi nous

---

[1] Qui porte sur les conclusions.
[2] Dans le cas des conclusions et dans le cas des principes.
[3] Savoir, que les principes sont innés mais que nous ignorons d'abord leur présence en nous (Cf. EUSTR., 261, 13-14). — Examen de la dernière question posée, l. 25-26.
[4] On ignore ce qu'on connaît le mieux, ce qui est absurde. Peut-être faut-il voir là une critique de l'*ἀνάμνησις* platoni-

cienne. Cf. aussi *Metaph.*, A, 9, 992 *b* 33.
[5] I, 1. Cf. aussi *Metaph.*, A, 9, 992 *b* 24-33.
[6] Cf. le résumé de WAITZ, II, 429 : *Unde apparet principiorum scientiam neque natura nobis datam esse neque ullo modo comparari posse, nisi animus noster natura ita conformatus sit.ut facultate quadam, qua principia cognoscat, praeditus sit.*

devons nécessairement posséder quelque puissance de les acquérir, sans pourtant que cette puissance soit supérieure en exactitude à la connaissance même des principes [1]. — Or c'est là manifestement un genre de connaissance qui se retrouve dans tous les animaux, car ils possèdent une puissance innée de discrimination que l'on appelle perception sensible [2]. Mais bien que la perception sensible soit innée dans tous les animaux, chez certains il se produit une persistance de l'impression sensible qui ne se produit pas chez les autres [3]. Ainsi les animaux chez qui cette persistance n'a pas lieu, ou bien n'ont absolument aucune connaissance au-delà de l'acte même de percevoir, ou bien ne connaissent que par le sens les objets dont l'impression ne dure pas [4] ; au contraire, les animaux chez qui se produit cette persistance retiennent encore, après la sensation, l'impression

35

---

[1] Cf. PHILOP., 433, 33-35 ; EUSTR., 262, 10. PACIUS, II, 346, explique :... *quadam animi facultate, cujus cognitio non sit exquisitior, nec praestantior cognitione primorum principiorum, sed potius sit rudimentum quoddam, seu praeparatio quaedam ad cognitionem principiorum.*

[2] Tous les animaux ont la capacité, non pas apprise, ni enseignée, de distinguer les choses nécessaires à leur subsistance : c'est la sensation (cf. EUSTR., 262, 16 et ss). C'est là une première étape, la plus humble, vers la possession de l'universel.

[3] Distinction entre les animaux supérieurs, chez qui l'impression sensible persiste et engendre ainsi la mémoire et les autres facultés, et les animaux inférieurs, les insectes par exemple, chez qui la sensation disparaît avec l'objet.

[4] *Non cognoscunt nisi quae sentiuntur, quum sensu percipiuntur et quatenus sensu percipiuntur* (WAITZ, II, 430). — L. 39-40, nous rejetons, avec WAITZ, la leçon de TRENDEL., qui met à tort une négation devant αἰσθανομένοις. L. 100 *a* 1, nous remplaçons γινομένων par γενομένων.

100*a* sensible dans l'âme. — Et quand une telle persistance s'est répétée un grand nombre de fois, une autre distinction dès lors se présente entre ceux chez qui, à partir de la persistance de telles impressions, se forme une notion [1], et ceux chez qui la notion ne se forme pas. C'est ainsi que de la sensation vient ce que nous appelons le souvenir, et du souvenir plusieurs fois répété d'une même chose vient l'expé-

5 rience, car une multiplicité numérique de souvenirs constitue une seule expérience [2]. Et c'est de l'expérience à son tour (c'est-à-dire de l'universel en repos tout entier dans l'âme [3] comme une unité en dehors de la multiplicité et qui réside une et identique dans tous les sujets particuliers) [4] que vient le principe de l'art et de la science, de l'art en ce qui regarde le devenir, et de la science en ce qui regarde l'être [5]

---

[1] La notion, c'est-à-dire l'universel (cf. EUSTR., 263, 15), ou plutôt une simple « image générique » (G. R. G. MURE traduit *a power of systematizing sense-impressions*). — Sur ce texte, et sur tout le chapitre, cf. TRENDEL., *Elem.*, p. 161-169.

[2] *Metaph.*, A, 1, 980 *a* 29, contient une doctrine analogue. Sur la nature de l'ἐμπειρία, cf. PIAT, *Aristote*, p. 264, et surtout COLLE, *Comm. sur la Metaph.*, livre I, p. 10-13.

[3] La pensée est un acte soustrait au devenir et au mouvement (cf. *Phys.*, VII, 3, 247 *b* 10 : « La pensée connaît et pense par repos et arrêt » ; *de An.*, I, 3, 407 *a* 32). Les notions sont quelque chose de fixe et d'im-

muable ; elles ont pour condition l'arrêt et le repos dans l'âme de ce qu'il y a de commun entre plusieurs images différentes.

[4] Nous avons suivi la traduction latine de TRENDEL., *Elem.*, p. 45 : *quiescit tanquam unum praeter multa* (τοῦ ἑνὸς παρὰ τὰ πολλά. Il faut comprendre cette séparation de l'un et du multiple, non pas, bien entendu, à la façon de PLATON, mais *sola cogitatione* : cf. *supra*, I, 11, 77 *a* 6, et aussi S‌ᵗ THOMAS, 289), *atque in multis, illis omnibus unum et idem inest* (c'est-à-dire, explique TRENDEL., p. 163, *in omnibus rebus, quae uni generi subjectae sunt, unum et idem tanquam commune redit*).

[5] Cf. *Eth. Nicom.*, VI, 4, 1140 *a*

Nous concluons que ces *habitus* ne sont pas innés 10
en nous dans une forme définie, et qu'ils ne provien-
nent pas non plus d'autres *habitus* plus connus, mais
bien de la perception sensible [1]. C'est ainsi que, dans
une bataille, au milieu d'une déroute, un soldat
s'arrêtant, un autre s'arrête, puis un autre encore,
jusqu'à ce que l'armée soit revenue à son ordre primitif : de même l'âme est constituée de façon à
pouvoir éprouver quelque chose de semblable.

Nous avons déjà traité ce point [2], mais comme
nous ne l'avons pas fait d'une façon suffisamment
claire, n'hésitons pas à nous répéter. Quand l'une des 15
choses spécifiquement indifférenciées [3] s'arrête dans
l'âme, on se trouve en présence d'une première notion universelle ; car bien que l'acte de perception
ait pour objet l'individu, la sensation n'en porte

---

10 ; PHILOP., 436, 8 : περὶ γένε-
σιν, c'est-à-dire des êtres sou-
mis à la génération et à la corruption, par opposition à περὶ
τὸ ὄν. — En résumé, trois étapes dans le développement de la
sensation à la science : la mémoire, persistance de la sensation ; l'expérience, qui fournit
le point de départ de la notion
universelle ; la notion elle-même,
dégagée de la multiplicité des
cas particuliers, et qui est le
principe de l'art, s'il s'agit de la
production et de l'action, et de
la science, s'il s'agit de la connaissance de la réalité.

[1] *Ex singulis quae sensu percipiuntur* (WAITZ, II, 431). —
Dans les lignes qui suivent. AR.

compare le passage du particulier à l'universel au ralliement
d'une troupe en déroute par l'arrêt successif de chacun des fuyards
jusqu'à ce que toute l'armée soit
revenue à son ordre primitif :
*Sic etiam omnia quae sensu per-
cepta praeterfugiunt colliguntur
et consistere coguntur* (WAITZ,
ibid.)

[2] Savoir que l'universel est
une élaboration du particulier
(renvoi probable à II, 13, 97 *b*
7).

[3] Perçues par les sens. Il s'agit
d'une sensation particulière qui
servira de point de départ à la
formation d'une notion générale
du premier degré, qui est l'espèce.

pas moins sur l'universel [1] : c'est l'homme, par exemple, et non l'homme Callias. Puis, parmi ces premières notions universelles, un nouvel arrêt se produit dans l'âme [2], jusqu'à ce que s'y arrêtent enfin les notions impartageables et véritablement universelles [3] : ainsi, telle espèce d'animal est une étape vers le genre animal, et cette dernière notion est elle-même une étape vers une notion plus haute.

100 b

Il est donc évident que c'est nécessairement l'induction [4] qui nous fait connaître les principes, car c'est de cette façon que la sensation elle-même produit en nous l'universel. Quant aux *habitus* de l'entendement par lesquels nous saisissons la vérité, puisque les uns sont toujours vrais et que les autres sont

5

---

[1] Nous ne percevons que des individus, mais pourtant la notion elle-même est connue par le sens, en ce que, dans l'individu, nous saisissons l'universel qui s'y trouve contenu. Cf. PHILOP., 437, 19 :καθόλου δὲ ἐστιν ἡ κοινότης καθ' ἥν κοινωνοῦσι πάντα τὰ μερικά, κ.τ.λ. Quand, explique THEMIST., 64, 2, nous percevons Socrate, nous percevons en même temps qu'il est homme ; et quand nous voyons telle chose blanche, nous pensons aussi le blanc. Voir également EUSTR., 266, 10, et TRENDEL., *Elem.*, p. 166. — L'expérience, collection d'images, diffère de la connaissance intellectuelle. L'universel est contenu dans le particulier, l'intelligible dans le sensible, comme le genre dans l'espèce (RAVAISSON, *Essai sur la Metaph. d'Ar.*, I, 485), et l'intellect est un τόπος εἰδῶν (de *An.*,

III, 4, 429 *a* 27), un réceptacle non pas de sensations ou d'images individuelles, mais de formes (cf. aussi *Métaph.*, *A*, 1, 981 *a* 7).
[2] Les notions générales d'espèces servent elles-mêmes de point de départ à l'âme pour obtenir une notion plus générale encore, et ainsi de suite.
[3] Savoir, les catégories, qui sont les notions les plus universelles, et qui sont indivisibles parce qu'elles ne sont pas constituées à partir du genre et de la différence (Cf. *Metaph.*, *Δ*, 25, 1023 *b* 24 ; M, 8, 1084 *b* 14).
[4] Laquelle va du particulier au général. — L'argumentation générale de ce paragraphe est aisée. Elle est bien résumée par WAITZ, II, 432-433.
L. 4, τὰ πρῶτα sont *les principes* (PHILOP., 438, 3).

susceptibles d'erreur, comme l'opinion, par exemple, et le raisonnement, la science et l'intuition étant au contraire toujours vraies ; que, d'autre part, à l'exception de l'intuition, aucun genre de connaissance n'est plus exact que la science, tandis que les principes sont plus connaissables que les démonstrations, et que toute science s'accompagne de raisonnement [1] : 10 il en résulte que des principes il n'y aura pas science. Et puisque, à l'exception de l'intuition, aucun genre de connaissance ne peut être plus vrai que la science, c'est une intuition qui appréhendera les principes. Cela résulte non seulement des considérations qui précèdent, mais encore du fait que le principe de la démonstration n'est pas lui-même une démonstration, ni par suite une science de science. Si donc nous ne possédons en dehors de la science aucun autre genre de connaissance vraie, il reste que c'est l'intuition qui sera principe de la science [2]. Et l'intui- 15 tion est principe du principe lui-même [3], et la science tout entière se comporte à l'égard de l'ensemble des choses comme l'intuition à l'égard du principe [4].

---

[1] διὰ λόγου, donc συλλογισμοῦ (PHILOP., 439, 23). Les principes ne peuvent donc pas être connus par la voie discursive.

[2] Mens ipsa, quae principia intueatur, scientiae est principium (WAITZ, II, 432).

[3] Quid? Quod mens, quum omnium rerum quarumcumque detur scientia, principia cognoscat et quasi amplectatur, ipsius principii (h. e. ejus a quo omnis scientia proficisci debeat) principium esse recte dicatur (Waitz, II, 433).

[4] Cf. PHILOP., 440, 11 : ὡς ὁ νοῦς γινώσκει τὰς ἀρχὰς τῆς ἀποδείξεως , οὕτως ἡ ἀπόδειξις γινώσκει τὰ ἐπιστητὰ πράγματα καὶ ἀποδεικτά. Cf. aussi THEMIST., 66, 3-6 ; PACIUS, II, 349 : Sicut se habet scientia ad conclusionem, ita se habere intelligentiam ad principia ; et J. CHEVALIER, La Notion du Nécessaire...., p. 122-125,

INDEX COMPLÉMENTAIRE (¹)

A.

αἴτημα, *postulat* (I, 10, 76 *b* 32).
ἀναλυτικῶς, *d'une façon proprement démonstrative*, par opp.
à λογικῶς, *d'une manière abstraite et dialectique* (I, 21, 82 *b* 35).
ἀξίωμα, *axiome* (I, 2, 72 *a* 17).
ἐξ ἀφαιρέσεως, *par abstraction*, par opp. à ἐκ προσθέσεως, *par addition* (I, 27, 87 *a* 35).

Δ.

δύναμις, *puissance, faculté*; sa différence avec ἕξις, *habitus, état* (II, 19, 99 *b* 18).

E.

εἶναι, *être, exister*. — τί ἐστι, *l'essence* d'une chose; τὸ τί ἦν εἶναι, *la quiddité* (I, 4, 73 *a* 34).
ἑξῆς, ἐφεξῆς, *consécutif*; à distinguer de συνεχές, *continu*, et de ἐχόμενον, *contigu* (I, 20, 82 *a* 31).
ἕξις (v. δύναμις)
ἐρωτᾶν, *interroger*; ἐρώτημα, *interrogation dialectique* (I, 12, 77 *a* 37).
ἐφεξῆς (v. ἑξῆς).
ἐχόμενον (v. ἑξῆς).

---

(1) Voir l'*Index* des deux volumes précédents. — Les références visent les notes explicatives.

Θ.

θέσις, *thèse, position, donné* (I, 2, 72 *a* 15).

K.

τὸ καθόλου, *l'universel* (I, 4, 73 *b* 27).

Λ.

λογικῶς (v. ἀναλυτικῶς).

O.

οὐσία, *substance* (I, 4, 73 *a* 34).

Π.

κατὰ παντός, *de omni* (I, 4, 73 *a* 28).
ἐκ προσθέσεως (v. ἐξ ἀφαιρέσεως).

Σ.

στοιχεῖον, *élément* (I, 23, 84 *b* 21).
συνεχές (v. ἐξῆς).
σύστοιχια, *série* (I, 15, 79 *b* 6).

T.

τέχνη, *art* (I, 1, 71 *a* 4).
τόδε τι, *hoc aliquid, l'individuel* (I, 4, 73 *b* 7).

Y.

ὑπάρχοντα καθ' αὑτά, *attributs essentiels* (I, 4, 73 *a* 34).
ὑπόθεσις, *hypothèse* (I, 2, 72 *a* 15).

TABLE DES MATIÈRES

	Page
Introduction	vii
Bibliographie	ix
Les Seconds Analytiques :	
Livre I	1
Livre II	161
Index complémentaire	249

Imprimerie de la Manutention à Mayenne – Octobre 2000 – N° 329-00
Dépôt légal : 4e trimestre 2000